上海市重点图书

普通高等教育“十三五”规划教材
国家教学改革与质量工程项目

会计学特色专业系列教材

总主编 薛小荣

税务会计

（第六版）

左 锐／主编

王丽萍 徐 玮／副主编

立信会计出版社
LIXIN ACCOUNTING PUBLISHING HOUSE

图书在版编目(CIP)数据

税务会计 / 左锐主编. —6 版. —上海：立信会计出版社，2021.7

会计学特色专业系列教材

ISBN 978 - 7 - 5429 - 6879 - 1

Ⅰ. ①税… Ⅱ. ①左… Ⅲ. ①税务会计—高等学校—教材 Ⅳ. ①F810.62

中国版本图书馆 CIP 数据核字(2021)第 129256 号

策划编辑　张巧玲
责任编辑　张巧玲

税务会计(第六版)

SHUIWU KUAIJI

出版发行	立信会计出版社		
地　　址	上海市中山西路 2230 号	邮政编码	200235
电　　话	(021)64411389	传　　真	(021)64411325
网　　址	www.lixinaph.com	电子邮箱	lixinaph2019@126.com
网上书店	http://lixin.jd.com		http://lxkjcbs.tmall.com
经　　销	各地新华书店		
印　　刷	常熟市华顺印刷有限公司		
开　　本	787 毫米×1092 毫米	1/16	
印　　张	21	插　　页	1
字　　数	421 千字		
版　　次	2021 年 7 月第 6 版		
印　　次	2021 年 7 月第 1 次		
印　　数	1—2 100		
书　　号	ISBN 978 - 7 - 5429 - 6879 - 1/F		
定　　价	47.00 元		

如有印订差错，请与本社联系调换

国家教学改革与质量工程项目
会计学特色专业系列教材

总 序

西安财经学院会计学专业创建于20世纪50年代初，在半个多世纪的会计学专业教学中，由具有丰富实践经验和中外会计学专业知识背景的中青年会计学人才组成的专业教学团队，以“重基础、重实践、重规范”为教学理念，自编适合培养对象特点的讲义与教材，形成了自己的教学特色，为新中国，尤其是为西部建设培养了一大批急需的应用型会计专门人才，奠定了会计学专业人才培养的基本教学模式，得到了用人单位和会计教育界的肯定。

进入21世纪以来，我校会计学专业秉承并充实传统的教学理念，按照“宽口径、厚基础、强能力、高素质”的人才培养要求，以及培养“信得过、用得上、干得好”且具有创新精神的高级应用型会计专门人才的特色定位，大力推进教学改革，提高教学质量，取得了一系列优秀的教学成果。会计学专业的毕业生就业率一直稳居各相关专业前列，会计学专业对学生的吸引力进一步增强。2008年，会计学专业被立项为“省级特色专业建设点”；2010年，会计学专业被立项为“国家级特色专业建设点”。这为提高会计学专业教学质量，加快教学改革步伐增添了新的动力。

教材是体现教学内容和课程体系的知识载体，是进行教学的基本工具，也是全面推进素质教育、培养应用型创新人才的重要保证。为了系统总结西安财经学院会计学专业多年来的教学改革成果，整合会计学专业已有的教材、讲义资源，体现会计学专业最新的教学理念和特色，依托国家级和省级教学改革与质量工程项目，西安财经学院组织编写了“会计学特色专业系列教材”。

本系列教材主要包括：《基础会计学》《中级财务会计》《高级财务会计》《成本会计》《审计学》《金融企业会计学》《税务会计》《财务管理》《企业财务分析》

《管理会计学》《会计信息系统实践教程》《会计模拟实践教材》等。本系列教材的特点是重点突出、难点易化；重视系统性、讲求实用性、避免重复性；重基础、重实践、重规范、重应用、重能力培养；便于学习、便于掌握、便于应用和实践。编写本系列教材的目的是使学者能提高学习效率，使教者能提高教学质量。

需要说明的是，本系列教材既是省级、国家级教学改革与质量工程项目的重点资助内容，又是会计学专业教学改革成果的系统总结；反映了前辈们的探索和当今会计学人的研究成果。对于同行们的关心和相关单位、部门的支持，在此一并表示谢意。希望我们的努力能够为我国的会计教育和人才培养做出更多的有益贡献。

期望读者和同行对本系列教材提出宝贵意见和建议。

2021年6月

第六版前言

为了全面贯彻落实党中央进一步扩大对外开放、深化税法改革和减轻纳税人负担的总体思想，财政部以及国家税务总局2018年以来，相继出台了新的《中华人民共和国增值税法》《中华人民共和国个人所得税法》《中华人民共和国资源税法》《中华人民共和国耕地占用税法》《中华人民共和国车辆购置税法》等，并在原有《中华人民共和国企业所得税法》及其实施条例的基础上，于2019年1月17日又颁布了《关于实施小微企业普惠性所得税减免政策有关问题的公告》。随着国际经济环境及宏观经济政策的变化，国家将会继续深化税费改革。因此，为了适应会计改革与发展的要求，拓展纳税会计的新领域和新内容，加大纳税会计人才的培养力度，我们在2018年第五版内容的基础上，结合我国相关税费改革的最新进展，通过对增值税、资源税、企业所得税和其他相关税种涉及内容的修订形成了《税务会计（第六版）》，以体现新的教育教学理念要求和国家税制改革的最新动态。

本书以税法等政策文件为指导思想，充分考虑会计学科教材体系的实际情况，在吸收国内同类教材特色和主要内容的基础上，按照新规定、新要求对原有理论表述、教学案例、课后习题等诸多方面进行了全面系统的修改、补充与完善。

本书力求体现出纳税会计税法理论的最新进展，体现专业性、技术性和应用性特征。为了方便教学，在每章内容前均有"重点提示"和"系统学习"，章后有"关键术语""思维拓展""知识点应用和实践能力训练"，并附有习题答案。同时，我们还制作了与教材配套的PPT，更加适合广大师生使用。

本书可以作为高等院校会计学、审计学和财务管理等专业的学生学习"纳税会计”课程的教材，也可以作为企业财会人员和经济管理人员的培训教材和参考书。

本书由西安财经大学左锐担任主编，王丽萍和徐玮担任副主编；全书由左锐负责拟定大纲并审阅、定稿。各章的分工是：第二章、第三章和第六章由左锐负责编写，第五章、第七章和第八章由王丽萍负责编写，第一章、第四章和第九章由徐玮负责编写。

本书的编写和出版得益于立信会计出版社张巧玲的精心组织和大力帮助，在此，我们表示衷心的感谢！本书在编写过程中参考和借鉴了同行的有关著作，在此一并表示感谢！限于编者的时间和水平，书中难免有疏漏之处，恳请各位读者批评指正，我们不胜感激！

编　者

2021 年 6 月

目　录

第一章　税务会计概述

重点提示

税务会计是融税法和会计核算于一体的边缘性学科，规定了自身的核算对象、目标和任务，与财务会计既有密切的联系，又有明显的区别，形成了较为系统的方法和理论。税务会计与财务会计既有联系，又有区别。学习本章应掌握纳税基础、税务会计的相关概念。

系统学习

本章应系统学习的内容主要有：纳税基础、税务会计的相关知识。

第一节　纳 税 基 础

一、税收制度的概念

税收制度即税收法律制度，简称税制，是调整国家与纳税人之间税收征纳关系的法律规范，是国家通过法律程序确定的征税依据和工作规程。它包括国家各种税收法律、法规、条例、实施细则和征收管理制度等。

税收制度在内容上有广义和狭义之分。从广义上说，它包括各种税收法规、暂行条例、实施细则、税收管理体制、税收征收管理制度以及税务机关内部的管理制度等。从狭义上说，它仅包括已完成立法手续的各种税收法规（如《中华人民共和国个人所得税法》等）和虽未完成立法手续但具有法律效力的各种税收条例（如《中华人民共和国增值税暂行条例》《中华人民共和国企业消费税暂行条例》等）。

任何一个国家的税收制度，都同该国的社会制度、政权性质及其实施的经济政策密切相关。在不同的社会制度下，税收制度有着本质的区别。即使在同一种社会制度下的同一个国家，在其不同的历史时期，其税收制度也会有很大的差别。

二、税收法律关系

（一）税收法律关系的概念

国家征税与纳税人纳税在形式上表现为利益分配关系，但经过法律明确双方的权利和义务后，这种关系实质上升为一种特定的法律关系。税收法律关系是指由税法所确认和调整的国家和纳税人之间的税收征纳权利和义务关系。

（二）税收法律关系的构成

税收法律关系在总体上与其他法律关系一样，都由权利主体、客体和法律关系内容三方面的内容构成上，税收法律关系具有特殊性。

1. 权利主体

权利主体，即税收法律关系中享有权利和承担义务的当事人，可分为征税主体和纳税主体两类。征税主体是代表国家行使征税职责的国家税务机关，包括国家各级税务机关、海关和财政机关；纳税主体是履行纳税义务的人，包括法人、自然人。

在税收法律关系中权利主体双方法律地位平等，只是因为主体双方是行政管理者与被管理者的关系，双方的权利与义务不对等，因此，与一般民事法律关系中主体双方权利和义务平等是不一样的。这是税收法律关系的一个重要特征。

2. 权利客体

权利客体，即税收法律关系的主体权利、义务所共同指向的对象，也就是征税对象，包括应税的产品、财产、收入、所得、资源、行为等。税收法律关系的客体也是国家利用税收杠杆调整和控制的目标，国家在一定时期根据客观经济形势发展的需要，通过扩大和缩小征税范围、调整征税对象，以达到限制或鼓励国民经济中某些产业、行业发展的目的。

3. 税收法律关系的内容

税收法律关系的内容就是权利主体所享有的权利和所承担的义务，这是税收法律关系中最实质的部分，也是税法的灵魂。它规定了权利主体的可以为和不可以为。若违反了这些规定，须承担相应的法律责任。

税收机关的主要权利包括：税收行政执法的相对独立权、税收管理权、税收征收权、税收检察权、税务处罚权、税务检控权等。税务机关的主要义务包括：依法行使税收管理权和维护国家税收利益的义务、维护纳税人合法权益的义务、正确执法的义务、纠正错误和依法赔偿损失的义务、行政复议的义务、应诉的义务等。

纳税主体的主要权利包括：隐私机密权、信息公告和资料知悉权、法定最低限额纳税权、税收减免申报权、税法使用的公正权、正义抗辩权、委托代理权、税务行政复议和诉讼权等。纳税主体的义务主要包括：依法办理税务登记、纳税申报、缴纳税款、接受税务检查、税务行政处罚等。

（三）税收法律关系的产生、变更与消灭

税法是税收法律关系产生、变更和消灭的前提条件，但税法本身并不能生成具体的税收法律关系，它是由税收法律事实的产生和变化而产生、变更和消灭的。税收法律事实可分为两类：一是行为，二是事件。

1. 税收法律关系的产生

税收法律关系因下列法律事实的出现而产生：

(1) 国家颁布某些税收法规。

(2) 纳税人发生了税法规定的行为或事件。

(3) 新的纳税单位和个人出现等。

2. 税收法律关系的变更

税收法律关系因下列法律事实的出现而变更：

(1) 修改原有税收法规。

(2) 征税程序发生变更。

(3) 纳税人的生产经营及收入情况发生变化。

(4) 纳税人发生了税法规定予以减免税的特殊事件等。

3. 税收法律关系的消灭

税收法律关系因下列法律事实的出现而消灭：

(1) 纳税人依法履行了纳税义务。

(2) 废止某项税法。

(3) 课税对象或税目发生变化。

(4) 纳税主体消灭，如纳税人发生解散、破产、依法撤销或死亡等。

三、税制构成要素

税收制度是由许多要素构成的，其中有些基本要素是国家在制定税收制度时必须明确规定的内容。这些基本要素包括纳税权利义务人、课税（纳税）对象、税目、税率、纳税环节、税额计算、减税免税、违章处理等。

（一）纳税权利义务人

纳税权利义务人简称“纳税人”。税法上规定直接享有纳税权利、负有纳税义务的单位和个人，是缴纳税款的主体。纳税人可以是自然人，也可以是法人。自然人是指依法享有民事权利，并承担民事义务的公民。在税收上，自然人依法对国家负有纳税义务、享有纳税人的权利。法人是指依法成立、能够独立支配财产并能以其名义享受民事权利和承担民事义务的社会组织。法人负有依法向国家纳税的义务，并享有纳税人权利。

1. 纳税人的权利与义务

（1）纳税人的权利。享受国家税法规定的减免优待。一般可分为两种情况：一是国家为支持和鼓励某些产业、产品和经营项目的发展，在税法规定的条件和范围内给予的扶持性减免税；二是纳税人有特殊困难或遭受自然灾害，税务机关根据纳税人的申请而给予的困难性减税、免税。

申请延期申报和延期纳税的权利。纳税人不能按期办理纳税申报，或有特殊困难不能按期缴纳税款的，经税务机关核准，可以延期申报和延期缴纳税款，依法申请收回多缴的税款。纳税人超过应纳税额缴纳的税款，允许在 3 年内申请退还，逾期税务机关不予受理。认为税务机关具有不当的行政行为，使自己的合法权益遭受损失的，纳税人有权要求税务机关赔偿，有权要求税务机关对自己的生产经营和财务及有关资料等保守秘密。不负有代收、代扣、代缴义务的纳税人，有权依法拒绝税务机关要求其执行代收、代扣、代缴税款的义务。纳税人有权对税务机关做出的具体行政行为申请复议和向法院起诉及要求听证；有权对税务机关及其工作人员的各种不法行为进行揭露、检举和控告；有权检举违反税收法律、行政法规的行为。纳税人享有国家法律、行政法规规定的其他权利。

（2）纳税人的义务。依照税法规定申请办理税务登记、变更或注销税务登记，并按规定使用税务登记证件，不得转借、涂改、损毁、买卖或者伪造税务登记证件。

纳税人必须做到：① 按规定设置账簿，个体工商户确实不能设置账簿的，必须经税务机关批准。② 按税法规定办理纳税申报，报送纳税申报表、财务报表及税务机关要求报送的其他资料，因特殊情况不能按期办理的，须报经税务机关批准。③ 按税法规定的纳税期限缴纳税款，因特殊情况不能按期缴纳的，经省、自治区、直辖市税务机关批准，可延期缴纳，但最长不得超过 3 个月。④ 要按税收法律和行政法规的规定保管和使用发票。⑤ 欠缴税款者需要出境的，应当在出境前向税务机关结清应纳税款或提供担保，接受税务机关的税务检查，如实反映情况，提供有关证明资料，不得拒绝、隐瞒。⑥ 与税务机关发生纳税争议时，必须先依照法律、行政法规的规定缴纳税款及滞纳金，再申请税务行政复议。⑦ 承担国家法律、行政法规规定的其他义务。

纳税人享有的权利和承担的义务，一般也适用于法律规定的代收、代扣、代缴义务人。

2. 与纳税人相关的概念

(1) 扣缴义务人。根据税法规定，扣缴义务人是指有义务从其持有的纳税人收入中扣除其应纳税款并代为缴纳税款的企业或单位。确定扣缴义务人，有利于加强对税收的源泉控制，简化征收手续，减少税款流失。扣缴义务人主要有两类：一是代扣代缴义务人；二是代收代缴义务人。扣缴义务人必须严格履行扣缴义务。

(2) 名义纳税人和实际纳税人。在一般情况下，税法中规定的纳税人就是实际纳税人。但在某些税种中，国家为了及时取得财政收入，防止偷逃税款，往往采取控制源泉的方法，这就出现了名义纳税人和实际纳税人不统一的问题。名义纳税人是指替别人履行纳税义务的纳税人；实际纳税人是指直接支付税款的纳税人。实际纳税人通过名义纳税人实现向国家缴纳税款的义务。

(二) 课税对象、课税依据

课税对象，亦称征税对象。它是征税的标的物，也是缴纳税款的客体。每种税都有自己的课税对象，它是区别不同税种的主要标志，体现不同税种征收的基本界限，决定着不同税种名称的由来以及各税种在性质上的差别，并对税源、税收负担等产生直接影响。

课税依据，即计税依据。税收制度中规定的计算应纳税额的根据，在理论上也称为税基。纳税人的应交税款是根据纳税依据乘以税率计算出来的。因此，正确掌握课税依据是税务机关贯彻执行税务政策法令，保证国家财政收入的重要问题，也是纳税人正确履行纳税义务、合理负担税收的重要标志。不同税种的课税依据不同，有的是以收入额，有的是以所得额，有的是以销售数量。如果课税依据是价值形态，则课税对象与课税依据一致；如果课税依据是实物形态，以课税对象的数量、重量等作为计税依据，则课税对象与课税依据一般不一致，如车船税，其课税对象是各种车辆、船舶，而其计税依据则是车船的车辆数或吨位。

(三) 税目

税目是征税对象的具体化，反映具体的征税范围，体现每个税种的征税广度。不是所有的税种都规定税目，对那些征税对象简单明确的税种，就不必另行规定税目。对大多数税种，由于征税对象比较复杂，而且税种内部不同征税对象又需要采取不同的税率档次进行调节，这样就需要对税种的征税对象作进一步的划分，作出具体的界限规定，这个规定的界限范围就是税目。

税目一般分为列举税目和概括税目两种。

1. 列举税目

列举税目就是将每一种商品或经营项目等采用一一列举的方法分别规定税目，必要时还可以在税目之下划分若干细目。列举税目优点是：界限明确，便于征纳双方掌握；缺点是：税目过多，不便于查找，不利于征管。

2. 概括税目

概括税目就是按照商品大类或行业采用概括方法设计税目。概括税目的优点是：税目较少，查找方便；缺点是：税目过粗，不便于贯彻合理负担的原则。

（四）税率

税率是应纳税额与课税对象（计税依据）之间的关系或比例，是计算应纳税额的尺度，体现课税的深度。每种税的税率高低，反映国家在一定时期的有关经济政策，直接关系着国家财政收入的多少和纳税人税收负担的大小。因此，税率是体现税收政策的中心环节，是构成税制的基本要素。税率的设计要体现国家的政治、经济、社会发展等政策，要体现公平、简化的要求。

税率可以从不同角度分类。按照税率的经济意义，税率可以分成名义税率和实际税率两种。名义税率就是税法上规定的税率；实际税率就是纳税人实际缴纳的税额与其全部收益额的比例（比重）。按照税率的表现形式，税率可以分为以绝对量形式表示的税率和以百分比形式表示的税率。

1. 定额税率

按纳税对象的一定计量单位规定固定的税额，又叫“固定税额”。它是税率的一种特殊形式，一般适用于从量征收的某些税种。在具体运用上，又分为地区差别定额税率、幅度定额税率、分类分级定额税率等不同形式。还有将地区差别、分类分级和幅度相结合的定额税率，即对同一纳税对象，在按地区差别、分类分级定率的前提下，实行有幅度的定额税率，如城镇土地使用税就是采用有地区差别的幅度定额税率。定额税率的优点是：计算简便；税负稳定，不受物价波动的影响；在一定条件下采用时，有利于提高产品质量、改进包装或提高资源的利用率。

2. 比例税率

对同一征税对象，不论数额大小，都按同一比例纳税。税额与纳税对象之间的比例是固定的。比例税率在具体运用上又可分为产品比例税率、行业比例税率、地区差别比例税率、幅度比例税率以及其他一些比例税率等多种形式。

比例税率的优点是：对同一纳税对象的不同纳税人纳税负担相同，有利于企业在大体相同的条件下开展竞争，促进企业加强管理、提高经济效益；计算方便，有利于企业核算、缴纳，也便于加强税收稽征管理工作。主要缺点是：不分纳税人的收入多少、设备好坏、生产经营地点等，都按统一税率征税，这与纳税人的负担能力不完全适应，在调节企业利润水平方面有一定的局限性。

3. 累进税率

按照纳税对象数额的大小，实行等级递增的税率，即把纳税对象按一定的标准划分为若干个等级，从低到高分别规定逐级递增税率。这种税率制度，既可适应纳税人的负担能力，又便于充分发挥调节纳税人收入水平的作用，而且适应性强，灵活性大，一般适用于对所得财产的征税。按累进税率结构的不同，又可分为以下三种。

（1）全额累进税率。对纳税对象的全部数额，都按照与之相适应的等级的累进税率计算纳税。在纳税对象提高到一个新的级距时，对其全额都提高到一级新的与之相适应的税率计算纳税。它的累进幅度较大，对纳税人的所得具有较强的调节作用，计算方法简单，但存在税负不尽合理的弊端。

（2）超额累进税率。把纳税对象按数额大小划分为若干等级，从低到高对每个等级分别规定相应的税率，一定数额的纳税对象可以同时适用几个等级的税率，每超过一级，超过部分则按提高一级的税率征税，这样分别计算税额，各等级应纳税额之和，就是纳税人的应纳税额。它的累进程度比较缓和，纳税人的税负较前者要轻一些，但在计算上比较复杂。

（3）超率累进税率。它和超额累进税率在道理上是相同的，不过税率累进的依据不是纳税对象数额的大小，而是销售利润率、资金利润率或增值率的高低。例如，现行的土地增值税，就是采用超率累进税率。

（五）纳税环节

纳税环节是指对处于不断运动中的纳税对象选定应该缴纳税款的环节。税法对每一种税都要确定纳税环节，但有的税种纳税环节比较明确、固定，而有的税种则需要在许多流转环节中选择和确定。从对流转税额的纳税环节来看，由于产品从生产到消费，中间要经过工业生产、商业批发、商业零售等环节，可以选择在产品的生产环节或第一次批发环节纳税，对其他环节可以不纳税，即实行“一次课征制”，如资源税；也可以在产品出厂销售时缴纳一次工业生产环节的税，经过商业零售环节时再缴纳一次税，而对商业批发等中间环节不纳税，即实行“两次课征制”；还可以在工业品的生产、批发和零售环节都纳税，即实行“多次课征制”。我国现行增值税就是属于多次课征制。从对收益额的纳税环节来看，既可以只在分配环节缴一道所得税，又可以先在收益形成环节缴纳一道级差收益税，再在收益分配环节缴纳一道所得税，并在收益使用环节有选择地缴纳其他目的税。纳税环节的确定，不仅关系到整个税制结构和税收体系的布局，而且对于保证国家财政收入，促进企业改善经营管理，贯彻公平税负、合理负担的税收政策，都极为重要。因此，在确定纳税环节时，要以有利于生产发展，有利于商品流通，有利于控制税源，保证财政收入和方便纳税人为原则。

（六）纳税期限

纳税期限是指纳税人在发生纳税义务后，应向国家缴纳税款的具体期限。它是税收的强制性、固定性在时间上的体现。超过限期未缴税的属于欠税，应依法加收滞纳金。各税种由于自身的特点不同，有着不同的纳税期限。一般分为按期纳税和按次纳税两种形式。

（七）税额的计算

税额的计算是根据纳税人的生产经营或其他具体情况，对其应纳税产品（商品）或项目，按照国家规定的税率采取一定的计算方法，计算出纳税人的应纳税额。税额计算的正确与否，直接关系到能否正确贯彻执行税收政策。每种税都明确规定了应纳税额的具体计算公式，但其基本计算方法相同，即：

应纳税额＝计税依据×适用税率

公式中“计税依据”在具体应用时，又涉及如下两个概念。

1. 计税单位

计税单位亦称计税标准、课税单位。它是课税对象的计量单位和缴纳标准，是课税对象的量化。计税单位分为从价计征、从量计征和混合计征三种。从价计征是以价值形态的货币金额作为课税对象的计量单位，大部分税种属于此类；从量计征是以课税对象的重量、数量、容量、面积等实物形态为计税单位；混合计征是从量与从价计征。

2. 计税价格

税法规定计算应税产品应纳税额所采用的价格。对于从价计征的税种，税率一经确定，应纳税额的多少就取决于价格因素。按照计税价格是否包含税款划分，计税价格又可以分为含税价格和不含税价格。

（八）税负调整

纳税人负担的轻重，除了通过税率体现外，还可以通过其他措施来调整。从税负看，税率主要体现税负的统一性，而税负调整则体现税负的灵活性。税负调整分减轻税负（税收减免）和加重税负（税收加征）两种情况。税负调整权要高度集中，未经国家授权，任何地区和部门都不得擅自决定。

1. 税收减免

1）税收减免的含义。税收减免是对某些纳税人和纳税对象给予鼓励和照顾的一种特殊规定。减税是对应纳税额少征一部分税款，而免税是对应税额全部免征税款。除税法另有规定外，一般减税、免税都属于定期减免性质，期满后要恢复征税。减税、免税体现税收在原则性基础上的灵活性，特别是在税目、税率确定后，它就成了贯彻国家经济政策、实施宏观调控必不可少的调节手段，是构成税收优惠的主要内容，但它存在扭曲资源配置的缺点。

2）税收减免的类型。税收减免主要有三种类型。

（1）法定减免。凡是在各种税的基本法规中规定的减税和免税，称为法定减免。它体现各有关税种税收减免的基本规定，一般具有长期的适用性。法定减免必须在基本法规中明确列举减免税的项目、范围和时间。

（2）特定减免。它是指根据社会经济发展变化和发挥税收调控作用的需要而规定的减免税。特定减免主要有两种情况：一是税收的基本法规确定后，随着国家政治和经济情况的发展变化所作出的新的减免税补充规定；二是在税收基本法规中，不能或不宜列举而采用补充规定的减免税形式。特定减免可分为无限期和有限期两种减免，在一般情况下，特定减免属有限期减免。

（3）临时减免。它是指除法定减免和特定减免以外的其他临时性减税、免税。主要是为了照顾纳税人的某些特殊的、暂时的困难，临时批准的一些减免税通常都是定期减免或一次性减免。

3）税收减免的形式。一般有以下几种。

（1）减税。对纳税人的应纳税额通过打一定折扣、少征一部分税款或通过降低法定税率而减轻纳税人的一部分负担。

（2）免税。对纳税人的某一项或某几项课税对象免予征税。

（3）起征点。它是计税依据达到国家规定数额开始征税的界限。计税依据的数额未达到起征点的不征税；达到或超过起征点的，就其全部数额征税，而不是仅就超过部分征税。税收的起征点，体现税收严肃性与必要的灵活性的结合，保护和调动收入水平低或负担能力差的纳税人的积极性。

（4）免征额。免征额是在计税依据总额中免予征税的数额。它是按照一定标准从计税依据总额中预先减去的数额。免征额部分不纳税，只对超过免征额的部分征税。规定免征额，有利于保证纳税人的基本所得。我国《个人所得税法》规定，对纳税人的工资、薪金所得，按每月收入减除费用 5 000 元后的部分征税，5 000 元即为免征额。

2. 税收加征

税收加征包括地方附加、加成征收和加倍征收三种形式。

(1) 地方附加,简称附加。地方政府按照国家规定的比例,随同正税一起征收的作为地方财政收入的款项。税收的附加率必须由国家统一规定,按附加率征收的地方附加款项,国家也规定专门的适用范围,地方政府均不得擅自变更。

(2) 加成征收。在按规定税率计算出应纳税额后,再加征一定成数的税额。一成为 10%,依次类推,一般最高为十成。加成实际上是税率的延伸,是对税率的补充规定。规定加成征收办法,有利于对所得额较大的纳税人在税收上加以限制,更好地体现公平税负原则;还有利于简化税率的设计。加成征税,可以在不增加税率档次的情况下,使税率能够合理地延伸,易于征纳双方掌握。

(3) 加倍征收。在按规定税率计算出税额后,再加征一倍数的税额。加倍征税是累进税率的一种特别补充,其延伸程度远远大于加成征税。因为加成征税并未超过税率自身规定的范围,最大的加成幅度才是一倍,如税率为 10%,加征一成,税负为 11%,加征十成,税负为 20%;而加倍征税则最少是一倍,因此,其调控跨度大。加倍征收主要适用于收益类税种,对收益额特大的纳税人,采用加倍征税办法时,一般应规定计税基数,对超基数的倍数实行加倍征收,以缩小由于纳税人收入相差悬殊而产生的贫富差距过大的现象。

第二节　税务会计的概念

一、税务会计的概念

税务会计(Taxation Accounting)又称为纳税会计,是社会经济发展到一定阶段的产物,是关于税收及会计处理的方法体系。

由于税务会计形成时间比较短,其制度与体系尚不完善,税务会计的定义也有多种表达。

美国著名税务会计专家吉特曼博士认为,税务会计主要是处理某项目何为收入或费用账务问题的一种专业会计。

日本著名税务会计专家武田昌辅认为,税务会计是为计算法人税法中的课税所得而设立的会计,它不是制度会计,而是以企业会计为依据,按税法的要求对既定的盈利进行加工、修正的会计。

我国著名税务会计学者盖地教授认为，税务会计是以国家现行税收法令为准绳，运用会计学的理论和方法，连续、系统、全面地对税款的形成、计算和缴纳，即对税务活动引起的资金运动进行核算和监督的一门专业会计。

综上所述，税务会计是以税收法律为依据，以货币为主要计量单位，运用会计学的基本理论和方法对纳税单位的纳税活动引起的资金运动进行核算、监督和筹划的一门专业会计。从而达到既依法纳税，又合理减轻税负的一个会计学分支。它是专门适应纳税人的需要，将会计的基本理论、方法同纳税活动相结合形成的一门边缘学科。

二、税务会计与财务会计的联系与区别

（一）税务会计与财务会计的联系

税法条款对会计概念和会计技术的采纳，表明了税务会计与财务会计有着相互依存的基础。计算税金的程序大多模拟会计方法，如应纳税所得额的计算就类似于会计利润的核算；计税依据取自会计记录。可以说，一方面税法是借助了会计技术才得以实施的，税收管理因采用了会计方法才日趋成熟。但是，从另一方面而言，税法也对会计产生了广泛而深远的影响，它使会计实务处理更加规范化、法制化，有时也制约了会计对某些核算方法的选择。

（二）税务会计与财务会计的区别

1. 目标不同

税务会计的目标，是纳税人向税务部门提供真实准确的纳税信息，依法计算应纳税额，保证税负公平。其实现方式是纳税申报表；而财务会计的主要目标，则是向政府管理部门、股东、经营者、债权人以及其他相关的报表资料使用者，提供财务状况、经营成果和现金流量变动等有用的信息。其实现方式是财务报表。

2. 法律依据不同

税务会计是严格依据税收法规进行会计处理，要求足额、及时地缴纳税款，在会计核算和纳税申报时往往会排斥企业会计准则或财务会计制度的规定；而财务会计的法律依据主要是财务会计制度和会计准则，要求会计信息的真实、完整。正因为两者的基本处理依据不同，所以两者在会计核算基础、损益确认口径和会计计量属性等具体方面也存在着很大的差异。

3. 核算基础不同

税务会计是以收付实现制和权责发生制共同作用为核算基础。因为税法对纳税人有“钱财支付能力”和“征收管理方便与一致”的要求，故征收即期收益的必要性与财务会计

的配比原则往往是有矛盾的,最主要体现在收益确认的口径和费用扣减的标准上,其立足点为国家对财政收入的要求和纳税人对应税事宜的筹划,一般不另设独立的账证体系;而财务会计是以权责发生制为企业的核算基础,其立足点是以企业的日常经营管理活动为主,并有完整的账证体系。

三、税务会计的特点

(一)业务处理的法律性

业务处理的法律性是指税务会计以国家现行的税收法令为依据,按照税收法律制度对税款的形成、计算、申报和缴纳进行核算和监督。税务会计的法律性源于税收所固有的强制性、无偿性和固定性的形式特征。税收法律、法规作为国家法律制度的重要组成部分,是调节国家与纳税人关系的强制性的社会规范,制约着征纳双方的行为。一方面要求国家不得超越税法随意征税、加税、减免和处罚;另一方面要求纳税人必须尽到纳税义务,不得欠税、偷税和抗税。

税务会计受税收法律、法规和会计制度的双重因素制约。在对某项经济业务的处理方法上,税务会计遵循的是会计制度、会计准则和会计原则;但如果税法与会计制度对某项经济业务的处理不相一致时,就需要按照税法的规定对会计处理进行必要的调整。从这一点上说,税务会计更直接受制于税法规定,这是税务会计区别于其他专业会计的最显著特点。

(二)会计目标的两重性

第一,税务会计最重要的目标是保证国家及时、足额地取得税收收入,离开了这一特定目标,税务会计便失去了存在的意义。税务会计报送的纳税申报表与税收缴款书等会计资料,旨在接受税务机关的监督与审核,完成其纳税义务。第二,税务会计的另一个重要目标是维护纳税人的合法权益。税务机关要依法征税,纳税人要依法纳税。纳税人要充分行使其权利,维护其权益。

(三)核算方法的融合性

税务会计是融税收法规和会计制度于一体的专业会计,税务会计在依据税法核算的同时,还必须结合专业会计的特点进行会计核算。税务会计研究的对象是税务管理活动中的会计核算问题,同时又是会计核算中的税务活动问题。从这个意义上讲,税务会计是研究税务与会计交叉问题的一门边缘性、应用性管理学科。

(四)会计差异的互调性

税务会计在业务处理上的法律性和纳税主体的相对独立性,决定了税务会计的处理结果是有差异的，但是这些差异都是可以通过专门的方法进行调整的。例如，企业的利息支出，需将其划分为金融机构借款和非金融机构借款，将其中不能扣除的部分剔除后，相应调整利润额，就可以将税前会计利润调整成应纳税所得额。由于财务会计和税务会计都要以会计准则为基础，对因企业会计处理与相关制度规定不一致造成差异的项目，则既要调整应纳税所得额，又要调整企业账户记录。

四、税务会计的目标

（一）税务会计的总目标

税务会计的总目标是向税务会计信息使用者提供有助于税务决策的会计信息。税务会计信息的使用者包括各级税务机关、企业的债权人、投资人、经营者和社会公众。根据税务会计提供的税务会计信息，各级税务机关可以进行税款征收、监督和检查，并作为税收立法的主要依据；企业的投资人、债权人可以了解企业纳税义务的履行情况和税收负担，作出正确的判断和决策；企业的经营者可以了解企业各项税收负担与业务的联系，作出有利于企业的经营及投融资等决策；社会公众可以了解企业的诚信度和社会责任履行情况。

（二）税务会计的具体目标

税务会计的具体目标可以概括如下。

1. 依法履行纳税义务

税务会计以国家现行税法为依据，在财务会计提供的相关资料基础上，及时、正确地分析税款的形成，准确计算应纳税额，详细地进行纳税申报，足额缴纳各项税款，并以专门方法将各环节涉税事项进行全面的反映和监督，为税务机关提供真实的纳税信息，确保企业依法履行纳税义务。

2. 协调与财务会计的关系

税务会计的核算要求严格地以税收法规为准绳，因此，税务会计需要将财务会计按会计准则和制度进行核算所提供的会计信息进行相应的调整，以便在各项财务报告中正确披露有关税务会计信息。税务会计与财务会计相互补充、相互依存。财务会计要保持其稳定性、谨慎性和规范性，税务会计要保持其依法性。两者作为企业会计的重要组成部分，必须要相互配合、相互协调，才能更好地完成各自的具体目标。当两者出现矛盾时，税务会计要依照相关税法规定，协调与财务会计的关系，正确反映税务会计信息。

3. 科学进行纳税筹划

税务会计涉及的是与纳税人纳税有关的特定领域。在这个领域，要服从和服务于纳税人经营管理的总目标，即合法地减轻纳税人税负，提高企业经济效益。因此，进行税收筹划，选择税负较轻的方案，也是税收会计的目标之一，是纳税人享受权利的具体体现。

五、税务会计的账户设置

税务会计要全面、系统、连续地反映和监督纳税主体的涉税事项，必须对税务会计对象进行科学分类，并在此基础上借助于财务会计的账户系统，利用账户系统地反映应纳税款的形成、计算、申报、缴纳等税务资金运动。企业在对涉税事项进行会计处理时，需要运用许多会计账户。其中，最主要的账户为“应交税费”“税金及附加”等。

（一）“应交税费”账户

“应交税费”属于负债类账户，用来核算企业按照税法规定计算的应缴纳的各种税费，包括增值税、消费税、所得税、资源税、城市维护建设税、车船税等。该账户贷方登记应缴纳的各种税费；借方登记实际缴纳的各种税费；期末余额一般在贷方，反映企业尚未缴纳的税费，期末余额如在借方，反映企业多缴或尚未抵扣的税费。本账户可按应缴的税费项目设置明细账户进行明细核算。

（二）“税金及附加”账户

“税金及附加”属于损益类账户，用来核算企业经营活动发生的消费税、印花税、城市维护建设税等相关税费。该账户借方登记企业按规定计算确定的与经营活动有关的各项税费；贷方登记期末结转入“本年利润”账户的数额；结转后该账户应无余额。

关键术语

纳税基础　课税对象　课税依据　定额税率　比例税率　累进税率　权利主体　权利客体　税收法律关系

思维拓展

1. 什么是税务会计？
2. 税务会计主要涉及哪些账户？
3. 税务会计与财务会计的关系。

4. 税收制度的构成要素有哪些?

5. 税收法律关系是如何构成的?

知识点应用及实践能力训练

单项选择题

1. 下列税种中,由地方税务局系统征收管理的有( )。

A. 个体户的增值税　　B. 进口环节的消费税

C. 中央企业的房产税　　D. 2010 年新注册的工业企业的所得税

2. 在税法的构成要素中,衡量税负轻重与否的重要标志是( )。

A. 征税对象　　B. 税种　　C. 税率　　D. 纳税环节

3. 采用超额累进税率征收的税种是( )。

A. 土地增值税　　B. 资源税　　C. 个人所得税　　D. 印花税

4. 按税法的基本内容和效力的不同,可以将税法分为( )。

A. 税收基本法和税收普通法　　B. 税收程序法和税收实体法

C. 中央税法和地方税法　　D. 国际税收法和国内税法

5. 税收按( )划分,可以为流转税、所得税、资源税、行为税和财产税。

A. 税收管理和使用权限　　B. 征税对象的性质

C. 计税标准　　D. 税负是否转嫁为标准

6. 税收的三个基本要素是( )。

A. 纳税义务人、税率、违章处理　　B. 纳税义务人、税率、税目

C. 纳税义务人、税率、征税对象　　D. 纳税义务人、税率、纳税期限

7. 将纳税对象中的一定数额给予减免,指就减除后的剩余部分计征税款,这一数额为( )。

A. 起征点　　B. 征税标准　　C. 减增额　　D. 免征额

8. 税务会计以( )为准绳。

A. 会计制度　　B. 会计准则　　C. 国家税收法令　　D. 财务会计

9. 我国对税收法律关系中纳税义务人的确定,采取的是( )的原则。

A. 属地原则　　B. 属人原则

C. 属地兼属人的原则　　D. 灵活确定的原则

10. 以下说法中正确的是( )。

A. 税务会计不需要在财务会计之外单独设立账簿体系

B. 税务会计与财务会计的目标相同

C. 税务会计与财务会计的对象相同

D. 税务会计与财务会计的核算基础相同

多项选择题

1. 下列说法中,收入完全由中央政府管理和支配的有(　　)。

A. 消费税

B. 中国工商银行总行集中缴纳的城市维护建设税

C. 车辆购置税

D. 中央与地方事业单位组成的联营企业所缴纳的城镇土地使用税

2. 我国现行税种使用的税率有(　　)。

A. 比例税率　　B. 超额累进税率

C. 定额税率　　D. 超率累进税率

3. 下列各项中,属于国税系统负责征收和管理的有(　　)。

A. 增值税　　B. 消费税　　C. 车辆购置税　　D. 个人所得税

4. 税务会计的特点包括(　　)。

A. 法定性　　B. 广泛性　　C. 统一性　　D. 筹划性

5. 下列各项中,属于税收法律关系权利主体的有(　　)。

A. 国家税务局　　B. 海关　　C. 财政机关　　D. 人民政府

6. 税务会计的一般原则有(　　)。

A. 合法性原则　　B. 及时性原作

C. 筹划性原则　　D. 税款支付能力原则

7. 下列各项中,表述不正确的有(　　)。

A. 税目是各个税种的所规定的具体征税项目

B. 税率是衡量税负轻重的重要标志

C. 所得税在流通环节纳税

D. 征税对象就是税收法律关系中征纳双方权利义务所指的物品

8. 税收具有(　　)特点。

A. 固定性　　B. 无偿性　　C. 强制性　　D. 自愿性

9. 下列税种中,属于工商企业缴纳的有(　　)。

A. 增值税　　B. 企业所得税　　C. 房产税　　D. 城市维护建设税

10. 下列税种中,属于价内税的有(　　)。

A. 消费税　　B. 土地增值税　　C. 增值税　　D. 资源税

判断题

1. 纳税人财务会计制度、财务会计处理办法与税法规定不一致的，应按税法规定予以调整。（　）
2. 纳税人即负税人。（　）
3. 免征额就是对征税对象全额征税的最低限额。（　）
4. 企业税务会计需要在财务会计核算之外单独建账进行核算。（　）
5. 工商企业和建筑安装企业缴纳的流转税都是增值税。（　）
6. 减轻税负，使纳税人的财务利益最大化或者税后利润最大化，是纳税筹划的基本目标。（　）
7. 税务会计和财务会计的对象都是企业实际发生的全部经济业务。（　）
8. 按照计税标准不同，税收可分为从价税、从量税和复合税。（　）
9. 税率是体现课税的深度，也是衡量税负轻重与否的重要标志。（　）
10. 直接税是指纳税人直接负担、不宜转嫁的税种，如所得税。（　）

第二章　增值税的核算

重点提示

增值税是对在我国境内销售货物或者提供加工、修理修配劳务(以下简称“应税劳务”)、销售服务、无形资产或者不动产(以下简称“应税行为”)以及进口货物的单位和个人,就其货物销售或提供应税劳务、应税行为的增值额和货物进口金额为计税依据而课征的一种流转税。通过本章学习,要求了解增值税的类型、增值税的特点;熟悉增值税的基本内容(概念、征税范围、纳税人、税率);掌握增值税核算的账户设置及企业增值税的核算(进项税额的核算、购进货物转出用途的核算、销项税额的核算、增值税缴纳的核算、小规模纳税人增值税的核算);熟练掌握增值税应纳税额的计算(销项税额、进项税额、应纳税额以及小规模纳税人应纳税额的计算)。

系统学习

本章应系统学习的内容主要有:增值税概述、增值税应纳税额的计算及增值税的会计核算。

第一节　增 值 税 概 述

一、增值税的概念及特点

(一) 增值税的概念

增值税是以商品(含应税劳务、应税行为)在流转过程中产生的增值额作为计税依据而征收的一种流转税。按我国增值税法的规定,增值税是对在我国境内销售货物或者提供加工、修理修配劳务(以下简称“应税劳务”)、销售服务、无形资产或者不动产(以下简称“应税行为”)以及进口货物的单位和个人,就其货物销售或提供应税劳务、应税行为的增值额和货物进口金额为计税依据而课征的一种流转税。

增值额可以从三个方面来理解:

(1) 从理论上讲,增值额相当于商品价值 C+V+M 中的 V+M。

(2) 从单个生产经营者看,增值额是指该生产经营者销售商品或提供应税劳务和应税行为的收入额扣除为生产经营这种商品而外购的那部分货物(包括应税劳务和应税行为)价款后的余额。

(3) 从商品生产经营全过程看,增值额是指一种商品在生产和流通过程中各环节的增值额之和,即:商品最终销售价格=各环节增值额之和。

(二) 增值税的计税方法

增值税的计税方法,包括一般计税办法、简易计税方法和扣缴计税方法。

1. 一般纳税人适用的计税方法

一般纳税人销售货物或者提供劳务和应税行为适用一般计税方法计税。其计算公式是:

当期应纳税额=当期销项税额-当期进项税额

但是一般纳税人提供财政部和国家税务总局规定的特定的销售货物、应税劳务、应税行为,可以选择适用简易计税方法计税,一经选择,36 个月内不得变更。

2. 小规模纳税人适用的计税办法

小规模纳税人销售货物、提供应税劳务和应税行为适用简易计税方法计税。但是上述一般纳税人提供财政部和国家税务总局规定的特定的销售货物、应税劳务、应税行为,也可以选择适用简易计税办法计税。简易计税方法的公式是:

当期应纳税额=当期销售额×征收率

3. 扣缴义务人适用的计税方法

境外单位或者个人在境内提供应税行为,在境内未设有经营机构的,扣缴义务人按照下列公式计算扣缴税额:

应扣缴税额=接受方支付的价款÷(1+税率)×税率

(三) 增值税的类型

在现实经济生活中,作为增值税计税依据的增值额的具体内容是由各国政府根据本国的经济条件和政策因素不同而确定的，针对由外购的固定资产转移过来的那部分价值是否扣除，由此形成三种基本类型的增值税。

（1）生产型增值税。在计税时不允许扣除外购固定资产中所包含的增值额。这个增值额实际上相当于一定时期的国民生产总值。这种类型增值税称为“生产型增值税”。

（2）收入型增值税。在征收增值税时允许扣除当期按固定资产价值计提的折旧部分所包含的增值额。这里的增值额就相当于国民收入。这种类型增值税称为“收入型增值税”。

（3）消费型增值税。在计税时允许一次性扣除当期外购的固定资产中所包含的全部增值额。这里的增值额就相当于国民消费总额。这种类型增值税称为“消费型增值税”。

在实践中，世界各国一般直接采用税额抵扣（扣税法）的办法，即根据商品货物或应税劳务和应税行为的销售额，按照规定的税率，计算出销项税额，然后从中扣除购进项目按法定可扣除的已纳增值税额，其差额即为纳税人应缴纳的增值税额。我国从 2009 年起实行的是消费型增值税。在计税时采用税款抵扣制。

（四）我国增值税的特点

1. 既普遍征收又多环节征收，但不重复征税

我国增值税实行多环节普遍征收原则，对从事商品生产销售、提供修理修配劳务、应税行为以及进口货物的所有单位和个人，在各个经营环节分别征税，但不重复征税，征税对象是销售额中本企业新创造的、未征过税的新增价值。

2. 同种产品最终售价相同，税负相同

从商品生产经营全过程看，商品的价格是一种商品在流转过程中所经历的各环节的增值额之和。同一种产品，无论采用何种方式生产销售，也不论经过多少流转环节，只要最终售价相同，其总体税负相同。

3. 实行价外税，消费者是全部税款的最终负担者

增值税采用价外税办法，即税金不包括在销售价格内，购买单位既要支付商品价款，还要支付增值税税款。价外税鲜明地体现了增值税的转嫁性质，企业只是税款的缴纳者，而消费者才是税款的最终负担者。

4. 对不同经营规模的纳税人，采取不同的征收办法

现行的增值税法，按照规模大小和会计核算制度健全与否，将纳税人划分为一般纳税人和小规模纳税人两类。一般纳税人采用购进扣税法计税，适用 13%、9%、6%三档税率，可以使用增值税专用发票；小规模纳税人采用简易办法计算征收，适用 3%的征收率。这样，既有利于增值税制度的推行，又有利于简化征收，强化征管。

二、增值税的纳税义务人

（一）增值税纳税义务人概述

《中华人民共和国增值税暂行条例》（以下简称《增值税暂行条例》）和《营业税改征增值税试点实施办法》的规定，凡在我国境内销售货物或者提供应税劳务和应税行为以及进口货物的单位和个人，为增值税的纳税义务人。

单位，是指企业、行政单位、事业单位、军事单位、社会团体及其他单位。个人，是指个体工商户和其他个人。

单位以承包、承租、挂靠方式经营的，承包人、承租人、挂靠人（以下统称承包人）以发包人、出租人、被挂靠人（以下统称发包人）名义对外经营并由发包人承担相关法律责任的，以该发包人为纳税人；否则以承包人为纳税人。

境外的单位或个人在境内销售应税劳务或应税行为而在境内未设有经营机构的，其应纳税款以代理人为扣缴义务人；没有代理人的以购买者为扣缴义务人。

（二）增值税纳税义务人的分类

为了便于征收和管理，《增值税暂行条例》《营业税改征增值税试点实施办法》按照纳税义务人经营规模的大小及会计核算是否健全，将其划分为一般纳税人和小规模纳税人两种。

1. 小规模纳税人

小规模纳税人是指年应税销售额在规定标准以下，并且会计核算不健全，不能按规定报送有关纳税资料的增值税纳税人。

小规模纳税人的认定标准如下：

（1）增值税小规模纳税人标准为年应征增值税销售额500万元及以下。

（2）年应税销售额超过规定标准的其他个人不属于一般纳税人。年应税销售额超过规定标准但不经常发生应税行为的单位和个体工商户可选择按照小规模纳税人纳税。

对小规模纳税人的认定，由主管税务机关依照税法规定的标准认定。

2. 一般纳税人

一般纳税人是指年应征增值税销售额超过《增值税暂行条例》《营业税改征增值税试点实施办法》实施细则规定的小规模纳税人标准的单位。

小规模纳税人以外的纳税人应当向主管税务机关申请资格认定。除国家税务总局另有规定外，纳税人一经认定为一般纳税人后，不得转为小规模纳税人。

三、增值税的征税范围

(一) 增值税征税范围的一般规定

1. 销售或进口的货物

货物是指有形动产,包括电力、热力、气体在内。

2. 提供的应税劳务

应税劳务是指纳税人提供的加工、修理修配劳务。加工是指受托加工货物,即委托方提供原料及主要材料,受托方按照委托方的要求制造货物并收取加工费的业务;修理修配是指受托对损伤和丧失功能的货物进行修复,使其恢复原状和功能的业务。

3. 提供应税行为

应税行为是指销售服务,销售无形资产和销售不动产。

按照《营业税改征增值税试点实施办法》的规定,销售服务、无形资产或者不动产,是指有偿提供服务、有偿转让无形资产或者不动产,但属于下列非经营活动的情形除外:

(1) 行政单位收取的同时满足以下条件的政府性基金或者行政事业性收费。

(2) 单位或者个体工商户聘用的员工为本单位或者雇主提供取得工资的服务。

(3) 单位或者个体工商户为聘用的员工提供服务。

(4) 财政部和国家税务总局规定的其他情形。

有偿,是指取得货币、货物或者其他经济利益。

在境内销售服务、无形资产或者不动产,是指:

(1) 服务(租赁不动产除外)或者无形资产(自然资源使用权除外)的销售方或者购买方在境内。

(2) 所销售或者租赁的不动产在境内。

(3) 所销售自然资源使用权的自然资源在境内。

(4) 财政部和国家税务总局规定的其他情形。

下列情形不属于在境内销售服务或者无形资产:

(1) 境外单位或者个人向境内单位或者个人销售完全在境外发生的服务。

(2) 境外单位或者个人向境内单位或者个人销售完全在境外使用的无形资产。

(3) 境外单位或者个人向境内单位或者个人出租完全在境外使用的有形动产。

(4) 财政部和国家税务总局规定的其他情形。

下列情形视同销售服务、无形资产或者不动产:

(1) 单位或者个体工商户向其他单位或者个人无偿提供服务,但用于公益事业或者以社会公众为对象的除外。

(2) 单位或者个人向其他单位或者个人无偿转让无形资产或者不动产,但用于公益事业或者以社会公众为对象的除外。

(3) 财政部和国家税务总局规定的其他情形。

(二) 增值税征税范围的具体规定

增值税的征税范围除了上述的一般规定外,对于实务中某些特殊项目或行为是否属于增值税的征税范围,还需要作出具体规定。

1. 视同销售货物行为

单位或个体工商户的下列行为视同销售货物,按规定计算销售额并征收增值税。

(1) 将货物交付其他单位或者个人代销。

(2) 销售代销货物。

(3) 设有两个以上机构并实行统一核算的纳税人,将货物从一个机构移送其他机构用于销售,但相关机构设在同一县(市)的除外。

(4) 将自产、委托加工的货物用于非应税项目。

(5) 将自产、委托加工的货物用于集体福利或者个人消费。

(6) 将自产、委托加工或者购进的货物作为投资,提供给其他单位或者个体工商户。

(7) 将自产、委托加工或者购进的货物分配给股东或者投资者。

(8) 将自产、委托加工或者购进的货物无偿赠送其他单位或者个人。

(9) 单位或者个体工商户向其他单位或者个人无偿提供服务,但用于公益事业或者以社会公众为对象的除外。

(10) 单位或者个人向其他单位或者个人无偿转让无形资产或者不动产,但用于公益事业或者以社会公众为对象的除外。

(11) 财政部和国家税务总局规定的其他情形。

2. 兼营不同税率或征收率

纳税人兼营销售货物、加工修理修配劳务、服务、无形资产或者不动产,适用不同税率或者征收率的,应当分别核算适用不同税率或者征收率的销售额,未分别核算销售额的,按照以下方法适用税率或者征收率:

(1) 兼有不同税率的销售货物、加工修理修配劳务、服务、无形资产或者不动产,从高适用税率。

(2) 兼有不同征收率的销售货物、加工修理修配劳务、服务、无形资产或者不动产,从高适用征收率。

(3) 兼有不同税率和征收率的销售货物、加工修理修配劳务、服务、无形资产或者不动产,从高适用税率。

(三)“营改增”征税范围的规定

1. 销售服务

销售服务,是指提供交通运输服务、邮政服务、电信服务、建筑服务、金融服务、现代服务、生活服务。

(1) 交通运输服务。交通运输服务,是指利用运输工具将货物或者旅客送达目的地,使其空间位置得到转移的业务活动,包括陆路运输服务、水路运输服务、航空运输服务和管道运输服务。

陆路运输服务,是指通过陆路(地上或者地下)运送货物或者旅客的运输业务活动,包括铁路运输服务和其他陆路运输服务。

水路运输服务,是指通过江、河、湖、川等天然、人工水道或者海洋航道运送货物或者旅客的运输业务活动。

航空运输服务,是指通过空中航线运送货物或者旅客的运输业务活动。

管道运输服务,是指通过管道设施输送气体、液体、固体物质的运输业务活动。

(2) 邮政服务。邮政服务,是指中国邮政集团公司及其所属邮政企业提供邮件寄递、邮政汇兑和机要通信等邮政基本服务的业务活动,包括邮政普遍服务、邮政特殊服务和其他邮政服务。

邮政普遍服务,是指函件、包裹等邮件寄递,以及邮票发行、报刊发行和邮政汇兑等业务活动。

邮政特殊服务,是指义务兵平常信函、机要通信、盲人读物和革命烈士遗物的寄递等业务活动。

其他邮政服务,是指邮册等邮品销售、邮政代理等业务活动。

(3) 电信服务。电信服务,是指利用有线、无线的电磁系统或者光电系统等各种通信网络资源,提供语音通话服务,传送、发射、接收或者应用图像、短信等电子数据和信息的业务活动,包括基础电信服务和增值电信服务。

基础电信服务,是指利用固网、移动网、卫星、互联网,提供语音通话服务的业务活动,以及出租或者出售带宽、波长等网络元素的业务活动。

增值电信服务,是指利用固网、移动网、卫星、互联网、有线电视网络,提供短信和彩信服务、电子数据和信息的传输及应用服务、互联网接入服务等业务活动。

(4) 建筑服务。建筑服务,是指各类建筑物、构筑物及其附属设施的建造、修缮、装饰，线路、管道、设备、设施等的安装以及其他工程作业的业务活动，包括工程服务、安装服务、修缮服务、装饰服务和其他建筑服务。

(5) 金融服务。金融服务，是指经营金融保险的业务活动，包括贷款服务、直接收费金融服务、保险服务和金融商品转让。

贷款服务，是指将资金贷与他人使用而取得利息收入的业务活动。

直接收费金融服务，是指为货币资金融通及其他金融业务提供相关服务并且收取费用的业务活动。

保险服务，是指投保人根据合同约定，向保险人支付保险费，保险人对于合同约定的可能发生的事故因其发生所造成的财产损失承担赔偿保险金责任，或者当被保险人死亡、伤残、疾病或者达到合同约定的年龄、期限等条件时承担给付保险金责任的商业保险行为，包括人身保险服务和财产保险服务。

金融商品转让，是指转让外汇、有价证券、非货物期货和其他金融商品所有权的业务活动。

(6) 现代服务。现代服务，是指围绕制造业、文化产业、现代物流产业等提供技术性、知识性服务的业务活动，包括研发和技术服务、信息技术服务、文化创意服务、物流辅助服务、租赁服务、鉴证咨询服务、广播影视服务、商务辅助服务和其他现代服务。

研发和技术服务，包括研发服务、合同能源管理服务、工程勘察勘探服务、专业技术服务。

信息技术服务，是指利用计算机、通信网络等技术对信息进行生产、收集、处理、加工、存储、运输、检索和利用，并提供信息服务的业务活动，包括软件服务、电路设计及测试服务、信息系统服务、业务流程管理服务和信息系统增值服务。

文化创意服务，包括设计服务、知识产权服务、广告服务和会议展览服务。

物流辅助服务，包括航空服务、港口码头服务、货运客运场站服务、打捞救助服务、装卸搬运服务、仓储服务和收派服务。

租赁服务，包括融资租赁服务和经营租赁服务。

鉴证咨询服务，包括认证服务、鉴证服务和咨询服务。

广播影视服务，包括广播影视节目(作品)的制作服务、发行服务和播映(含放映)服务。

商务辅助服务，包括企业管理服务、经纪代理服务、人力资源服务、安全保护服务。

其他现代服务，是指除研发和技术服务、信息技术服务、文化创意服务、物流辅助服务、租赁服务、鉴证咨询服务、广播影视服务和商务辅助服务以外的现代服务。

(7) 生活服务。生活服务,是指为满足城乡居民日常生活需求提供的各类服务活动,包括文化体育服务、教育医疗服务、旅游娱乐服务、餐饮住宿服务、居民日常服务和其他生活服务。

文化体育服务,包括文化服务和体育服务。文化服务,是指为满足社会公众文化生活需求提供的各种服务。体育服务,是指组织举办体育比赛、体育表演、体育活动,以及提供体育训练、体育指导、体育管理的业务活动。

教育医疗服务,包括教育服务和医疗服务。教育服务,是指提供学历教育服务、非学历教育服务、教育辅助服务的业务活动。医疗服务,是指提供医学检查、诊断、治疗、康复、预防、保健、接生、计划生育、防疫服务等方面的服务,以及与这些服务有关的提供药品、医用材料器具、救护车、病房住宿和伙食的业务。

旅游娱乐服务,包括旅游服务和娱乐服务。旅游服务,是指根据旅游者的要求,组织安排交通、游览、住宿、餐饮、购物、文娱、商务等服务的业务活动。娱乐服务,是指为娱乐活动同时提供场所和服务的业务。

餐饮住宿服务,包括餐饮服务和住宿服务。餐饮服务,是指通过同时提供饮食和饮食场所的方式为消费者提供饮食消费服务的业务活动。住宿服务,是指提供住宿场所及配套服务等的活动,包括宾馆、旅馆、旅社、度假村和其他经营性住宿场所提供的住宿服务。

居民日常服务,是指主要为满足居民个人及其家庭日常生活需求提供的服务,包括市容市政管理、家政、婚庆、养老、殡葬、照料和护理、救助救济、美容美发、按摩、桑拿、氧吧、足疗、沐浴、洗染、摄影扩印等服务。

其他生活服务,是指除文化体育服务、教育医疗服务、旅游娱乐服务、餐饮住宿服务和居民日常服务之外的生活服务。

2. 销售无形资产

销售无形资产,是指转让无形资产所有权或者使用权的业务活动。无形资产,是指不具实物形态,但能带来经济利益的资产,包括技术、商标、著作权、商誉、自然资源使用权和其他权益性无形资产。

3. 销售不动产

销售不动产,是指转让不动产所有权的业务活动。不动产,是指不能移动或者移动后会引起性质、形状改变的财产,包括建筑物、构筑物等。

(四) 增值税征收范围的特殊规定

1.《增值税暂行条例》规定的免税项目

(1) 农业生产者销售的自产农产品。农业生产者,包括从事农业生产的单位和个人。

农产品，是指种植业、养殖业、林业、牧业、水产业生产的各类植物、动物的初级产品。

(2) 避孕药品和用具。

(3) 古旧图书，是指向社会收购的古书和旧书。

(4) 直接用于科学研究、科学试验和教学的进口仪器、设备。

(5) 外国政府、国际组织无偿援助的进口物资和设备。

(6) 由残疾人的组织直接进口供残疾人专用的物品。

(7) 销售的自己使用过的物品。自己使用过的物品，是指其他个人自己使用过的物品。

除上述规定外，增值税的免税、减税项目由国务院规定。任何地区、部门均不得规定免税、减税项目。

2.《营业税改征增值税试点实施办法》规定的免征增值税项目

(1) 托儿所、幼儿园提供的保育和教育服务。

(2) 养老机构提供的养老服务。

(3) 残疾人福利机构提供的育养服务。

(4) 婚姻介绍服务。

(5) 殡葬服务。

(6) 残疾人员本人为社会提供的服务。

(7) 医疗机构提供的医疗服务。

(8) 从事学历教育的学校提供的教育服务。

(9) 学生勤工俭学提供的服务。

(10) 农业机耕、排灌、病虫害防治、植物保护、农牧保险以及相关技术培训业务，家禽、牲畜、水生动物的配种和疾病防治。

(11) 纪念馆、博物馆、文化馆、文物保护单位管理机构、美术馆、展览馆、书画院、图书馆在自己的场所提供文化体育服务取得的第一道门票收入。

(12) 寺院、宫观、清真寺和教堂举办文化、宗教活动的门票收入。

(13) 行政单位之外的其他单位收取的符合规定条件的政府性基金和行政事业性收费。

(14) 个人转让著作权。

(15) 个人销售自建自用住房。

(16) 保险公司开办的一年期以上人身保险产品取得的保费收入。

(17) 纳税人提供技术转让、技术开发和与之相关的技术咨询、技术服务。

(18) 福利彩票、体育彩票的发行收入。

(19) 将土地使用权转让给农业生产者用于农业生产。

(20) 涉及家庭财产分割的个人无偿转让不动产、土地使用权。

(21) 土地所有者出让土地使用权和土地使用者将土地使用权归还给土地所有者。

纳税人发生应税行为适用免税、减税规定的,可以放弃免税、减税,依照本办法的规定缴纳增值税。放弃免税、减税后,36 个月内不得再申请免税、减税。

3. 增值税起征点的规定

纳税人销售额未达到国务院财政、税务主管部门规定的增值税起征点的,免征增值税;达到起征点的,依照规定全额计算缴纳增值税。增值税起征点的适用范围限于个人(不包括认定为一般纳税人的个体工商户),即:按照小规模纳税人纳税的个体工商户和其他个人。增值税起征点的幅度规定如下:

(1) 按期纳税的,为月销售额 5 000~20 000 元(含本数)。

(2) 按次纳税的,为每次(日)销售额 300~500 元(含本数)。

起征点的调整由财政部和国家税务总局规定。省、自治区、直辖市财政厅(局)和国家税务局应当在规定的幅度内,根据实际情况确定本地区适用的起征点,并报财政部和国家税务总局备案。

根据《财政部 税务总局关于实施小微企业普惠性税收减免政策的通知》,对月销售额 10 万元以下的增值税小规模纳税人,免征增值税。

四、增值税的税率及征收率

(一) 增值税一般纳税人基本税率

增值税一般纳税人销售或者进口货物,提供应税劳务,除低税率适用范围外,税率一律为 13%,这就是通常所说的基本税率。

(二) 增值税一般纳税人低税率

纳税人销售或进口下列货物,适用低税率,税率为 9%:

(1) 粮食、食用植物油。

(2) 自来水、暖气、冷气、热水、煤气、石油液化气、天然气、沼气、居民用煤炭制品。

(3) 图书、报纸、杂志。

(4) 饲料、化肥、农药、农机、农膜。

(5) 国务院规定的其他货物。

(三)“营改增”一般纳税人适用税率

(1) 提供交通运输、邮政、基础电信、建筑、不动产租赁服务,销售不动产,转让土地使用权,税率为9%。

(2) 提供有形动产租赁服务,税率为13%。

(3) 境内单位和个人发生的跨境应税行为,税率为零。

(4) 纳税人发生应税行为,除上述第(1)、第(2)、第(3)项规定外,税率为6%。

(四) 零税率

纳税人出口货物和财政部国家税务总局规定的应税行为,税率为零;但是,国务院另有规定的除外。

(五) 征收率

增值税对小规模纳税人及一些特殊情况采用简易征收办法,对小规模纳税人及特殊情况适用的税率称为征收率。

1. 一般规定

考虑到小规模纳税人经营规模小,且会计核算不健全,难以按上述增值税税率计税和适用增值税专用发票抵扣进项税款,因此实行按销售额和征收率计算应纳税额的简易办法。小规模纳税人适用的征收率一律为3%。

2. 增值税简易征收的特殊规定

1) 纳税人销售自己使用过的物品,按下列政策执行,不得抵扣进项税额:

(1) 一般纳税人销售自己使用过的属于规定不得抵扣且未抵扣进项税额的固定资产,按简易办法依3%征收率减按2%征收增值税。销售自己使用过的除固定资产以外的物品,应当按照适用税率征收增值税。

适用按简易办法依3%征收率减按2%征收增值税的,按下列公式确定销售额和应纳税额:

销售额=含税销售额÷(1+3%)

应纳税额=销售额×2%

(2) 小规模纳税人(除其他个人外,下同)销售自己使用过的固定资产,减按2%征收率征收增值税;小规模纳税人销售自己使用过的除固定资产以外的物品,应按3%的征收率征收增值税。

小规模纳税人销售自己使用过的固定资产,按下列公式确定销售额和应纳税额:

销售额=含税销售额÷(1+3%)

应纳税额=销售额×2%

2) 对属于一般纳税人的自来水公司销售自来水按简易办法依照3%征收率征收增值税,不得抵扣其购进自来水取得增值税扣税凭证上注明的增值税税款。

五、增值税的税收管理

(一) 增值税纳税义务发生时间

纳税义务发生时间,是纳税人发生应税行为应当承担纳税义务的起始时间。

1. 一般规定

(1) 纳税人销售货物或者应税劳务和应税行为(以下简称"销售货物"),其纳税义务发生时间为收讫销售款项或者取得索取销售款项凭据的当天;先开具发票的,为开具发票的当天。

(2) 纳税人进口货物,其纳税义务发生时间为报关进口的当天。

(3) 增值税扣缴义务发生时间为纳税人增值税纳税义务发生的当天。

2. 具体确定

(1) 采取直接收款方式销售货物,不论货物是否发出,均为收到销售款或者取得索取销售款凭据的当天。

(2) 采取托收承付和委托银行收款方式销售货物,为发出货物并办妥托收手续的当天。

(3) 采取赊销和分期收款方式销售货物,为书面合同约定的收款日期的当天,无书面合同的或者书面合同没有约定收款日期的,为货物发出的当天。

(4) 采取预收货款方式销售货物,为货物发出的当天,但生产销售生产工期超过12个月的大型机械设备、船舶、飞机等货物,为收到预收款或者书面合同约定的收款日期的当天。

(5) 委托其他纳税人代销货物,为收到代销单位的代销清单或者收到全部或者部分货款的当天。未收到代销清单及货款的,为发出代销货物满180天的当天。

(6) 销售应税劳务,为提供劳务同时收讫销售款或者取得索取销售款的凭据的当天。

(7) 纳税人提供建筑服务、租赁服务采取预收款方式的,其纳税义务发生时间为收到预收款的当天。

(8) 纳税人从事金融商品转让的,为金融商品所有权转移的当天。

(9) 纳税人发生视同销售货物行为，为货物移送的当天。

(10) 纳税人发生视同提供应税行为的，其纳税义务发生时间为服务、无形资产转让完成的当天或者不动产权属变更的当天。

(二) 增值税纳税期限

《增值税暂行条例》《营业税改征增值税试点实施办法》规定，增值税的纳税期限分别为1日、3日、5日、10日、15日、1个月或者1个季度。纳税人的具体纳税期限，由主管税务机关根据纳税人应纳税额的大小分别核定；不能按照固定期限纳税的，可以按次纳税。以1个季度为纳税期限的规定仅适用于小规模纳税人。小规模纳税人的具体纳税期限，由主管税务机关根据其应纳税额的大小分别核定。

纳税人以1个月或者1个季度为1个纳税期的，自期满之日起15日内申报纳税；以1日、3日、5日、10日或者15日为1个纳税期的，自期满之日起5日内预缴税款，于次月1日起15日内申报纳税并结清上月应纳税款。

纳税人进口货物，应当自海关填发海关进口增值税专用缴款书之日起15日内缴纳税款。

扣缴义务人解缴税款的期限，依照上述相关规定执行。

(三) 增值税纳税地点

为了保证纳税人按期缴纳税款，税法具体规定了增值税的纳税地点：

(1) 固定业户应当向其机构所在地的主管税务机关申报纳税。总机构和分支机构不在同一县(市)的，应当分别向各自所在地的主管税务机关申报纳税；经国务院财政、税务主管部门或者其授权的财政、税务机关批准，可以由总机构汇总向总机构所在地的主管税务机关申报纳税。

(2) 固定业户到外县(市)销售货物或者应税劳务，应当向其机构所在地的主管税务机关申请开具外出经营活动税收管理证明，并向其机构所在地的主管税务机关申报纳税；未开具证明的，应当向销售地或者劳务发生地的主管税务机关申报纳税；未向销售地或者劳务发生地的主管税务机关申报纳税的，由其机构所在地的主管税务机关补征税款。

(3) 非固定业户销售货物或者应税劳务，应当向销售地或者劳务发生地的主管税务机关申报纳税；未向销售地或者劳务发生地的主管税务机关申报纳税的，由其机构所在地或者居住地的主管税务机关补征税款。

(4)非固定业户应当向应税行为发生地主管税务机关申报纳税；未申报纳税的，由其机构所在地或者居住地主管税务机关补征税款。

(5)其他个人提供建筑服务，销售或者租赁不动产，转让自然资源使用权，应向建筑服务发生地、不动产所在地、自然资源所在地主管税务机关申报纳税。

（6）进口货物，应当向报关地海关申报纳税。

（7）扣缴义务人应当向其机构所在地或者居住地的主管税务机关申报缴纳其扣缴的税款。

（四）增值税专用发票

增值税专用发票是纳税人经济活动中的重要商业凭证，是销货方计算销项税额和购货方确定进项税额进行税款抵扣的依据。对增值税的计算和管理起着决定性的作用。增值税专用发票像链条一样，把商品和劳务从生产到消费的各个环节的纳税人连接在一起，集中体现了增值税税负的完整性和内在制约性以及连续性，使增值税从原始凭证一开始就形成相对独立的核算体系。按照规定，增值税专用发票限于增值税一般纳税人领购使用。

专用发票的基本联次统一规定为三联，各联次必须按以下规定用途使用：

第一联为税款抵扣联，购货方作为扣税凭证。

第二联为发票联，购货方作为付款的记账凭证。

第三联为记账联，销货方作为销售的记账凭证。

增值税专用发票（扣税联）的格式如表 2-1 所示。

表 2－1

上海增值税专用发票

3100084140 **记账联** **No 000672521**

开票日期：2019 年 5 月 22 日

购货单位	名 称：河北盛金机械厂 纳税人识别号：110010445361258 8 地 址、电 话：石家庄市盛华路 188 号 78956238 开户行及账号：工商行盛华路分理处 845623—47	密码区	＋＊98/27＞13＜18473－4＜9＞ 加密版本：01 ＋－＞＊＊7＜－8＋＊－＞74＞3100085140 19＞18373/＋＋522＊＜88992 －1＋/＜3＊＞＞0＜91＊100＞＞00477231

货物或应税劳务名称	规格型号	单位	数量	单价	金额	税率	税额
角钢		吨	7	3 400.00	23 800.00	13%	3 094.00
合计					￥23 800.00		￥3 094.00
价税合计（大写）	⊗贰万陆仟捌佰玖拾肆元整				（小写）￥26 894.00		

销货单位	名 称：上海钢厂 纳税人识别号：310982001275689 地 址、电 话：富山路 556 号 85303710 开户行及账号：工商行外滩办事处 34587120	备注	

收款人：李丽红 复核： 开票人：胡萍 销货单位：（章）

第三联：销货方记账

货物运输业增值税专用发票分为三联票和六联票：

第一联为记账联，承运人记账凭证。

第二联为抵扣联，受票方扣税凭证。

第三联为发票联，受票方记账凭证。

第四联至第六联由发票使用单位自行安排使用。

纳税人发生应税行为，应当向索取增值税专用发票的购买方开具增值税专用发票，并在增值税专用发票上分别注明销售额和销项税额。

属于下列情形之一的，不得开具增值税专用发票：

(1) 向消费者个人销售服务、无形资产或者不动产。

(2) 适用免征增值税规定的应税行为。

小规模纳税人发生应税行为，购买方索取增值税专用发票的，可以向主管税务机关申请代开。

第二节　增值税应纳税额的计算

一、一般纳税人应纳增值税额的计算

一般纳税人增值税应纳税额为当期销项税额减去当期进项税额。计算公式如下：

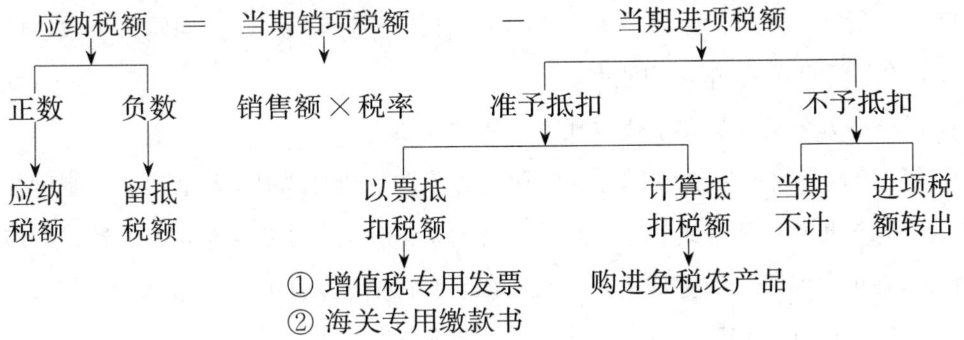

从计算公式可以看出，一般纳税人应纳增值额税的计算，围绕两个关键环节：一是销项税额如何计算；二是进项税额如何抵扣。

(一) 当期销项税额的确认与计算

销项税额是指纳税人销售货物、应税劳务或者提供应税行为，按照销售额或应税劳务收入、应税行为收入和规定税率计算并向购买方收取的增值税额。销项税额计算公式如下：

$$销项税额=销售额\times税率$$

在税率已定的情况下，销售额是计算销项税额的依据和基础。《增值税暂行条例》《营业税改征增值税试点实施办法》明确规定了销售额的确认范围和方法。

1. 一般销售方式下销售额的确认范围

销售额是指纳税人销售货物或提供应税劳务和应税行为向购买方收取的全部价款和价外费用。价外费用，包括价外向购买方收取的手续费、补贴、基金、集资费、返还利润、奖励费、违约金、滞纳金、延期付款利息、赔偿金、代收款项、代垫款项、包装费、包装物租金、储备费、优质费、运输装卸费以及其他各种性质的价外收费。但下列项目不包括在内：

1）受托加工应征消费税的消费品所代收代缴的消费税。

2）同时符合以下条件的代垫运输费用。

（1）承运部门的运输费用发票开具给购买方的。

（2）纳税人将该项发票转交给购买方的。

3）同时符合以下条件代为收取的政府性基金或者行政事业性收费。

（1）由国务院或者财政部批准设立的政府性基金，由国务院或者省级人民政府及其财政、价格主管部门批准设立的行政事业性收费。

（2）收取时开具省级以上财政部门印制的财政票据。

（3）所收款项全额上缴财政。

4）销售货物的同时代办保险等而向购买方收取的保险费，以及向购买方收取的代购买方缴纳的车辆购置税、车辆牌照费。

5）以委托方名义开具发票代委托方收取的款项。

凡随同销售货物或提供应税劳务向购买方收取的价外费用，无论其会计制度如何核算，均应并入销售额计算应纳税额。国家税务总局规定，向购买方收取的价外费用应视为含税收入，在征税时需先换算成为不含税收入，再并入销售额。

2. 含税销售额的换算

销项税额的计税依据是不含税销售额。然而，在实际工作中，常常会出现一般纳税人将销售货物、应税劳务或者应税服务采用价税合并收取的方法，在计算应纳税额时，应将一般纳税人销售货物、应税劳务或者应税行为取得的含税销售额换算为不含税的销售额。其换算公式为：

不含税销售额＝含税销售额÷(1＋增值税税率)

公式中的税率为销售的货物、应税劳务或者应税行为按《增值税暂行条例》《营业税改征增值税试点实施办法》规定所适用的税率。

3. 特殊销售方式下销售额的确定

(1) 采取折扣方式销售。折扣销售又称为商业折扣或数量折扣，是指销货方在销售货物或应税劳务时，因购货方数量较大等原因而给予购货方的价格优惠。税法规定，纳税人销售货物并向购买方开具增值税专用发票后，由于购货方在一定时期内累计购买货物达到一定数量，或者市场价格下降等，销货方给予购货方相应的价格优惠或补偿等折扣、折让行为，销货方可按现行有关规定开具红字增值税专用发票。另外，符合发票管理规定的，可按折扣后的余额计算销项税额，折扣销售只限于价格的折扣，且需在金额栏体现，在备注栏注明的折扣不得被减除。

在确定销售额时应该注意：

第一，折扣销售不同于销售折扣。销售折扣又称现金折扣，是指销货方在销售货物或应税劳务后，为了鼓励购货方及早偿还货款而协议许诺给予购货方的一种折扣优待。销售折扣发生在销货之后，是一种融资性质的理财费用。因此，销售折扣不得从销售额中减除。

第二，折扣销售仅限于货物价格折扣。如果销货者将自产、委托加工和购买的货物用于实物折扣的，则该实物款额不能从货物销售额中扣除，且该实物应按《增值税暂行条例》“视同销售货物”中的“赠送他人”计算征收增值税。

(2) 采用以旧换新方式销售。以旧换新是指纳税人在销售自己货物时，有偿收回旧货物的行为。税法规定，采用以旧换新方式销售的，应按新货物的同期销售价格确定销售额，不得扣减旧货物的收购价格。但是对于金银首饰以旧换新的特殊情况，可以按销售方实际收取的不含增值税的全部价款征收增值税。

(3) 采取还本销售方式销售。还本销售是指纳税人在销售货物后，到一定期限时由销售方一次或分次退还给购货方全部或部分价款。税法规定，采取还本销售方式销售货物，其销售额就是货物的销售价格，不得从销售额中减除还本支出。

(4) 采取以物易物方式销售。以物易物是指购销双方不是以货币结算，而是以同等价款的货物互相换算，实现货物购销的一种方式。税法规定，以物易物双方都应作购销处理，以各自发出的货物核算销售额并计算销项税额，以各自收到的货物按规定核算购货额并计算进项税额。

应该注意的是：以物易物双方还应分别开具合法的票据，如收到的货物不能取得相应的增值税专用发票或其他合法票据的，不能抵扣进项税额。

(5) 包装物押金。包装物押金是指纳税人为促使购货方及早退回包装物以便周转使用而在销售本单位货物时向购货人另外收取的押金。税法规定，纳税人为销售货物而出租、出借包装物收取的押金，单独记账核算，时间在规定的期限内又未过期的，不并入销售额征税。但对逾期未收回包装物不再退还的押金，应按所包装货物的适用税率计算销项税额。所谓"逾期"，是指按合同约定实际逾期或以 1 年为期限。对收取 1 年以上的押金，无论是否退还均应计入销售计算销项税额。对于个别包装物周转使用期限较长的，报经税务机关确定后，可适当放宽逾期期限。包装物押金一律视为含税的销售收入。

对于销售除啤酒、黄酒外的其他酒类产品而收取的包装物押金，无论是否返还以及会计上如何核算，均应并入当期销售额征税。对于销售啤酒、黄酒所收取的包装物押金，按上述一般押金处理。

4. 视同销售的销售额的确定

在视同销售行为中，由于某些销售属于无销售额的现象。另外，在销售额的确定过程中，还会出现纳税人销售货物或者应税劳务和应税行为的价格明显偏低并无正当理由的现象。对此，税法规定，对视同销售或视同提供应税行为而无销售额的，按照下列顺序确定销售额：

(1) 按纳税人最近时期同类货物的平均销售价格(或提供同类应税行为的平均价格)确定。

(2) 按其他纳税人最近时期同类货物的平均销售价格(或提供同类应税行为的平均价格)确定。

(3) 按组成计税价格确定。组成计税价格的公式为：

$$组成计税价格 = 成本 \times (1 + 成本利润率)$$

既征收增值税又征收消费税的货物，其组成计税价格中应加计消费税额。其组成计税价格公式为：

$$组成计税价格 = 成本 \times (1 + 成本利润率) + 消费税额$$

或

$$组成计税价格 = 成本 \times (1 + 成本利润率) \div (1 - 消费税税率)$$

公式中的成本，是指销售自产货物的为实际生产成本，销售外购货物的为实际采购成本。公式中的成本利润率按有关规定确定为 10%。但对于应从价定率征消费税的货物，公式中的成本利润率按照消费税的有关规定确定。

【例 2-1】 某公司为增值税一般纳税人，产品适用税率13%。某月销售情况如下：

(1) 销售给甲公司A产品200件，每件不含税售价为700元，开具增值税专用发票，列明价款140 000元，税额18 200元。另外收取包装费6 780元。

(2) 向小规模纳税人销售A产品20件，每件含税售价791元，开具普通发票，金额15 820元。

(3) 销售B产品一批，每件不含税售价30元，共计2 000件，由于购买方购买数量多，按8.5折优惠价格成交，销售折扣为10日内付款2%，购买方如期付款。

(4) 本月采用以旧换新方式促销，销售C产品300台，每台旧C产品作价200元，按照出厂价扣除旧货收购价，实际取得销售收入685 800元。

(5) 以物易物销售，用C产品换入设备一台，双方分别开出增值税专用发票，不含税价款200 000元，税额26 000元。

(6) 本月共收取包装物押金1 000元，同时没收本月到期未退还的包装物押金904元。

(7) 将自产的新产品E300套作为福利发放给职工，该新产品没有市场售价，已知成本500元/套。

根据以上资料分析该公司该月应申报的销项税额。

【解析】

(1) 销项税额＝18 200＋6 780÷(1＋13%)×13%＝18 980(元)

(2) 销项税额＝15 820÷(1＋13%)×13%＝1 820(元)

(3) 销项税额＝30×85%×2 000×13%＝6 630(元)

(4) 销项税额＝(685 800＋300×200)÷(1＋13%)×13%＝85 800(元)

(5) 销项税额＝26 000(元)

(6) 销项税额＝904÷(1＋13%)×13%＝104(元)

(7) 销项税额＝300×500×(1＋10%)×13%＝21 450(元)

该公司该月应申报的销项税额为：

18 980＋1 820＋6 630＋85 800＋26 000＋104＋21 450＝160 784(元)

(二) 当期进项税额的确认与计算

进项税额，是指纳税人购进货物、加工修理修配劳务、服务、无形资产或者不动产，支付或者负担的增值税额。在开具增值税专用发票的情况下，销售方收取的增值税销项税额就是购货方支付的进项税额。增值税的核心就是用纳税人收取的销项税额抵扣支付的进项税额，其余额为纳税人实际应缴纳的增值税额。但是并不是纳税人支付的所有的进项税额都可以从销项税额中抵扣。严格把握哪些进项税额可以抵扣，哪些进项税额不能抵扣是十分重要的。

1. 准予从销项税额中抵扣的进项税额

根据税法规定，准予从销项税额中抵扣的进项税额，限于下列凭证上注明的增值税额或按规定的扣除率计算的进项税额。

(1) 从销售方取得的增值税专用发票(含税控机动车销售统一发票，下同)上注明的增值税额。

(2) 从海关取得的海关进口增值税专用缴款书上注明的增值税额。

(3) 购进农产品，除取得增值税专用发票或者海关进口增值税专用缴款书外，按照农产品收购发票或者销售发票上注明的农产品买价和9%的扣除率计算的进项税额。计算公式为：

$$进项税额＝买价\times扣除率$$

买价，是指纳税人购进农产品在农产品收购发票或者销售发票上注明的价款和按照规定缴纳的烟叶税。

购进农产品，按照《农产品增值税进项税额核定扣除试点实施办法》抵扣进项税额的除外。

纳税人购进用于生产销售或委托加工13%税率货物的农产品，按照10%的扣除率计算进项税额。

(4) 从境外单位或者个人购进服务、无形资产或者不动产，自税务机关或者扣缴义务人取得的解缴税款的完税凭证上注明的增值税额。

2. 进项税额加计抵减政策

自2019年4月1日至2021年12月31日，允许生产、生活性服务业纳税人按照当期可抵扣进项税额加计10%，抵减应纳税额。

(1) 生产、生活性服务业纳税人，是指提供邮政服务、电信服务、现代服务、生活服务，取得的销售额占全部销售额的比重超过50%的纳税人。

(2) 纳税人应按照当期可抵扣进项税额的10%计提当期加计抵减额。按照现行规定不得从销项税额中抵扣的进项税额，不得计提加计抵减额；已计提加计抵减额的进项税额，按规定作进项税额转出的，应在进项税额转出当期，相应调减加计抵减额。计算公式如下：

$$当期计提加计抵减额=当期可抵扣进项税额\times 10\%$$

$$\frac{当期可抵减}{加计抵减额}=\frac{上期末加计}{抵减额余额}+\frac{当期计提加}{计抵减额}-\frac{当期调减加}{计抵减额}$$

(3) 纳税人出口货物劳务、发生跨境应税行为不适用加计抵减政策，其对应的进项税额不得计提加计抵减额。

(4) 加计抵减政策执行到期后，纳税人不再计提加计抵减额，结余的加计抵减额停止抵减。

3. 不得从销项税额中抵扣的进项税额

按《增值税暂行条例》《营业税改征增值税试点实施办法》规定，下列项目的进项税额不得从销项税额中抵扣：

(1) 用于简易计税方法计税项目、免征增值税项目、集体福利或者个人消费的购进货物、劳务、服务、无形资产和不动产。其中涉及的固定资产、无形资产、不动产，仅指专用于上述项目的固定资产、无形资产(不包括其他权益性无形资产)、不动产。

(2) 非正常损失的购进货物，以及相关的劳务和交通运输服务。

(3) 非正常损失的在产品、产成品所耗用的购进货物(不包括固定资产)、劳务和交通运输服务。

(4) 非正常损失的不动产，以及该不动产所耗用的购进货物、设计服务和建筑服务。

(5) 非正常损失的不动产在建工程所耗用的购进货物、设计服务和建筑服务。

纳税人新建、改建、扩建、修缮、装饰不动产，均属于不动产在建工程。

(6) 购进的贷款服务、餐饮服务、居民日常服务和娱乐服务。

(7) 财政部和国家税务总局规定的其他情形。

上述第(4)项、第(5)项所称货物，是指构成不动产实体的材料和设备，包括建筑装饰材料和给排水、采暖、卫生、通风、照明、通讯、煤气、消防、中央空调、电梯、电气、智能化楼宇设备及配套设施。

非正常损失，是指因管理不善造成货物被盗、丢失、霉烂变质，以及因违反法律法规造成货物或者不动产被依法没收、销毁、拆除的情形。

(8) 适用一般计税方法的纳税人，兼营简易计税方法计税项目、免征增值税项目而无法划分不得抵扣的进项税额，按照下列公式计算不得抵扣的进项税额：

$$\frac{不得抵扣的}{进项税额}=\frac{当期无法划分的}{全部进项税额}\times\left(\frac{当期简易计税方法}{计税项目销售额}+\frac{免征增值税}{项目销售额}\right)\div\frac{当期全部}{销售额}$$

主管税务机关可以按照上述公式依据年度数据对不得抵扣的进项税额进行清算。

【例 2-2】 某公司为增值税一般纳税人，产品适用税率 13%。某月购进情况如下：

(1) 从一般纳税人处购进原材料，取得了增值税专用发票，注明价款 80 000 元，税金 10 400 元。货款已支付，材料已验收入库，另支付运输企业运输费 1 000 元(不含税价)，取得运输公司开具的增值税专用发票。

(2) 从小规模纳税人处购进原材料一批，取得普通发票，注明的金额为 8 000 元。货款已支付，材料已验收入库。

(3) 从农业者手中购进免税农产品，该免税农产品用于生产销售 13%税率的产品，收购凭证上注明的价款为 60 000 元，支付运费，取得运输公司开具的增值税专用发票，注明的运费为 3 000 元。

(4) 以物易物销售，用 C 产品换入设备一台，双方分别开出增值税专用发票，不含税价款 200 000 元，税额 26 000 元。

(5) 月末盘存发现上月购进的原材料被盗，金额 40 000 元(其中含分摊的运输费用 4 650 元)。

(6) 从农业者手中购进大米一批，收购凭证上注明的价款为 20 000 元。支付运费，取得运输公司开具的增值税专用发票，运费 1 000 元，该大米用于给职工发放福利。

(7) 接受捐赠材料一批，取得增值税专用发票，注明的价款为 10 000 元，税款 1 300 元。材料已验收入库。

上述业务的专用发票都已通过认证，根据以上资料分析该公司应申报的进项税额。

【解析】

(1) 进项税额＝10 400＋1 000×9%＝10 490(元)

(2) 普通发票不能作为抵扣依据，货物的进项税额不能抵扣。

(3) 进项税额＝60 000×10%＋3 000×9%＝6 270(元)

(4) 进项税额＝26 000(元)

(5) 进项税额转出＝(40 000－4 650)×13%＋4 650×9%＝5 014(元)

(6) 购入的大米用于职工福利，其进项税额不能抵扣。

(7) 进项税额＝1 300(元)

该公司应申报的进项税额为：

$$10\,490+6\,270+26\,000+1\,300-5\,014=39\,046(\text{元})$$

【例 2-3】 某制药厂(增值税一般纳税人)某月销售应税药品取得含税收入 226 万

元，销售免税药品 100 万元，当月购入生产用原材料一批，取得增值税专用发票，注明税款 9.6 万元，应税药品与免税药品无法划分耗料情况，计算该制药厂当月应纳增值税额。

【解析】

不得抵扣的进项税额＝9.6×100÷(100＋226÷1.13)＝3.2(万元)

应纳税额＝226÷1.13×13％－(9.6－3.2)＝19.6(万元)

（三）应纳税额的计算

计算出销项税额和进项税额后就可以计算出应纳税额。一般纳税人增值税应纳税额的计算公式如下：

应纳税额＝当期销项税额－当期进项税额

1. 计算销项税额的时间限定

销项税额是按照增值税一般纳税人销售货物或提供应税劳务、应税服务实现销售额计算的。由于销售方式不同，销售额确认的时间也不同。税法明确规定了什么时间计算销项税额，即增值税纳税义务发生时间，也就是纳税人发生应税行为应当承担纳税义务的起始时间(具体内容见本章第一节)。

这些销售货物或应税劳务义务发生时间的确定，是对“当期销项税额”时间的限定，是增值税计税和征收管理中重要的规定。企业必须按上述规定的时限及时、准确地记录销售额和计算当期销项税额。

2. 进项税额抵扣的时间

全部一般纳税人取消增值税发票认证。一般纳税人取得增值税发票(包括增值税专用发票、机动车销售统一发票、收费公路通行费增值税电子普通发票，下同)后，可以自愿使用增值税发票选择确认平台查询、选择用于申报抵扣、出口退税或者代办退税的增值税发票信息。

增值税一般纳税人进口货物取得的属于增值税扣税范围的海关进口增值税专用缴款书，需经税务机关稽核比对相符后，其增值税额方能作为进项税额在销项税额中抵扣。纳税人进口货物取得的属于增值税扣税范围的海关进口增值税专用缴款书，应自开具之日起 360 天内向主管税务机关报送《海关完税凭证抵扣清单》，申请稽核比对。

3. 计算应纳税额时进项税不足抵扣的处理

由于增值税实行以当期销项税额抵扣当期进项税额的“购进扣税法”，企业在计算应纳税额时会出现当期销项税额小于当期进项税额不足抵扣的情况。税法规定，当期进项税额不足抵扣的部分可以结转下期继续抵扣。

自2019年4月1日起，试行增值税期末留抵税额退税制度。自2019年4月税款所属期起，连续六个月(按季纳税的，连续两个季度)增量留抵税额均大于零，且第六个月增量留抵税额不低于50万元；纳税人当期允许退还的增量留抵税额，按照以下公式计算：

允许退还的增量留抵税额＝增量留抵税额×进项构成比例×60％

进项构成比例，为2019年4月至申请退税前一税款所属期内已抵扣的增值税专用发票(含税控机动车销售统一发票)、海关进口增值税专用缴款书、解缴税款完税凭证注明的增值税额占同期全部已抵扣进项税额的比重。

纳税人取得退还的留抵税额后，应相应调减当期留抵税额。按照规定再次满足退税条件的，可以继续向主管税务机关申请退还留抵税额。

4. 扣减当期销项税额的税务处理

纳税人适用一般计税方法计税的，因销售折让、中止或者退回而退还给购买方的增值税额，应当从当期的销项税额中扣减；因销售折让、中止或者退回而收回的增值税额，应当从当期的进项税额中扣减。

5. 扣减发生期进项税额的规定

已抵扣进项税额的购进货物(不含固定资产)、劳务、服务，发生上述不得从销项税额中抵扣的进项税额的规定情形(简易计税方法计税项目、免征增值税项目除外)的，应当将该进项税额从当期进项税额中扣减；无法确定该进项税额的，按照当期实际成本计算应扣减的进项税额。

已抵扣进项税额的固定资产、无形资产或者不动产，发生上述不得从销项税额中抵扣的进项税额的规定情形的，按照下列公式计算不得抵扣的进项税额：

不得抵扣的进项税额＝固定资产、无形资产或者不动产净值×适用税率

固定资产、无形资产或者不动产净值，是指纳税人根据财务会计制度计提折旧或摊销后的余额。

【例2-4】 某生产企业为增值税一般纳税人，适用增值税税率13％，4月有关生产经营业务如下：

(1) 销售甲产品给某大商场，开具增值税专用发票，取得不含税销售额110万元；另外，开具普通发票，取得销售甲产品的送货运输费收入6.78万元(含增值税价格，与销售货物不能分别核算)

(2) 销售乙产品，开具普通发票，取得含税销售额56.5万元。

(3) 将试制的一批应税新产品用于本企业基建工程，成本价为40万元，成本利润率

为 10%，该产品无同类产品市场销售价格。

(4) 购进货物取得增值税专用发票，注明支付的货款 60 万元，进项税额 7.8 万元，货物验收入库；另支付购货的运输费用 4 万元（不含税价），取得运输公司开具的增值税专用发票。

(5) 向农业生产者购进免税农产品一批，支付收购价 30 万元，支付给运输单位的运费 2 万元（不含税价），取得运输公司开具的增值税专用发票。本月下旬将购进的农产品的 30%用于本企业职工福利。（假定该免税农产品不是用于生产 13%税率的货物）

要求：计算该企业 4 月应缴纳的增值税额。

【解析】

(1) 销售甲产品的销项税额＝110×13%＋6.78÷(1＋13%)×13%＝15.08（万元）

(2) 销售乙产品的销项税额＝56.5÷(1＋13%)×13%＝6.5（万元）

(3) 自用新产品的销项税额＝40×(1＋10%)×13%＝5.72（万元）

(4) 外购货物应抵扣的进项税额＝7.8＋4×9%＝8.16（万元）

(5) 外购免税农产品应抵扣的进项税额＝(30×9%＋2×9%)×(1－30%)＝2.016（万元）

(6) 该企业 4 月应缴纳的增值税额＝15.08＋6.5＋5.72－8.16－2.016＝17.124（万元）

【例 2-5】 某原煤生产企业为增值税一般纳税人，5 月发生以下业务：

(1) 购进挖掘机一台，取得的增值税专用发票上注明的价款为 60 万元。增值税税款为 7.8 万元。支付运费 4 万元，取得运输公司开具增值税专用发票。

(2) 购进低值易耗品，取得的增值税专用发票上注明的增值税额合计为8 万元。

(3) 开采原煤 10 000 吨。采取分期收款方式销售原煤 9 000 吨，每吨不含税单价 500 元。购销合同约定，本月应收取 1/3 的价款，但实际只收取不含税价款 120 万元。另支付运费 6 万元，取得增值税专用发票。

(4) 为职工宿舍供暖，使用本月开采的原煤 200 吨；另将本月开采的原煤 500 吨无偿赠送给有长期业务往来的某客户。

(5) 月末盘点时发现月初购进的低值易耗品的 1/5 因管理不善而丢失。

（说明：相关票据在本月通过主管税务机关认证并申报抵扣；增值税月初留抵税额为 0。）

要求：根据上述资料，计算该企业当月应缴纳的增值税。

【解析】

(1) 进项税额＝7.8＋4×9%＋8×(1－1/5)＋6×9%＝15.1（万元）

（2）销项税额＝9 000×500×1/3÷10 000×13%＋200×500÷10 000×13%＋500×500÷10 000×13%＝24.05(万元)

（3）应纳增值税＝24.05－15.1＝8.95(万元)

【例 2-6】 境外公司为 W 公司提供系统支持、咨询服务，合同总额 300 万元，该境外公司在该地区未设有经营机构。计算 W 公司应扣缴的增值税税额。

【解析】

系统支持、咨询服务属于现代服务业，适用税率 6%。

扣缴义务人按照下列公式计算扣缴税额：

W 公司应扣缴税额＝接受方支付的价款 ÷（1＋税率）× 税率

＝300 ÷（1＋6%）× 6% ＝16.98(万元)

二、简易计税方法应纳增值税额的计算

1. 小规模纳税人应纳税额的计算

小规模纳税人销售货物、应税劳务或应税行为，实行简易办法计算应纳税额，按销售额和增值税的征收率计算应纳税额，不得抵扣进项税额。

应纳税额 ＝销售额 × 征收率

公式中的销售额是指销售货物、提供应税劳务或应税行为向购买方收取的全部价款和价外费用，但不包括收取的增值税额。小规模纳税人因销售货物退回或者折让退还给购买方的销售额，应从发生销售货物退回或者折让当期的销售额中扣减。由于小规模纳税人在销售货物或应税劳务时只能开普通发票，取得的收入为含税销售额。为了防止价税合一导致重复征税的情况发生，小规模纳税人在计算应纳税额时，必须将含税销售额换算为不含税销售额。小规模纳税人销售额换算公式如下：

销售额 ＝含税销售额 ÷（1＋ 征收率）

【例 2-7】 某商业零售企业为增值税小规模纳税人，3 月购进货物(商品)取得普通发票，共计支付金额 80 000 元；本月内销售货物取得零售收入共计 123 600 元。

要求：根据上述资料，计算该企业 3 月应缴纳的增值税额。

有关计算如下：

应纳增值税额 ＝123 600 ÷（1＋3%）× 3% ＝3 600(元)

2. 适用简易计税方法的情形

根据规定，一般纳税人应该按照一般计税方法计算缴纳增值税，但是一些情形可选择

按简易计税方法。具体情形见特定行业应纳增值税额的计算。

三、特定行业应纳增值税额的计算

（一）交通运输服务应纳税额的计算

交通运输服务，包括陆路运输服务、水路运输服务、航空运输服务和管道运输服务。交通运输服务适用9%的增值税税率。

（1）根据国家指令无偿提供的铁路运输服务、航空运输服务，属于规定的用于公益事业的服务，不征收增值税。

（2）航空运输企业的销售额，不包括代收的机场建设费和代售其他航空运输企业客票而代收转付的价款。

（3）一般纳税人提供客运场站服务，以其取得的全部价款和价外费用，扣除支付给承运方运费后的余额为销售额。

（4）一般纳税人发生下列应税行为可以选择适用简易计税方法计税：公共交通运输服务，包括轮客渡、公交客运、地铁、城市轻轨、出租车、长途客运、班车等服务。

【例2-8】 某有国际运输资质的运输公司为增值税一般纳税人，某月经营情况如下：

（1）从事运输服务，开具增值税专用发票，注明运输费280万元、装卸费26万元。

（2）从事仓储服务，开具增值税专用发票，注明仓储收入150万元，装卸费20万元。

（3）从事国内运输服务，价税合计302.73万元；运输至中国香港、澳门，价税合计65.46万元。

（4）出租客货两用车，取得含税收入61.94万元。

（5）销售使用过的未抵扣过进项税额的固定资产，开具普通发票，金额3.09万元。

（6）进口货车，取得海关进口增值税专用缴款书上注明的税额为40.65万元。

（7）国内购进货车，取得增值税专用发票，价款80万元，增值税10.4万元；销售接受运输服务，取增值税专用发票，价款6万元，增值税0.54万元。

计算该企业当月应缴纳的增值税。

【解析】

（1）装卸费属于现代服务业，适用税率6%。

销项税额＝280×9%＋26×6%＝26.76（万元）

（2）仓储属于现代服务业，适用税率6%。

销项税额＝150×6%＋20×6%＝10.2（万元）。

（3）运输至中国香港、澳门适用零税率。

销项税额＝302.73÷(1＋9％)×9％＝25(万元)

(4) 有形动产租赁,适用税率13％。

销项税额＝61.94÷(1＋13％)×13％＝7.13(万元)

(5) 未抵扣的固定资产销售,适用简易征收办法。

应缴纳的增值税额＝3.09÷(1＋3％)×2％＝0.06(万元)

(6) 进口环节的增值税额＝40.65(万元)

(7) 国内购进进项税额＝10.4＋0.54＝10.94(万元)

(8) 应缴纳的增值税额＝26.76＋10.2＋25＋7.13－40.65－10.94＋0.06＝17.56(万元)

【例2-9】 某运输公司为增值税一般纳税人,对长途客运收入选择简易计税,某月长途客运收入309万元。计算该运输公司对长途客运收入应缴纳的增值税。

【解析】

长途客运适用简易征收办法。

应缴纳的增值税额＝309÷(1＋3％)×3％＝9(万元)

(二) 电信服务应纳税额的计算

基础电信业务收入适用税率9％,增值电信业务适用税率6％。

【例2-10】 某电信企业为增值税一般纳税人,某月发生下列业务:

(1) 基础电信业务不含税收入900万元。

(2) 增值电信业务不含税收入400万元。

(3) 购入电信设备,取得专用发票列明金额200万元,税率13％,税额26万元;另支付运输费,取得专用发票,列明金额1万元,税率9％,税额0.09万元。

(4) 购进一项专利权,取得专用发票,列明金额100万元,税率6％,税额6万元。

(5) 委托某广告公司发布广告,取得专用发票,列明金额60万元,税率6％,税额3.6万元。

(6) 购进一栋营业用房,取得专用发票,列明金额800万元,税率9％,税额72万元。

(7) 出租电信设备收入,开出专用发票,金额50万元,税率13％,税额6.5万元。

(8) 出售2008年购入的设备一台,原价50万元,已经折旧30万元,新售价41.2万元。

该企业对适用不同税率的收入已经实行分别核算,分别开票。

计算该电信企业应纳增值税额。

【解析】

基础电信业务收入适用税率9％,增值电信业务适用税率6％,出租电信设备适用税率 13%。

当期销项税额＝900×9%＋400×6%＋6.5＝111.5(万元)

当期进项税额＝26＋0.09＋6＋3.6＋72＝107.69(万元)

出售营改增前购入设备,按简易计税。

应交增值税额＝41.2÷(1＋3%)×2%＝0.8(万元)

应纳税额＝111.5－107.69＋0.8＝4.61(万元)

(三) 金融服务应纳税额的计算

金融服务,是指经营金融保险的业务活动,包括贷款服务、直接收费金融服务、保险服务和金融商品转让。金融服务适用 6%的增值税税率。

(1) 贷款服务,以提供贷款服务取得的全部利息及利息性质的收入为销售额。

(2) 直接收费金融服务,以提供直接收费金融服务收取的手续费、佣金、酬金、管理费、服务费、经手费、开户费、过户费、结算费、转托管费等各类费用为销售额。

(3) 金融商品转让,按照卖出价扣除买入价后的余额为销售额。

转让金融商品出现的正负差,按盈亏相抵后的余额为销售额。若相抵后出现负差,可结转下一纳税期与下期转让金融商品销售额相抵,但年末时仍出现负差的,不得转入下一个会计年度。金融商品转让,不得开具增值税专用发票。

(4) 经纪代理服务,以取得的全部价款和价外费用,扣除向委托方收取并代为支付的政府性基金或者行政事业性收费后的余额为销售额。向委托方收取的政府性基金或者行政事业性收费,不得开具增值税专用发票。

(5) 存款利息不征收增值税。

(6) 纳税人接受贷款服务向贷款方支付的与该笔贷款直接相关的投融资顾问费、手续费、咨询费等费用,其进项税额不得从销项税额中抵扣。

【例 2-11】 某银行为增值税一般纳税人,第 1 季度,该银行业务含税收入如下:

(1) 为电信部门代收电话费取得手续费收入 150 万元。

(2) 向企业发放贷款取得利息收入 2 500 万元;个人贷款利息收入 300 万元。

(3) 1 月 10 购入 A 债券 1 900 万元,3 月 20 日以 1 950 万元价格卖出。

(4) 企业存款利息支出 790 万元,个人存款利息支出 180 万元。

(5) 支付水费,取得专用发票上注明的金额 1 万元,税率 9%,税额 0.09 万元。

(6) 支付电费,取得专用发票,金额 2 万元,税额 0.26 万元。

(7) 购买办公用品,取得专用发票上注明的金额 8 万元,税额 1.04 万元。

(8) 购买职员统一着装制服,取得专用发票上注明的金额 30 万元,税额 3.9 万元。

(9) 支付营业用房房租，取得专用发票上注明的金额 50 万元，税率 9%，税额 4.5 万元。

计算该企业当月应缴纳的增值税。

【解析】

存款利息不征收增值税。银行利息支出不允许抵扣。

含税销售额＝150＋2 500＋300＋(1 950－1 900)＝3 000(万元)

销项税额＝(3 000)÷(1＋6%)×6%＝169.81(万元)

进项税额＝0.09＋0.26＋1.04＋3.9＋4.5＝9.79(万元)

该银行第 4 季度应纳税额＝169.81－9.79＝160.02(万元)

(四) 建筑服务应纳税额的计算

建筑服务，包括工程服务、安装服务、修缮服务、装饰服务和其他建筑服务。一般纳税人销售建筑服务，适用 9%的增值税税率。

(1) 一般纳税人的下列建筑服务，可以选择适用简易计税方法计税：①以清包工方式提供的建筑服务，是指施工方不采购建筑工程所需的材料或只采购辅助材料，并收取人工费、管理费或者其他费用的建筑服务。②为甲供工程提供的建筑服务，是指全部或部分设备、材料、动力由工程发包方自行采购的建筑工程。③为建筑工程老项目提供的建筑服务，是指开工日期在 2016 年 4 月 30 日前的建筑工程项目。

(2) 一般纳税人跨县(市)提供建筑服务，适用一般计税方法计税的，应以取得的全部价款和价外费用为销售额计算应纳税额。纳税人应以取得的全部价款和价外费用扣除支付的分包款后的余额，按照 2%的预征率在建筑服务发生地预缴税款后，向机构所在地主管税务机关进行纳税申报。

预缴税款＝(全部价款和价外费用－支付的分包款)÷(1＋9%)×2%

应缴税款＝全部价款和价外费用÷(1＋9%)×9%－进项税额－预缴税款

(3) 小规模纳税人和选择适用简易计税方法计税的一般纳税人跨县(市)提供建筑服务，应以取得的全部价款和价外费用扣除支付的分包款后的余额为销售额，按照 3%的征收率计算应纳税额。纳税人应按照上述计税方法在建筑服务发生地预缴税款后，向机构所在地主管税务机关进行纳税申报。

预缴税款＝(全部价款和价外费用－支付的分包款)÷(1＋3%)×3%

【例 2-12】 A 省甲建筑企业(增值税一般纳税人)某月分别在 B 省和 C 省提供建筑服务，当月分别取得建筑服务收入(含税)1 635 万元和 2 943 万元，分别支付分包款

545 万元(取得增值税专用发票上注明的增值税额为 45 万元)和 763 万元(取得增值税专用发票上注明的增值税额为 63 万元),支付不动产租赁费用 109 万元(取得增值税专用发票上注明的增值税额为 9 万元),购入建筑材料1 130万元(取得增值税专用发票上注明的增值税额为 130 万元)。

计算甲建筑企业应缴纳的增值税。

【解析】

甲建筑企业在建筑服务发生地 B 省应向主管税务机关预缴增值税:

预缴税额=(1 635-545)÷(1+9%)×2%=20(万元)

甲建筑企业在建筑服务发生地 C 省应向主管税务机关预缴增值税:

预缴税额=(2 943-763)÷(1+9%)×2%=40(万元)

甲建筑企业应回机构所在地 A 省向主管税务机关申报缴纳增值税:

应纳税额=(1 635+2 943)÷(1+9%)×9%-45-63-9-130=131(万元)

当期应补税额=131-20-40=71(万元)

【例 2-13】 乙建筑公司为增值税一般纳税人,机构所在地为 D 县。某月初以清包工方式到 E 县承接 F 工程项目,并将 F 项目中的部分施工项目分包给了丙公司,月末发包方按进度支付工程价款 300 万元。当月该项目乙建筑公司购进材料取得增值税专用发票上注明的税额 8 万元;当月乙建筑公司支付给丙公司工程分包款 50 万元,丙公司开具给乙公司增值税专用发票,税额 4.55 万元。对 F 工程项目乙建筑公司选择使用简易计税方法计算应纳税额。

计算乙建筑公司应缴纳的增值税。

【解析】

乙建筑公司在建筑服务发生地 E 县应向主管税务机关预缴增值税:

预缴税额=(300-50)÷(1+3%)×3%=7.28(万元)

乙建筑公司应回机构所在地 D 县向主管税务机关申报缴纳增值税:

应纳税额=(300-50)÷(1+3%)×3%-7.28=7.28-7.28=0

简易办法计税,进项税额不得抵扣。

(五) 销售不动产应纳税额的计算

销售不动产,是指转让不动产所有权的业务活动。一般纳税人销售不动产,适用 9% 的增值税税率。

1. 房地产企业销售不动产应纳税额的计算

(1) 房地产开发企业中的一般纳税人,销售自行开发的房地产老项目,可以选择适用简易计税方法按照5%的征收率计税。房地产老项目,是指开工日期在2016年4月30日前的房地产项目。

(2) 房地产开发企业中的一般纳税人,销售房地产老项目,适用一般计税方法计税的,应以取得的全部价款和价外费用,按照3%的预征率在不动产所在地预缴税款后,向机构所在地主管税务机关进行纳税申报。

(3) 房地产开发企业中的一般纳税人,销售其开发的房地产项目(选择简易计税方法的房地产老项目除外),以取得的全部价款和价外费用,扣除受让土地时向政府部门支付的土地价款后的余额为销售额。

$$\text{销售额}=\left(\text{全部价款和价外费用}-\text{当期允许扣除的土地价款}\right)\div(1+9\%)$$

$$\text{当期允许扣除的土地价款}=\text{支付的土地价款}\times\left(\text{当期已售房建筑面积}\div\text{可供销售建筑面积}\right)$$

(4) 房地产开发企业中的小规模纳税人,销售自行开发的房地产项目,按照5%的征收率计税。

(5) 房地产开发企业采取预收款方式销售所开发的房地产项目,在收到预收款时按照3%的预征率预缴增值税。

适用一般计税方法的应预缴税款=预交款÷(1+9%)×3%

适用简易计税方法的应预缴税款=预交款÷(1+5%)×3%

【例2-14】 Y房地产公司(一般纳税人)2016年4月开工建设F小区,受让土地时向政府部门支付的土地价款为3 000万元。2017年12月小区工程全部竣工,经实际测绘确定可供销售建筑面积为100万平方米。2017年12月,Y房地产公司销售住房50套,总建筑面积为7 000平方米,共取得含税销售收入2 200万元。已知,Y房地产公司2017年11月期末留抵进项税额为30万元,2017年12月取得可以抵扣的进项税额53万元。

计算Y房地产公司应缴纳的增值税。

【解析】

(1) 如果Y房地产公司对该房地产项目选择简易计税方法,则:

应纳税款=2 200÷(1+5%)×5%=104.76(万元)

期末留抵税额=30+53=83(万元)

(2) 如果Y房地产公司对该房地产项目选择一般计税方法,则:

当期允许抵扣的土地价款=(当期销售房地产项目建筑面积÷房地产项目可供销售

建筑面积)×支付的土地价款=(7 000÷1 000 000)×3 000=21(万元)

销项税额=(2 200-21)÷(1+9%)×9%=179.92(万元)

进项税额=30+53=83(万元)

应纳税额=179.92-83=96.92(万元)

【例 2-15】 R 房地产公司(一般纳税人)2016 年 2 月,开工建设 W 小区,受让土地时向政府部门支付的土地价款为 1 000 万元。2016 年 12 月,开发支出超过 30%,企业办理了《商品房预售许可证》,并开盘预售商品房。2016 年 12 月,R 房地产公司预售住房 20 套,总建筑面积为 2 400 平方米,共取得含税预收款 800 万元。

计算 R 房地产公司应预缴的增值税额。

【解析】

(1) 如果 R 房地产公司对该房地产项目选择简易计税方法,则:

Y 房地产公司收到预收款应预缴税款=预收款÷(1+征收率)×3%

=800÷(1+5%)×3%=22.86(万元)

(2) 如果 R 房地产公司对该房地产项目选择一般计税方法,则:

Y 房地产公司收到预收款应预缴税款=预收款÷(1+税率)×3%

=800÷(1+9%)×3%

=22.02(万元)

2. 非房地产企业销售不动产应纳税额的计算

(1) 一般纳税人销售其 2016 年 4 月 30 日前取得(不含自建)的不动产,可以选择适用简易计税方法,以取得的全部价款和价外费用减去该项不动产购置原价或者取得不动产时的作价后的余额为销售额,按照 5%的征收率计算应纳税额。纳税人应按照上述计税方法在不动产所在地预缴税款后,向机构所在地主管税务机关进行纳税申报。

(2) 一般纳税人销售其 2016 年 4 月 30 日前自建的不动产,可以选择适用简易计税方法,以取得的全部价款和价外费用为销售额,按照 5%的征收率计算应纳税额。纳税人应按照上述计税方法在不动产所在地预缴税款后,向机构所在地主管税务机关进行纳税申报。

(3) 一般纳税人销售其 2016 年 4 月 30 日前取得的不动产(不含自建),适用一般计税方法计税的,以取得的全部价款和价外费用为销售额计算应纳税额。上述纳税人应以取得的全部价款和价外费用减去该项不动产购置原价或者取得不动产时的作价后的余额,按照 5%的预征率在不动产所在地预缴税款后,向机构所在地主管税务机关进行纳税申报。

(4) 一般纳税人销售其2016年4月30日前自建的不动产,适用一般计税方法计税的,应以取得的全部价款和价外费用为销售额计算应纳税额。纳税人应以取得的全部价款和价外费用,按照5%的预征率在不动产所在地预缴税款后,向机构所在地主管税务机关进行纳税申报。

(5) 一般纳税人销售其2016年5月1日后取得(不含自建)的不动产,应适用一般计税方法,以取得的全部价款和价外费用为销售额计算应纳税额。纳税人应以取得的全部价款和价外费用减去该项不动产购置原价或者取得不动产时的作价后的余额,按照5%的预征率在不动产所在地预缴税款后,向机构所在地主管税务机关进行纳税申报。

(6) 一般纳税人销售其2016年5月1日后自建的不动产,应适用一般计税方法,以取得的全部价款和价外费用为销售额计算应纳税额。纳税人应以取得的全部价款和价外费用,按照5%的预征率在不动产所在地预缴税款后,向机构所在地主管税务机关进行纳税申报。

(7) 小规模纳税人销售其取得(不含自建)的不动产,应以取得的全部价款和价外费用减去该项不动产购置原价或者取得不动产时的作价后的余额为销售额,按照5%的征收率计算应纳税额。纳税人应按照上述计税方法在不动产所在地预缴税款后,向机构所在地主管税务机关进行纳税申报。

(8) 小规模纳税人销售其自建的不动产,应以取得的全部价款和价外费用为销售额,按照5%的征收率计算应纳税额。纳税人应按照上述计税方法在不动产所在地预缴税款后,向机构所在地主管税务机关进行纳税申报。

上述第(1)、第(3)、第(5)、第(7)项,预缴税款公式相同:

应预缴税款=(全部价款和价外费用-该项不动产购置原价或者取得不动产时的作价)÷(1+5%)×5%

上述第(2)、第(4)、第(6)、第(8)项,预缴税款公式相同:

应预缴税款=全部价款和价外费用÷(1+5%)×5%

【例2-16】 W公司(一般纳税人)机构位于M市,12月销售坐落于N市的临街厂房一幢,取得含税销售额1 500万元。该厂房是2010年购置的,购置原价为1 000万元,12月房屋账面净值为900万元。

计算W公司应缴纳的增值税。

【解析】

(1) 如果W公司选择简易计税方法,则:

在 N 市预缴税款 =(1 500 - 1 000) ÷ (1 + 5%) × 5% = 23.81(万元)

在 M 市纳税申报时:

应纳增值税 =(1 500 - 1 000) ÷ (1 + 5%) × 5% = 23.81(万元)

应补(退) 税额 = 23.81 - 23.81 = 0

即在 M 市进行纳税申报时,应纳税额为 23.81 万元,抵减 N 市预缴税款23.81 万元,本期应补(退)税款为 0。

(2) 如果 W 公司选择一般计税方法,则:

在 N 市预缴税款 =(1 500 - 1 000) ÷ (1 + 5%) × 5% = 23.81(万元)

在 M 市纳税申报时:

销项税额 = 1 500 ÷ (1 + 9%) × 9% = 123.85(万元)

应纳税额 = 销项税额 - 进项税额 = 123.85 - 0 = 123.85(万元)

应补(退) 税额 = 123.85 - 23.81 = 100.04(万元)

即在 M 市进行纳税申报时,应纳税额为 123.85 万元,抵减 N 市预缴税款 23.81 万元,本期应补税款为 100.04 万元。

【例 2-17】 G 公司(小规模纳税人)机构位于 M 市,12 月销售坐落于 N 市的临街厂房一幢,取得含税销售额 2 500 万元。该厂房是 2010 年购置的,购置原价为 2 000 万元,12 月房屋账面净值为 1 760 万元。

G 公司应如何缴纳增值税。

【解析】

在 N 市预缴税款:

预缴税款 =(2 500 - 2 000) ÷ (1 + 5%) × 5% = 23.81(万元)

在 M 市国税局纳税申报:

应纳增值税额 =(2 500 - 2 000) ÷ (1 + 5%) × 5% = 23.81(万元)

应补税额 = 23.81 - 23.81 = 0

(六) 不动产经营租赁服务应纳税额的计算

不动产经营租赁服务,一般纳税人适用 9%的增值税税率。

(1) 一般纳税人出租其 2016 年 4 月 30 日前取得的不动产,可以选择适用简易计税方法,按照 5%的征收率计算应纳税额。一般纳税人出租其 2016 年 4 月 30 日前取得的与机构所在地不在同一县(市)的不动产,应按照上述计税方法在不动产所在地预缴税款后,向机构所在地主管税务机关进行纳税申报。

应预缴税款＝含税销售额÷(1＋5%)×5%

(2) 一般纳税人出租其2016年5月1日后取得的不动产,适用一般计税方法计税。一般纳税人取得的、与机构所在地不在同一县(市)的不动产,应按照3%的预征率在不动产所在地预缴税款后,向机构所在地主管税务机关进行纳税申报。

应预缴税款＝含税销售额÷(1＋9%)×3%

(3) 小规模纳税人出租其取得的不动产(不含个人出租住房),应按照5%的征收率计算应纳税额。纳税人出租与机构所在地不在同一县(市)的不动产,应按照上述计税方法在不动产所在地预缴税款后,向机构所在地主管税务机关进行纳税申报。

应预缴税款＝含税销售额÷(1＋5%)×5%

【例2-18】 W公司(一般纳税人)机构位于M市,2012年在N市购买一幢办公楼并以经营租赁方式出租给P公司,合同约定每月收取的租金为12万元。2016年5月营改增后,W公司与P公司约定,每月租金保持不变,含税租金为12万元。

计算W公司应缴纳的增值税。

【解析】 (1)如果W公司选择简易计税方法,则:

在N市预缴税款＝12÷(1＋5%)×5%＝0.57(万元)

在M市申报纳税:

应纳增值税额＝12÷(1＋5%)×5%＝0.57(万元)

应补税额＝0.57－0.57＝0

(2) 如果W公司选择一般计税方法,则:

在N市预缴税款＝12÷(1＋9%)×3%＝0.33(万元)

在M市纳税申报时:

应纳税额＝12÷(1＋9%)×9%＝0.99(万元)

应补税额＝0.99－0.33＝0.66(万元)

(七) 现代服务和生活服务应纳税额的计算

现代服务和生活服务,适用税率6%。

（1）一般纳税人发生下列应税行为可以选择适用简易计税方法计税：①经认定的动漫企业为开发动漫产品提供的动漫脚本编撰、形象设计、背景设计、动画设计、分镜、动画制作、摄制、描线、上色、画面合成、配音、配乐、音效合成、剪辑、字幕制作、压缩转码（面向网络动漫、手机动漫格式适配）服务，以及在境内转让动漫版权（包括动漫品牌、形象或者内容的授权及再授权）。②电影放映服务、仓储服务、装卸搬运服务、收派服务和文化体育服务。

（2）纳税人提供旅游服务，可以选择以取得的全部价款和价外费用，扣除向旅游服务购买方收取并支付给其他单位或者个人的住宿费、餐饮费、交通费、签证费、门票费和支付给其他接团旅游企业的旅游费用后的余额为销售额。

选择上述办法计算销售额的试点纳税人，向旅游服务购买方收取并支付的上述费用，不得开具增值税专用发票，可以开具普通发票。

【例 2-19】 某旅游公司利用春节长假开展促销活动，取得旅游总收入200 000元。旅游中由公司支付住宿费 30 000 元，餐费 20 000 元，交通费 40 000 元，参观门票费 50 000 元，计算该旅游公司应纳增值税。

计算该旅游公司公司应纳增值税额。

【解析】

应纳税额＝(200 000－30 000－20 000－40 000－50 000)÷(1＋6%)×6%

＝3 396.23(元)

【例 2-20】 某宾馆是一个综合性的生活服务企业，主营娱乐业，兼营饮食、卡拉 OK 歌 舞厅等业务，6 月取得如下含税收入：住宿收入 150 万元；餐饮收入 130 万元；歌舞厅收入 10 万元；其他服务收入 8 万元；代购车票手续费收入 1 万元。购进商品取得增值税专用发票上注明税款 4.6 万元。

计算该宾馆应纳增值税额。

【解析】

应纳税额＝(150＋130＋10＋8＋1)÷(1＋6%)×6%－4.6＝12.32(万元)

四、进口货物应纳税额的计算

（一）进口货物征税的范围

申报进入我国海关境内的货物，均应按照规定缴纳进口环节增值税。

（二）进口货物的纳税人

进口货物的收货人或者办理报关手续的单位和个人为进口货物的纳税义务人。对于委托代理进口应征增值税的货物，一般由进口代理者代缴进口环节增值税。纳税后，由代理者将已纳税款和进口货物价款费用等与委托方结算，由委托者承担已纳税款。

（三）进口货物的适用税率

进口货物的增值税税率与国内销售货物的内容相同。

（四）进口货物应纳税额的计算

纳税人进口货物，按照组成计税价格和适用的税率计算应纳税额，不得抵扣任何税额。组成计税价格包括已纳关税，如果进口货物属于消费税应税消费品的，其组成计税价格还应包括进口环节已缴纳的消费税。不得抵扣任何税额是指在计算进口环节应纳增值税额时，不得扣除发生在我国境外的各种税金。

应纳税额的计算公式是：

关税＝关税完税价格×关税税率

消费税＝(关税完税价格＋关税)÷(1－消费税税率)×消费税税率

组成计税价格＝关税完税价格＋关税＋消费税

应纳税额＝组成计税价格×税率

根据我国《海关法》和《进出口关税条例》规定，关税完税价格是以海关审定的成交价格为基础的到岸价格。成交价格是一般贸易项下进口货物的买方为购买货物而向卖方实际支付或应当支付的价格。到岸价格包括货物购买价加上货物运抵我国关境内输入地点起卸前的包装费、运费、保险费和其他劳务费等费用构成的一种价格。

【例 2-21】 某进出口公司某月进口一批货物，海关审定的关税完税价格为 800 万元，该货物关税税率为 10%，增值税税率为 13%；委托运输公司将进口货物从海关运回本单位，支付运输公司不含税运输费用 9 万元，取得了运输公司开具的增值税专用发票。当月销售该批货物不含税销售额为 1 200 万元，适用 13%的税率。请计算该企业当月应纳增值税额。

【解析】

进口货物应缴纳关税＝800×10%＝80(万元)

进口货物组成计税价格＝800＋80＝880(万元)

进口环节应缴纳的增值税额＝880×13%＝114.4(万元)

当月销项税额＝1 200×13%＝156(万元)

当月可以抵扣的进项税额＝114.4＋9×9%＝115.21(万元)

当月应纳增值税额＝156－115.21＝40.79(万元)

五、出口货物退免税

（一）出口货物退（免）税的定义

出口货物退（免）税是国际贸易中通常采用的并为世界各国普遍接受的、目的在于鼓励各国出口货物公平竞争的一种退还或免征间接税（目前我国主要包括增值税、消费税）的税收措施。由于这项制度比较公平合理，因此它已成为国际社会通行的惯例。

我国的出口货物退（免）税是指在国际贸易业务中，对我国报关出口的货物退还或免征其在国内各生产和流转环节按税法规定缴纳的增值税和消费税，即对增值税出口货物实行零税率，对消费税出口货物免税。增值税出口货物的零税率，从税法上理解有两层含义：一是对本道环节生产或销售货物的增值部分免征增值税；二是对出口货物前道环节所含的进项税额进行退付。国家在遵循“征多少、退多少”“未征不退和彻底退税”基本原则的基础上，制定了不同的税务处理办法。

（二）出口货物退（免）税的政策

1. 出口免税并退税

出口免税是指对出口货物在出口销售环节免征增值税，出口退税是指对货物在出口前实际承担的税收负担，按规定的退税率计算后予以退还。

2. 出口免税不退税

出口免税与上述第1项含义相同。出口不退税是指适用这个政策的出口货物因前一道生产、销售环节或进口环节是免税的，因此出口时该货物的价格中本身就不含税，也无须退税。

3. 出口不免税也不退税

出口不免税是指对国家限制或禁止出口的某些货物的出口环节视同国内销售环节，照常征税。出口不退税是指对这些货物出口不退还出口前其所负担的税款。

（三）出口货物退税率

1）除财政部和国家税务总局根据国务院决定而明确的增值税出口退税率外，出口货物的退税率为其适用税率。

2）退税率的特殊规定。

（1）外贸企业购进按简易办法征税的出口货物、从小规模纳税人购进的出口货物，其退税率分别为简易办法实际执行的征收率、小规模纳税人征收率。上述出口货物取得增值税专用发票的，退税率按照增值税专用发票上的税率和出口货物退税率孰低的原则确定。

(2) 出口企业委托加工修理修配货物，其加工修理修配费用的退税率，为出口货物的退税率。

3) 适用不同退税率的货物、劳务及应税行为，应分开报关、核算并申报退(免)税；否则从低适用退税率。

(四) 增值税退(免)税的计税依据

出口货物劳务及应税行为的增值税退(免)税的计税依据，按出口货物劳务及应税行为的出口发票(外销发票)，其他普通发票或购进出口货物、劳务及应税行为的增值税专用发票，海关进口增值税专用缴款书确定。

(1) 生产企业出口货物、劳务及应税行为(进料加工复出口货物除外)增值税退(免)税的计税依据，为出口货物、劳务及应税行为的实际离岸价(FOB)。

(2) 生产企业进料加工复出口货物增值税退(免)税的计税依据，按出口货物的离岸价(FOB)扣除出口货物所含的海关保税进口料件的金额后确定。

(3) 外贸企业出口货物(委托加工修理修配货物除外)增值税退(免)税的计税依据，为购进出口货物的增值税专用发票注明的金额或海关进口增值税专用缴款书注明的完税价格。

(4) 外贸企业出口委托加工修理修配货物增值税退(免)税的计税依据，为加工修理修配费用增值税专用发票注明的金额。外贸企业应将加工修理修配使用的原材料作价销售给受托加工修理修配的生产企业，受托加工修理修配的生产企业应将原材料成本并入加工修理修配费用开具发票。

(五) 出口货物和劳务及应税行为退(免)税的计算

出口货物只有在既适用免税又适用退税的政策时，才涉及计算退(免)税问题。目前我国主要有两种退(免)税计算办法：第一种办法是"免、抵、退"；第二种办法是退免税。

1. "免、抵、退"税办法

生产企业出口自产货物和视同自产货物及对外提供加工修理修配劳务，以及列明的74家生产企业出口非自产货物，免征增值税，相应的进项税额抵减应纳增值税额，未抵扣完的部分予以退还。

境内的单位和个人提供适用增值税零税率的应税行为，如果属于适用简易计税办法的，实行免征增值税办法；如果属于适用增值税一般计税办法的，生产企业适用"免、抵、退"税办法，外贸企业外购研发服务和设计服务出口实行免退税办法，外贸企业自己开发的研发服务和设计服务出口，视同生产企业连同出口货物统一实行"免、抵、退"税办法。

1) 实行免、抵、退税管理办法的计算程序和计算公式。

(1)“免”：指免征出口环节增值税，货物出口时，不计算销项税额，不缴纳增值税。

(2)“抵”：指应予退还的进项税额，抵顶内销货物的应纳税额。

计算当期应纳税额：

当期应纳税额＝当期内销货物的销项税额－(当期进项税额－当期免抵退税不得免征和抵扣税额)－上期留抵税额

如果按上述公式计算的结果是正数，为当期应纳增值税；如果按上述公式计算的结果是负数，为当期留抵税额，即没有得到抵扣的进项税额。

其中：

当期免抵退税不得免征和抵扣的税额＝出口货物离岸价格×外汇人民币牌价×(出口货物征税率－出口退税率)－免抵退税不得免征和抵扣税额抵减额

出口货物离岸价以出口发票计算的离岸价为准。

免抵退税不得免征和抵扣税额抵减额＝免税购进原材料价格×(出口货物征税率－出口货物退税率)

免税购进原材料包括从国内购进免税原材料和进料加工免税进口料件，其中进料加工免税进口料件的价格为组成计税价格。

进料加工免税进口料件的组成计税价格＝货物到岸价＋海关实征关税和消费税

如果当期没有免税购进原材料价格，前述公式中的免抵退税不得免征和抵扣税额抵减额，以及后面公式中的免抵退税额抵减额，就不用计算。

(3)“退”：指当期期末留抵税额。亦即全部进项税额抵减内销销项税额后的余额，应当退还增值税。

免抵退税额的计算：

免抵退税额＝出口货物离岸价×外汇人民币牌价×出口货物退税率－免抵退税额抵减额

其中：

免抵退税额抵减额＝免税购进原材料价格×出口货物退税率

当期应退税额和免抵税额的计算：

如当期期末留抵税额(应纳税额为负数且绝对值)≤当期免抵退税额，则：

当期应退税额＝当期期末留抵税额(应纳税额的绝对值)

当期免抵税额＝当期免抵退税额－当期应退税额

如当期期末留抵税额(应纳税额为负数且绝对值)＞当期免抵退税额，则：

当期应退税额＝当期免抵退税额

当期免抵税额＝0

当期期末留抵税额根据当期《增值税纳税申报表》中“期末留抵税额”确定。

2）生产企业“免、抵、退”税计算实例。

【例2-22】 某自营出口的生产企业为增值税一般纳税人，出口货物的征税税率为13%，退税税率为9%。1月的有关经营业务为：购进原材料一批，取得的增值税专用发票注明的价款300万元，外购货物准予抵扣的进项税额39万元通过认证。上月月末留抵税款3万元；本月内销货物不含税销售额200万元；收款226万元存入银行；本月出口货物的销售额折合人民币300万元。试计算该企业当期的免抵退税额。

【解析】

(1) 当期免抵退税不得免征和抵扣税额＝300×(13%－9%)＝12(万元)。

(2) 当期应纳税额＝200×13%－(39－12)－3＝26－27－3＝－4(万元)。

(3) 出口货物免抵退税额＝300×9%＝27(万元)。

(4) 按规定，如当期期末留抵税额≤当期免抵退税额时，当期应退税额＝当期期末留抵税额，即该企业当期应退税额为4万元。

(5) 当期免抵税额＝27－4＝23(万元)。

【例2-23】 某自营出口的生产企业为增值税一般纳税人，出口货物的征税税率为13%，退税税率为9%。2月有关经营业务为：购原材料一批，取得的增值税专用发票注明的价款600万元，外购货物准予抵扣的进项税额78万元通过认证。上期期末留抵税款5万元。本月内销货物不含税销售额200万元，收款226万元存入银行。本月出口货物的销售额折合人民币300万元。试计算该企业当期的免抵退税额。

【解析】

(1) 当期免抵退税不得免征和抵扣税额＝300×(13%－9%)＝12(万元)。

(2) 当期应纳税额＝200×13%－(78－12)－5＝26－66－5＝－45(万元)。

(3) 出口货物免抵退税额＝300×9%＝27 (万元)。

(4) 按规定，如当期期末留抵税额＞当期免抵退税额时，当期应退税额＝当期免抵退税额，即该企业当期应退税额为27万元。

(5) 该企业当期免抵税额＝27－27＝0。

(6) 2月期末留抵结转下期继续抵扣税额为18万元(45－27)。

【例 2-24】 某自营出口生产企业是增值税一般纳税人，出口货物的征税税率为13%，退税税率为9%。3月有关经营业务为：购原材料一批，取得的增值税专用发票注明的价款300万元，外购货物准予抵扣进项税额39万元通过认证。当月进料加工免税进口料件的组成计税价格100万元。上期期末留抵税款19万元。本月内销货物不含税销售额200万元。收款226万元存入银行。本月出口货物销售额折合人民币300万元。试计算该企业当期的免抵退税额。

【解析】

(1) 免抵退税不得免征和抵扣税额抵减额＝100×(13%－9%)＝4(万元)。

(2) 免抵退税不得免征和抵扣税额＝300×(13%－9%)－4＝12－4＝8(万元)。

(3) 当期应纳税额＝200×13%－(39－8)－19＝－24(万元)。

(4) 免抵退税额抵减额＝100×9%＝9(万元)。

(5) 出口货物免抵退税额＝300×9%－9＝18(万元)。

(6) 按规定，如当期期末留抵税额＞当期免抵退税额时，当期应退税额＝当期免抵退税额，即该企业应退税额为18万元。

(7) 当期该企业免抵税额＝18－18＝0。

(8) 3月期末留抵结转下期继续抵扣税额为6万元(24－18)。

3) 零税率应税行为增值税退(免)税的计算。零税率应税行为增值税免抵退税，依下列公式计算：

(1) 当期免抵退税额的计算：

当期零税率应税行为免抵退税额＝当期零税率应税行为免抵退税计税依据
×外汇人民币折合率
×零税率应税行为增值税退税率

(2) 当期应退税额和当期免抵税额的计算：

当期期末留抵税额≤当期免抵退税额时，则：

当期应退税额＝当期期末留抵税额
当期免抵税额＝当期免抵退税额－当期应退税额

当期期末留抵税额＞当期免抵退税额时，则：

当期应退税额＝当期免抵退税额
当期免抵税额＝0

“当期期末留抵税额”为当期《增值税纳税申报表》的“期末留抵税额”。

【例 2-25】 某国际运输公司，已登记为一般纳税人，该企业实行“免、抵、退”税管理办法。该企业 3 月实际发生如下业务：

(1) 该企业当月承接了 3 个国际运输业务，取得确认的收入 60 万元人民币。

(2) 企业增值税纳税申报时，期末留抵税额为 15 万元人民币。

要求：计算该企业当月的退税额。

【解析】

当期零税率应税行为免抵退税额＝当期零税率应税行为免抵退税计税依据×外汇人民币折合率×零税率应税行为增值税退税率＝60×9%＝5.4(万元)

当期期末留抵税额 15 万元＞当期免抵退税额 5.4 万元，则：

当期应退税额＝当期免抵退税额＝5.4(万元)

退税申报后，结转下期留抵的税额为 9.6 万元。

2. 免退税的计算办法

(1) 外贸企业收购货物出口，其出口销售环节的增值税免征；其收购货物的成本部分，因外贸企业在支付收购货款的同时也支付了生产经营该类型商品的企业已纳的增值税款，因此，在货物出口后按收购成本与退税税率计算退税退还给外贸企业，征、退税之差额计入企业成本。外贸企业出口货物应退增值税额，应依据购进出口货物取得的增值税专用发票上列明的进项金额和该货物适用的退税率计算退税。其计算公式为：

$$应退税额＝外贸企业收购不含增值税购进金额\times退税率$$

【例 2-26】 某进出口公司 6 月出口商品 200 件，出口价款合计人民币 100 000 元。进货增值税专用发票列明单价 320 元/件，税率 13%，金额为 64 000 元，退税率 9%。计算该公司应退税额。

【解析】

应退税额＝200×320×9%＝5 760(元)

(2) 外贸企业出口委托加工修理修配货物。

$$\begin{matrix}出口委托加工修理修配货物的\\增值税应退税额\end{matrix}=\begin{matrix}委托加工修理修配的\\增值税退税依据\end{matrix}\times\begin{matrix}出口货物\\退税率\end{matrix}$$

【例 2-27】 某进出口公司 4 月购进布料委托加工成服装出口，取得布料增值税专用发票一张，注明计税金额 10 000 元；取得服装加工费计税金额 2 000 元。受托方将原材料成本并入加工修理修配费用并开具了增值税专用发票。假设退税税率 13%，计算该企业的应退税额。

【解析】

$$应退税额=(10\ 000+2\ 000)\times13\%=1\ 560(元)$$

第三节 增值税的会计核算

一、增值税会计核算的账户设置

（一）增值税一般纳税人会计账户的设置

增值税一般纳税人应当在“应交税费”账户下设置“应交增值税”“未交增值税”“预交增值税”“待抵扣进项税额”“待认证进项税额”“待转销项税额”“增值税留抵税额”“简易计税”“转让金融商品应交增值税”“代扣代交增值税”等明细账户。

1）增值税一般纳税人应在“应交增值税”明细账内设置“进项税额”“销项税额抵减”“已交税金”“转出未交增值税”“减免税款”“出口抵减内销产品应纳税额”“销项税额”“出口退税”“进项税额转出”“转出多交增值税”等专栏。其中：

（1）“进项税额”专栏，记录一般纳税人购进货物、加工修理修配劳务、服务、无形资产或不动产而支付或负担的、准予从当期销项税额中抵扣的增值税额；企业购入货物或接受应税劳务支付的进项税额，用蓝字登记；退回或折让所购货物应冲销的进项税额，用红字登记。

（2）“销项税额抵减”专栏，记录一般纳税人按照现行增值税制度规定因扣减销售额而减少的销项税额。

（3）“已交税金”专栏，记录一般纳税人当月已缴纳的应交增值税额。

（4）“转出未交增值税”和“转出多交增值税”专栏，分别记录一般纳税人月度终了转出当月应缴未缴或多缴的增值税额。

（5）“减免税款”专栏，记录一般纳税人按现行增值税制度规定准予减免的增值税额。

（6）“出口抵减内销产品应纳税额”专栏，记录实行“免、抵、退”办法的一般纳税人按规定计算的出口货物的进项税抵减内销产品的应纳税额。

（7）“销项税额”专栏，记录一般纳税人销售货物、加工修理修配劳务、服务、无形资产或不动产应收取的增值税额；企业销售货物或提供应税劳务收取的销项税额，用蓝字登记；退回或折让已销售货物应冲销的销项税额，用红字登记。

（8）“出口退税”专栏，记录一般纳税人出口货物、加工修理修配劳务、服务、无形资产按规定退回的增值税额。

(9)“进项税额转出”专栏，记录一般纳税人购进货物、加工修理修配劳务、服务、无形资产或不动产等发生非正常损失以及因其他原因而不应从销项税额中抵扣、按规定转出的进项税额。

其格式如表 2-2 所示。

表 2-2 应交税费——应交增值税

年		凭证号	摘要	借方							贷方					借或贷	余额	
月	日			合计	进项税额	销项税额抵减	已交税金	减免税款	出口抵减内销产品应纳税额	转出未交增值税	合计	销项税额	出口退税	进项税额转出	转出多交增值税			

2)“未交增值税”明细账户，核算一般纳税人月度终了从“应交增值税”或“预交增值税”明细账户转入当月应交未交、多交或预缴的增值税额，以及当月交纳以前期间未交的增值税额。其格式如表 2-3 所示。

表 2-3 应交税费——未交增值税

年		凭证字号	摘要	借方	贷方	借/贷	余额
月	日						

3)“预交增值税”明细账户，核算一般纳税人转让不动产、提供不动产经营租赁服务、提供建筑服务、采用预收款方式销售自行开发的房地产项目等，以及其他按现行增值税制度规定应预交的增值税额。

4)“待抵扣进项税额”明细账户，核算一般纳税人已取得增值税扣税凭证并经税务机关认证，按照现行增值税制度规定准予以后期间从销项税额中抵扣的进项税额。实行纳税辅导期管理的一般纳税人取得的尚未交叉稽核比对的增值税扣税凭证上注明或计算的进项税额。

5)“待认证进项税额”明细账户，核算一般纳税人由于未经税务机关认证而不得从当期销项税额中抵扣的进项税额，包括：一般纳税人已取得增值税扣税凭证、按照现行增值税制度规定准予从销项税额中抵扣，但尚未经税务机关认证的进项税额；一般纳税人已申请稽核但尚未取得稽核相符结果的海关缴款书进项税额。

6)“待转销项税额”明细账户，核算一般纳税人销售货物、加工修理修配劳务、服务、无形资产或不动产，已确认相关收入(或利得)但尚未发生增值税纳税义务而需于以后期间确认为销项税额的增值税额。

7)“增值税留抵税额”明细账户，核算兼有销售服务、无形资产或者不动产的原增值税一般纳税人，截止到纳入营改增试点之日前的增值税期末留抵税额按照现行增值税制度规定不得从销售服务、无形资产或不动产的销项税额中抵扣的增值税留抵税额。

8)“简易计税”明细账户，核算一般纳税人采用简易计税方法发生的增值税计提、扣减、预缴、缴纳等业务。

9)“转让金融商品应交增值税”明细账户，核算增值税纳税人转让金融商品发生的增值税额。

10)“代扣代交增值税”明细账户，核算纳税人购进在境内未设经营机构的境外单位或个人在境内的应税行为代扣代缴的增值税。

(二) 增值税小规模纳税人会计账户的设置

小规模纳税人只需在“应交税费”账户下设置“应交增值税”明细账户，不需要设置上述专栏及除“转让金融商品应交增值税”“代扣代交增值税”外的明细账户。“应交税费——应交增值税”明细账户，由于小规模纳税人不得抵扣进项税额，只需设借、贷、余三栏式明细账页。该账户借方发生额，反映已交的增值税额；贷方发生额，反映应交的增值税额；期末借方余额，反映多交的增值税额；期末贷方余额，反映尚未缴纳的增值税额。其格式如表 2-4 所示。

表 2-4　应交税费——应交增值税

<table>
<tr><td colspan="2">年</td><td rowspan="2">凭证字号</td><td rowspan="2">摘要</td><td rowspan="2">借方</td><td rowspan="2">贷方</td><td rowspan="2">借/贷</td><td rowspan="2">余额</td></tr>
<tr><td>月</td><td>日</td></tr>
<tr><td></td><td></td><td></td><td></td><td></td><td></td><td></td><td></td></tr>
</table>

二、取得资产或接受劳务等业务的账务处理

(一) 采购等业务进项税额允许抵扣的账务处理

一般纳税人购进货物、加工修理修配劳务、服务、无形资产或不动产，按应计入相关成本费用或资产的金额，借记“在途物资”或“原材料”“库存商品”“生产成本”“无形资产”“固定资产”“管理费用”等账户；按当月已认证的可抵扣增值税额，借记“应交税费——应交增

值税（进项税额）”账户；按当月未认证的可抵扣增值税额，借记“应交税费——待认证进项税额”账户；按应付或实际支付的金额，贷记“应付账款”“应付票据”“银行存款”等账户。发生退货的，如原增值税专用发票已进行认证，应根据税务机关开具的红字增值税专用发票作相反的会计分录；如原增值税专用发票未进行认证，应将发票退回并作相反的会计分录。

1. 购进货物、劳务或应税服务的账务处理

从国内购入货物、劳务或应税服务实行价、税分离。企业按增值税专用发票上注明的增值税额，记入“应交税费——应交增值税（进项税额）”账户。会计处理如下：

借：在途物资、原材料、库存商品、固定资产、生产成本、无形资产、管理费用等

（增值税专用发票上注明的价款）

应交税费——应交增值税（进项税额）

（增值税专用发票上注明的增值税额）

贷：银行存款、应付账款、应付票据等

【例 2－28】 阳光公司本期购进设备一台，增值税专用发票上注明价款为 300 万元，增值税额为 39 万元，货款及增值税已付，设备交付使用，增值税专用发票已通过认证。

根据上述业务，作如下会计分录：

借：固定资产 3 000 000

应交税费——应交增值税（进项税额） 390 000

贷：银行存款 3 390 000

【例 2－29】 阳光公司甲车间修理机器设备，取得增值税专用发票注明的修理费 10 000 元，增值税额 1 300 元。款项以银行存款支付，增值税专用发票已通过认证。

根据上述业务，作如下会计分录：

借：管理费用 10 000

应交税费——应交增值税（进项税额） 1 300

贷：银行存款 11 300

2. 运费的账务处理

增值税一般纳税人购进或者销售货物以及在生产经营过程中支付运输费用的，按增值税专用发票抵扣。作如下会计分录：

借：材料采购、原材料、库存商品等（增值税专用发票注明的运费）

应交税费——应交增值税（进项税额）（增值税专用发票注明的税款）

贷：银行存款、应付账款等

销售货物所支付的运费，作如下会计分录：

借：销售费用(增值税专用发票注明的运费)

　应交税费——应交增值税(进项税额)(增值税专用发票注明的税款)

　　贷：银行存款、应付账款等

【例 2－30】　阳光公司本期购进原材料一批，增值税专用发票上注明价款50 000元，增值税额 6 500 元，另支付运费 1 000 元(不含税价)。取得运输业增值税专用发票，材料已验收入库，款项已用银行存款支付。增值税专用发票已通过认证。

根据上述业务，作如下会计分录：

进项税额＝6 500＋1 000×9％＝6 590(元)

材料成本＝50 000＋1 000＝51 000(元)

借：原材料	51 000	
应交税费——应交增值税(进项税额)	6 590	
贷：银行存款		57 590

3. 购进免税农产品的账务处理

《增值税暂行条例》规定，对于购入的农产品按专用收购凭证上注明的买价(或收购金额)和 9％的扣除率计算进项税额，并准予从销项税额中扣除(注：纳税人购进用于生产销售或委托加工 13％税率货物的农产品，扣除率为 10％)。作如下会计分录：

借：材料采购、原材料、库存商品等[收购金额×(1－9％)]

　应交税费——应交增值税(进项税额)(收购金额×9％)

　　贷：银行存款、应付账款等

【例 2－31】　阳光公司从农业者手中购进免税农产品，收购凭证上注明的价款为70 000 元，支付运费，取得了运输业增值税专用发票，不含税运费为 2 500 元。

根据上述业务，作如下会计分录：

进项税额＝70 000×9％＋2 500×9％＝6 525(元)

材料成本＝70 000×(1－9％)＋2 500＝66 200(元)

借：原材料	66 200	
应交税费——应交增值税(进项税额)	6 525	
贷：银行存款		72 725

4. 接受投资、捐赠货物增值税的账务处理

企业接受投资转入或捐赠转入的货物价值，按增值税专用发票上注明的增值税额，借

记“应交税费——应交增值税(进项税额)”账户;按双方确认的投资货物或捐赠货物价值,借记“原材料”等账户;按增值税额与货物价值的合计数,贷记“实收资本”“股本”“营业外收入”账户。如果接受投资或捐赠的货物未能取得增值税专用发票的,则进项税额计入物资的成本。

【例 2-32】 阳光公司接受安华公司捐赠的材料一批,增值税专用发票上列明价款 80 000 元,增值税额 10 400 元,材料入库。增值税专用发票已通过认证。

根据上述业务,作如下会计分录:

借:原材料　　80 000
　应交税费——应交增值税(进项税额)　　10 400
　贷:营业外收入　　90 400

5. 委托加工物资增值税的账务处理

企业委托其他单位加工物资,按支付给受托单位的加工费、往返的运杂费,借记“委托加工物资”账户;按支付给受托单位的增值税,借记“应交税费——应交增值税(进项税额)”账户;按两项金额之和,贷记“银行存款”等账户。

【例 2-33】 阳光公司发出木材 50 000 元,委托某木器加工厂加工包装木箱一批,取得对方开具的增值税专用发票,注明加工费用 10 000 元,增值税额 1 300 元,加工过程中发生运费支出 800 元(不含税价),取得运输部门开具的增值税专用发票,货物加工完毕已验收入库,款项已支付。增值税专用发票已通过认证。

根据上述业务,作如下会计分录:

发出材料:

借:委托加工物资　　50 000
　贷:原材料　　50 000

支付加工费:

借:委托加工物资　　10 000
　应交税费——应交增值税(进项税额)　　1 300
　贷:银行存款　　11 300

支付运费:

借:委托加工物资　　800
　应交税费——应交增值税(进项税额)　　72
　贷:银行存款　　872

加工完毕收回入库：

借：周转材料　　60 800

　　贷：委托加工物资　　60 800

6. 进口货物增值税的账务处理

企业进口货物，根据海关进口增值税专用缴款书注明的增值税额，记入“应交税费——应交增值税（进项税额）”账户。

借：材料采购、原材料、库存商品、固定资产等（关税完税价格＋关税＋消费税）

　　应交税费——应交增值税（进项税额）（专用缴款书上注明的增值税额）

　　贷：银行存款、应付账款等

【例 2－34】 阳光公司进口一批原材料，海关审定的关税完税价格为 50 万元，该货物关税税率为 20%，增值税税率为 13%。材料已验收入库。

根据上述业务，作如下会计分录：

$$进口环节应缴纳的增值税额=(50+50\times 20\%)\times 13\%=7.8(万元)$$

借：原材料　　600 000

　　应交税费——应交增值税（进项税额）　　78 000

　　贷：银行存款　　678 000

（二）采购等业务进项税额不得抵扣的账务处理

一般纳税人购进货物、加工修理修配劳务、应税服务、无形资产或不动产，用于简易计税方法计税项目、免征增值税项目、集体福利或个人消费等，其进项税额按照现行增值税制度规定不得从销项税额中抵扣的，取得增值税专用发票时，应借记相关成本费用或资产账户，借记“应交税费——待认证进项税额”账户，贷记“银行存款”“应付账款”等账户；经税务机关认证后，应借记相关成本费用或资产账户，贷记“应交税费——应交增值税（进项税额转出）”账户。作如下会计分录：

增值税专用发票若未认证：

借：应付职工薪酬、主营业务成本、固定资产、生产成本、无形资产、管理费用等

（增值税专用发票上注明的价款）

　　应交税费——待认证进项税额

（未认证的增值税专用发票上注明的增值税额）

　　贷：银行存款、应付账款、应付票据等

专用发票认证后：

借：应交税费——应交增值税(进项税额)

　　贷：应交税费——待认证进项税额

同时：借：相关成本费用或资产科目

　　　　贷：应交税费——应交增值税(进项税额转出)

【例 2-35】 阳光公司购进商品一批，增值税专用发票上注明的价款为400 000元，增值税进项税额为 52 000 元。商品用于集体福利，款项用银行存款支付。增值税专用发票当月未认证。

根据上述业务，作如下会计分录：

借：应付职工薪酬　　400 000

　　应交税费——待认证进项税额　　52 000

　　贷：银行存款　　452 000

第二个月，增值税专用发票认证后的会计分录：

增值税专用发票认证后：

借：应交税费——应交增值税(进项税额)　　52 000

　　贷：应交税费——待认证进项税额　　52 000

同时：借：应付职工薪酬　　52 000

　　　　贷：应交税费——应交增值税(进项税额转出)　　52 000

(三) 货物等已验收入库但尚未取得增值税扣税凭证的账务处理

一般纳税人购进的货物等已到达并验收入库，但尚未收到增值税扣税凭证并未付款的，应在月末按货物清单或相关合同协议上的价格暂估入账，不需要将增值税的进项税额暂估入账。次月初，用红字冲销原暂估入账金额，待取得相关增值税扣税凭证并经认证后，按应计入相关成本费用或资产的金额，借记“原材料”“库存商品”“固定资产”“无形资产”等账户；按可抵扣的增值税额，借记“应交税费——应交增值税(进项税额)”账户；按应付金额，贷记“应付账款”等账户。

【例 2-36】 阳光公司 3 月 29 日购进材料一批已验收入库，4 月中旬收到增值税专用发票，列明价款 50 000 元，增值税额 6 500 元。款已付，增值税专用发票 4 月通过认证。

根据上述业务，作如下会计分录：

3 月 31 日，应按货物清单或相关合同协议上的价格暂估入账。

借：原材料　　50 000

　　贷：应付账款　　50 000

4 月 1 日，用红字冲销原暂估入账金额，

借：原材料　　　　　　　　　　　　　　　　　　　　　　　50 000（红字）

　　贷：应付账款　　　　　　　　　　　　　　　　　　　　　　50 000（红字）

取得相关增值税扣税凭证并经认证后：

借：原材料　　　　　　　　　　　　　　　　　　　　　　　50 000

　　应交税费——应交增值税（进项税额）　　　　　　　　　　6 500

　　贷：银行存款　　　　　　　　　　　　　　　　　　　　　　56 500

（四）购买方作为扣缴义务人的账务处理

按照现行增值税制度规定，境外单位或个人在境内发生应税行为，在境内未设有经营机构的，以购买方为增值税扣缴义务人。境内一般纳税人购进服务、无形资产或不动产，按应计入相关成本费用或资产的金额，借记“生产成本”“无形资产”“固定资产”“管理费用”等账户；按可抵扣的增值税额，借记“应交税费——进项税额”账户（小规模纳税人应借记相关成本费用或资产账户）；按应付或实际支付的金额，贷记“应付账款”等账户；按应代扣代缴的增值税额，贷记“应交税费——代扣代交增值税”账户。实际缴纳代扣代缴增值税时，按代扣代缴的增值税额，借记“应交税费——代扣代交增值税”账户，贷记“银行存款”账户。

【例 2－37】　6 月青岛 W 港口公司进行传输带系统的技术改造工程，接受澳大利亚 H 公司的技术指导，合同总价款为 420 000 元人民币（含税，适用的增值税税率为 6%），当月技术改造完成。澳大利亚 H 公司在我国境内无代理机构，由青岛 W 港口公司办理扣缴增值税的手续，取得扣缴通用缴款书，并将扣税后的价款支付给 H 公司。有关凭证均通过认证。

根据上述业务，作如下会计分录：

代扣代缴增值税额＝420 000÷（1＋6%）×6%＝23 773.58（元）

购进应税服务时：

借：在建工程　　　　　　　　　　　　　　　　　　　　　396 226.42

　　应交税费——应交增值税（进项税额）　　　　　　　　　23 773.58

　　贷：银行存款　　　　　　　　　　　　　　　　　　　　　396 226.42

　　　　应交税费——代扣代交增值税　　　　　　　　　　　　　23 773.58

实际缴纳代扣代缴增值税时：

借：应交税费——代扣代交增值税　　　　　　　　　　　　　23 773.58

　　贷：银行存款　　　　　　　　　　　　　　　　　　　　　　23 773.58

三、进项税额抵扣情况发生改变的账务处理

因发生非正常损失或改变用途等，原已计入进项税额、待抵扣进项税额或待认证进项税额，但按现行增值税制度规定不得从销项税额中抵扣的，借记“待处理财产损溢”“应付职工薪酬”“固定资产”“无形资产”等账户，贷记“应交税费——应交增值税（进项税额转出）”“应交税费——待抵扣进项税额”或“应交税费——待认证进项税额”账户。

原不得抵扣且未抵扣进项税额的固定资产、无形资产等，因改变用途等用于允许抵扣进项税额的应税项目的，应按允许抵扣的进项税额，借记“应交税费——应交增值税（进项税额）”账户，贷记“固定资产”“无形资产”等账户。固定资产、无形资产等经上述调整后，应按调整后的账面价值在剩余尚可使用寿命内计提折旧或摊销。

【例 2-38】 阳光公司本期由于保管不善发生仓库被盗，经清查发现丢失免税农产品 9 100 元，库存商品 20 000 元，已知公司当期总生产成本为 100 000 元，其中耗用外购材料、周转材料等总计为 70 000 元。

根据上述业务，作如下会计分录：

损失免税农产品应转出进项税额＝9 100÷(1－9%)×9%＝900（元）

损失库存商品应转出进项税额＝20 000×(70 000÷100 000)×13%
＝1 820（元）

借：待处理财产损溢——待处理流动资产损溢　　31 820
　贷：原材料　　9 100
　　库存商品　　20 000
　　应交税费——应交增值税（进项税额转出）　　2 720

四、销售等业务的账务处理

（一）销售业务的账务处理

1. 一般销售方式下销项税额的账务处理

企业销售货物、加工修理修配劳务、服务、无形资产或不动产，应当按应收或已收的金额，借记“应收账款”“应收票据”“银行存款”等账户；按取得的收入金额，贷记“主营业务收入”“其他业务收入”“固定资产清理”“工程结算”等账户；按现行增值税制度规定计算的销项税额（或采用简易计税方法计算的应纳增值税额），贷记“应交税费——应交增值税（销项税额）”或“应交税费——简易计税”账户。

【例 2-39】　阳光公司为增值税一般纳税人，适用的增值税税率为 13%，有关业务如下：

(1) 本期销售 A 产品开具增值税专用发票上注明的销售额 200 万元，增值税额 26 万元；开出支票代垫运费 5 000 元。款项尚未收到。

(2) 本期销售 B 产品开具普通发票，取得含税销售额为 113 万元，收到转账支票一张。购买者要求送货上门，因此公司另以现金支付该批货物的运费2 180 元，取得相关合法票据。

(3) 本期受托加工产品一批，合同规定加工费 7 000 元，增值税额 910 元。加工完成，收到对方支付加工费、增值税额。

根据上述业务，作如下会计分录：

(1) 借：应收账款	2 265 000	
贷：主营业务收入		2 000 000
应交税费——应交增值税(销项税额)		260 000
银行存款		5 000
(2) 借：银行存款	1 130 000	
贷：主营业务收入		1 000 000
应交税费——应交增值税(销项税额)		130 000
借：销售费用	2 000	
应交税费——应交增值税(进项税额)	180	
贷：库存现金		2 180
(3) 借：银行存款	7 910	
贷：其他业务收入		7 000
应交税费——应交增值税(销项税额)		910

【例 2-40】　某物流公司提供交通运输收入共计 200 万元，提供物流辅助收入共计 100 万元，按照适用的税率 9%和 6%分别开具了增值税专用发票，款项已收。

根据上述业务，作如下会计分录：

(1) 取得运输收入时：

借：银行存款	2 180 000	
贷：主营业务收入——运输		2 000 000
应交税费——应交增值税(销项税额)		180 000

(2) 取得物流辅助收入时：

借：银行存款　　1 060 000

　　贷：其他业务收入——物流　　1 000 000

　　　　应交税费——应交增值税(销项税额)　　60 000

2. 销售退回及销售折让方式下销项税额的账务处理

销售退回发生在销售收入确认后，不论是当年销售还是以前年度销售的，销售企业均应根据购货方退回的专用发票或其主管税务机关开具的红字专用发票通知单，开具红字专用发票，冲减退回当月的销售收入和按规定计算的销项税额，同时冲减退回当月的销售成本。

企业发生销售折让，只有取得购货方退回的原增值税专用发票或购货方主管税务机关开具的红字专用发票通知单后，才能进行冲减增值税销项税额的会计处理。

【例 2-41】 阳光公司 1 月销售 H 商品 20 件，单位售价 1 000 元，单位成本 700 元，增值税税率为 13%，价款已收到存入银行。2 月初该批商品因质量不合格被退回，同时收到购货方退回的原增值税专用发票。签发金额为 22 600 元转账支票一张退还货款。

销售退回时，根据购货方退回的原增值税专用发票和支票存根，填制红字专用发票，作如下会计分录：

借：主营业务收入　　20 000

　　应交税费——应交增值税(销项税额)　　2 600

　　贷：银行存款　　22 600

同时，根据商品验收入库单等凭证作如下会计分录：

借：库存商品　　14 000

　　贷：主营业务成本　　14 000

3. 特殊销售方式下销项税额的账务处理

1）折扣销售及销售折扣销项税额的账务处理。税法规定，纳税人采用折扣销售方式销售货物，如果销售额和折扣额在同一张发票上分别注明的，可按折扣后的余额作为销售额计算增值税额；如果将折扣额另开发票，不论其在财务上如何处理，均不得从销售额中减除折扣额。会计处理同一般销售业务。销售折扣发生在销货之后，是一种融资性质的理财费用。因此，销售折扣不得从销售额中减除。发生的销售折扣，通过“财务费用”账户进行核算。

【例 2-42】 阳光公司本期销售 H 产品 800 件，价目表中标明不含税售价为 1 000 元/件，因购买数量较大给予 10%的商业折扣，折扣额与销售额在同一张发票上注明，货款尚未收到。阳光公司为对方规定的销售折扣条件为 2/10、n/30。

根据上述业务，作如下会计分录：

借：应收账款　　813 600

　　贷：主营业务收入　　720 000

　　　　应交税费——应交增值税（销项税额）　　93 600

若阳光公司于10日内收到货款时，则会计分录为：

借：银行存款　　799 200

　　财务费用　　14 400

　　贷：应收账款　　813 600

若阳光公司于10日后收到货款时，则会计分录为：

借：银行存款　　813 600

　　贷：应收账款　　813 600

2）以旧换新方式销售销项税额的账务处理。以旧换新销售是指销售方在销售商品的同时回收与所售商品相同的旧商品。销售的商品按照同期销售价格确定销售收入，计算应收增值税；回收的商品按照购进商品进行核算。以旧换新销售时，按实际收到的价款，借记“银行存款”“库存现金”等账户；按回收旧货物扣除报废的部分，借记“原材料”“库存商品”等账户；按报废不能使用的部分，借记“待处理财产损益”账户；按不含税收入，贷记“主营业务收入”“其他业务收入”等账户；按收取的增值税，贷记“应交税费——应交增值税（销项税额）”账户。

【例2-43】 阳光公司采取以旧换新方式销售H产品一批，不含税价款30 000元，增值税额3 900元；同时回收同类旧产品作价5 000元，并已验收入库，余额以银行存款收讫。

根据上述业务，作如下会计分录：

借：银行存款　　28 900

　　库存商品　　5 000

　　贷：主营业务收入　　30 000

　　　　应交税费——应交增值税（销项税额）　　3 900

3）包装物销售、包装物押金增值税的账务处理。分述如下：

（1）包装物销售的销项税额的账务处理。随同产品销售且不单独计价的包装物，其收入随同所销售的产品一起计入产品销售收入，会计处理同一般销售业务。

随同产品销售但单独计价的包装物，其收入按应确认的金额，贷记“其他业务收入”账户；按规定应缴纳的增值税额，贷记“应交税费——应交增值税（销项税额）”账户。

【例 2-44】 阳光公司本期销售 H 产品一批，包装物单独计价核算，开出的增值税专用发票注明产品销售价款 200 000 元，包装物销售价款 2 000 元，增值税额 26 260 元；账款尚未收到。

根据上述业务，作如下会计分录：

借：应收账款	228 260	
贷：主营业务收入		200 000
其他业务收入		2 000
应交税费——应交增值税（销项税额）		26 260

（2）出租、出借的包装物收取押金的核算。不随同产品销售而收取的出租、出借的包装物押金，由于这部分押金按规定在包装物退还时，返还给购买者，故在收取押金时，不计入销售额计征增值税。但当包装物逾期不予退还而将押金没收时，要将押金换算成不含税押金，再并入销售额征税。没收押金时，借记"其他应付款"账户，贷记"其他业务收入""应交税费——应交增值税（销项税额）"账户。

【例 2-45】 阳光公司销售产品，含税销售价款 113 000 元，收取包装物收取押金 7 910 元，价款存入银行；后回收包装物的价值 3 390 元，其余包装物因逾期而将押金予以没收。

根据上述业务，作如下会计分录：

销售时：

借：银行存款	120 910	
贷：主营业务收入		100 000
应交税费——应交增值税（销项税额）		13 000
其他应付款——包装物押金		7 910

收回包装物及没收押金：

$$应确认销售额=(7\ 910-3\ 390)\div(1+13\%)=4\ 000(元)$$

$$应计销项税额=4\ 000\times13\%=520(元)$$

借：其他应付款——包装物押金	7 910	
贷：其他业务收入		4 000
应交税费——应交增值税（销项税额）		520
银行存款		3 390

4. 按照国家统一的会计制度确认收入或利得的时点早于按照增值税制度确认增值税纳税义务发生时点的账务处理

按照国家统一的会计制度确认收入或利得的时点早于按照增值税制度确认增值税纳税义务发生时点的，应将相关销项税额记入“应交税费——待转销项税额”账户，待实际发生纳税义务时再转入“应交税费——应交增值税（销项税额）”或“应交税费——简易计税”账户。

【例2-46】 阳光公司6月15日以分期收款方式向甲企业销售C产品一批，售价160万元，成本120万元，合同约定平均分4次付清货款，每月20日为付款日，商品已经发出。开出的增值税专用发票上注明的价款为160万元，税款20.8万元。20日，第一批款项已收。

根据上述业务，作如下会计分录：

商品销售满足收入的确认条件，《增值税暂行条例》规定，以分期收款方式销售货物，纳税义务发生时间为书面合同约定的收款日期的当天。

6月15日，发出商品，销售实现时：

借：应收账款	1 808 000	
贷：主营业务收入		1 600 000
应交税费——待转销项税额		208 000
借：主营业务成本	1 200 000	
贷：库存商品		1 200 000

6月20日，根据合同约定的收款金额确认收款：

借：银行存款	452 000	
贷：应收账款		452 000
借：应交税费——待转销项税额	52 000	
贷：应交税费——应交增值税（销项税额）		52 000

以后3个月的会计处理同上。

5. 按照增值税制度确认增值税纳税义务发生时点早于按照国家统一的会计制度确认收入或利得的时点的账务处理

按照增值税制度确认增值税纳税义务发生时点早于按照国家统一的会计制度确认收入或利得的时点的，应将应纳增值税额，借记“应收账款”账户，贷记“应交税费——应交增值税（销项税额）”或“应交税费——简易计税”账户；按照国家统一的会计制度确认收入或利得时，应按扣除增值税销项税额后的金额确认收入。

【例2-47】 阳光公司1月1日向W公司销售新开发的S产品100件，单位售价500元，单位成本400元，开出的增值税专用发票上注明的价款50 000元，税款6 500元。协议约定，W公司应于2月1日前支付货款，在6月30日前有权退回该批产品。S产品已经发出，款项尚未收到。假定K公司无法根据过去的经验估计该批新产品的退货率。产品发出时纳税义务已经发生。

根据上述业务，作如下会计分录：

1月1日，发出商品时：

借：发出商品　　40 000

　贷：库存商品　　40 000

借：应收账款　　6 500

　贷：应交税费——应交增值税（销项税额）　　6 500

2月1日前，收到货款时：

借：银行存款　　56 500

　贷：应收账款　　6 500

　　预收账款　　50 000

6月30日退货期满如果没有发生退货：

借：预收账款　　50 000

　贷：主营业务收入　　50 000

借：主营业务成本　　40 000

　贷：发出商品　　40 000

6月30日退货期满如果发生10件退货：

借：预收账款　　50 000

　应交税费——应交增值税（销项税额）　　650

　贷：主营业务收入　　45 000

　　银行存款　　5 650

借：主营业务成本　　36 000

　库存商品　　4 000

　贷：发出商品　　40 000

（二）视同销售的账务处理

企业发生税法上视同销售的行为，应当按照企业会计准则、制度相关规定进行相应的会计处理，并按照现行增值税制度规定计算的销项税额（或采用简易计税方法计算的应纳增值税额)，借记“应付职工薪酬”“利润分配”等账户，贷记“应交税费——应交增值税(销项税额)”或“应交税费——简易计税”账户(小规模纳税人应记入“应交税费——应交增值税”账户)。

1. 将货物交付他人代销、销售代销货物的账务处理

将货物交付他人代销、销售代销货物应交增值税的会计处理，应视其代销方式的不同而异。

(1) 视同买断方式。视同买断方式代销商品，是指委托方和受托方签订代销商品协议，委托方按协议价收取所代销的货款，实际售价可由受托方自定，实际售价和协议价之间的差额归受托方所有。这种销售方式，发出商品时委托方不确认收入，受托方不作为商品购进处理。受托方将商品售出后并向委托方开具代销清单，委托方收到代销清单时按协议价确认收入，同时向受托方开具增值税专用发票。

【例 2-48】 3月1日，阳光公司与丙公司签订代销合同，委托丙公司销售E产品400件。合同规定阳光公司每件商品收取(不含税)价款100元，售价由丙公司自定，该商品每件成本为60元。4月28日，阳光公司收到丙公司开来代销清单时开具的增值税专用发票，发票上注明售价40 000元，增值税额5 200元。丙公司实际销售时开具的增值税专用发票上注明售价50 000元，增值税额6 500元。5月9日，阳光公司收到丙公司按协议价支付的款项。

根据上述业务，阳光公司作如下会计分录：

将商品交付丙公司：

借：委托代销商品	24 000	
贷：库存商品		24 000

收到丙公司代销清单：

借：应收账款——丙公司	45 200	
贷：主营业务收入		40 000
应交税费——应交增值税(销项税额)		5 200

同时结转销售成本：

借：主营业务成本	24 000	
贷：委托代销商品		24 000

收到丙公司汇来的货款：

借：银行存款	45 200	
贷：应收账款——丙公司		45 200

根据上述业务，丙公司作如下会计分录：

收到阳光公司委托代销商品：

借：受托代销商品　　40 000

　　贷：代销商品款　　40 000

实际销售商品：

借：银行存款　　56 500

　　贷：主营业务收入　　50 000

　　　　应交税费——应交增值税（销项税额）　　6 500

同时结转销售成本：

借：主营业务成本　　40 000

　　贷：受托代销商品　　40 000

借：代销商品款　　40 000

　　贷：应付账款——阳光公司　　40 000

收到代销单位增值税专用发票后按协议价将货款划付阳光公司：

借：应交税费——应交增值税（进项税额）　　5 200

　　贷：应付账款——阳光公司　　5 200

借：应付账款——阳光公司　　45 200

　　贷：银行存款　　45 200

（2）收取手续费方式。收取手续费方式是受托方根据所代销的商品的售价和规定手续费率计算向委托方收取手续费的销售方式。受托方按照委托方规定的价格销售，不得自行改变售价；委托方在收到销售清单时确认商品销售收入实现，受托方则按应收取的手续费确认收入，同时缴纳6%的应税服务的增值税。

【例2-49】 沿用[例2-48]的资料，并假定前述代销协议规定：丙公司按每件100元的价格对外销售商品，并按不含税售价的10%收取手续费。4月25日，丙公司全部售出该商品，向购买方开具的增值税专用发票上注明E商品售价40 000元，增值税额5 200元。4月28日，阳光公司收到丙公司开具代销清单，并向丙公司开具一张金额相同的增值税专用发票。5月9日，阳光公司收到丙公司支付的商品代销款（已扣除代销手续费）。

根据上述业务，阳光公司作如下会计分录：

将商品交付丙公司：

借：委托代销商品　　24 000

　　贷：库存商品　　24 000

收到丙公司代销清单：

借：应收账款——丙公司	45 200	
贷：主营业务收入		40 000
应交税费——应交增值税（销项税额）		5 200

同时，结转销售成本和代销手续费：

借：主营业务成本	24 000	
贷：委托代销商品		24 000
借：销售费用——代销手续费	4 000	
贷：应收账款——丙公司		4 000

收到丙公司汇来的货款：

借：银行存款	41 200	
贷：应收账款——丙公司		41 200

根据上述业务，丙公司作如下会计分录：

收到阳光公司委托代销商品：

借：受托代销商品	40 000	
贷：代销商品款		40 000

实际销售商品时：

借：银行存款	45 200	
贷：应付账款——阳光公司		40 000
应交税费——应交增值税（销项税额）		5 200

同时结转销商品款：

借：代销商品款	40 000	
贷：受托代销商品		40 000

收到增值税专用发票后按协议价将货款划给阳光公司：

借：应交税费——应交增值税（进项税额）	5 200	
贷：应付账款——阳光公司		5 200
借：应付账款——阳光公司	45 200	
贷：银行存款		41 200
主营业务收入		3 773.58
应交税费——应交增值税（销项税额）		226.42

2. 设有两个以上机构并实行统一核算的纳税人，将货物从一个机构移送其他机构用于销售（不在同一县、市）的账务处理

设有两个以上机构并实行统一核算的纳税人，将货物从一个机构移送其他机构用于销售（不在同一县、市），其纳税义务发生时间为货物移送的当天。在货物移送时要开具增值税专用发票，调出方按售价贷记“主营业务收入”账户；按售价和规定税率计算的应缴增值税，贷记“应交税费——应交增值税（销项税额）”账户；按应缴纳的增值税额及售价，借记“应收账款”账户。调入方按专用发票上注明的增值税额，借记“应交税费——应交增值税（进项税额）”账户；按专用发票上注明的应计入采购成本的金额，借记“库存商品”账户；按应支付的金额，贷记 “应付账款”账户。

【例 2－50】 阳光公司以自产的 H 产品 200 件，每件不含税售价 1 200 元，调往所属 K 公司用于销售（不在同一县市），开具增值税专用发票。

根据上述业务，作如下会计分录：

阳光公司：

借：应收账款——K 公司　　271 200

　贷：主营业务收入　　240 000

　　应交税费——应交增值税（销项税额）　　31 200

下属 K 公司：

借：库存商品　　240 000

　应交税费——应交增值税（进项税额）　　31 200

　贷：应付账款——阳光公司　　271 200

3. 将自产、委托加工的货物用于集体福利或个人消费销项税额的账务处理

企业将自产、委托加工的货物用于集体福利或个人消费的，应按用于集体福利或个人消费货物计税价格计算的销项税额和货物售价或组成计税价格之和，借记“应付职工薪酬”等账户；按计算出的销项税额，贷记“应交税费——应交增值税（销项税额）”账户；按售价，贷记“主营业务收入”账户，同时结转货物成本，借记“主营业务成本”账户，贷记“库存商品”账户。

【例 2－51】 阳光公司将本期自产的产品作为福利发放给公司职工。该产品成本为 10 万元，对外销售不含税价格为 12 万元。

根据上述业务，作如下会计分录：

借：应付职工薪酬　　135 600

　贷：主营业务收入　　120 000

　　应交税费——应交增值税（销项税额）　　15 600

借：主营业务成本　　100 000

　　贷：库存商品　　100 000

4. 将自产、委托加工或者购进的货物进行投资、分配给股东、对外捐赠销项税额的账务处理

上述情况视同销售计算销项税额，即按货物应缴纳的增值税额及计税价格，借记“长期股权投资”“应付股利”或“营业外支出”账户；按货物的计税价格和规定税率计算的应交增值税，贷记“应交税费——应交增值税(销项税额)”账户；按计税价格，贷记“主营业务收入”等账户，同时结转货物成本，借记“主营业务成本”账户，贷记“库存商品”账户。

【例 2－52】 阳光公司将自产的商品一批无偿赠予乙企业，该商品实际成本20 000元，计税价格24 000元。

根据上述业务，作如下会计分录：

阳光公司捐赠商品应缴纳的增值税额＝24 000×13％＝3 120(元)

借：营业外支出——捐赠支出　　27 120

　　贷：主营业务收入　　24 000

　　　　应交税费——应交增值税(销项税额)　　3 120

借：主营业务成本　　20 000

　　贷：库存商品　　20 000

五、差额征税的账务处理

1. 企业发生相关成本费用允许扣减销售额的账务处理

按现行增值税制度规定企业发生相关成本费用允许扣减销售额的，发生成本费用时，按应付或实际支付的金额，借记“主营业务成本”“存货”“工程施工”等账户，贷记“应付账款”“应付票据”“银行存款”等账户；待取得合规增值税扣税凭证且纳税义务发生时，按照允许抵扣的税额，借记“应交税费——应交增值税(销项税额抵减)”或“应交税费——简易计税”账户(小规模纳税人应借记“应交税费——应交增值税”账户)，贷记“主营业务成本”“存货”“工程施工”等账户。

【例 2－53】 某旅游公司(增值税一般纳税人)利用春节长假开展促销活动，取得旅游总收入200 000元。旅游中由公司支付住宿费30 000元，餐费40 000元，参观门票费50 000元。

根据上述业务，作如下会计分录：

销项税额＝200 000÷(1＋6%)×6%＝11 320.75(元)

销项税额抵减金额＝120 000÷(1＋6%)×6%＝6 792.45(元)

取得收入时：

借：银行存款	200 000.00	
贷：主营业务收入		188 679.25
应交税费——应交增值税(销项税额)		11 320.75

支出住宿费、餐费、门票费时：

借：主营业务成本	113 207.54	
应交税费——应交增值税(销项税额抵减)	6 792.45	
贷：银行存款		120 000.00

2. 金融商品转让按规定以盈亏相抵后的余额作为销售额的账务处理

金融商品实际转让月末，如产生转让收益，则按应纳税额，借记“投资收益”等账户，贷记“应交税费——转让金融商品应交增值税”账户；如产生转让损失，则按可结转下月抵扣税额，借记“应交税费——转让金融商品应交增值税”账户，贷记“投资收益”等账户。缴纳增值税时，应借记“应交税费——转让金融商品应交增值税”账户，贷记“银行存款”账户。年末，本账户如有借方余额，则借记“投资收益”等账户，贷记“应交税费——转让金融商品应交增值税”账户。

【例 2-54】 某银行为增值税一般纳税人，某月将 930 万元购入的股票 G 以 960 万元卖出，获得金融商品转让收益 30 万元；将 240 万元购入的股票 P 以 229 万元卖出，发生金融商品转让损失 11 万元。

根据上述业务，作如下会计分录：

月末转让金融商品应交增值税＝(300 000－110 000)÷(1＋6%)×6%

＝10 754.72(元)

借：投资收益	10 754.72	
贷：应交税费——转让金融商品应交增值税		10 754.72

六、出口退税的账务处理

为核算纳税人出口货物应收取的出口退税款，设置“应收出口退税款”账户。该账户借方反映销售出口货物按规定向税务机关申报应退回的增值税、消费税等；贷方反映实际收到的出口货物应退回的增值税、消费税等；期末借方余额，反映尚未收到的应退税额。

1. 生产企业出口货物“免、抵、退”增值税的会计处理

实行“免、抵、退”办法的生产企业购入不论是内销产品还是外销产品耗用的原材料时，其所承担的进项税额，均应记入“应交税费——应交增值税（进项税额）”账户进行抵扣，即购入时的会计分录为：

借：原材料

　　应交税费——应交增值税（进项税额）

　　贷：银行存款、应付账款等

出口产品时，由于对生产企业出口的自产货物，免征本企业生产销售环节增值税，故出口时不需计算销项税额，会计分录为：

借：银行存款、应收账款等

　　贷：主营业务收入

但对于免税收入按征、退税率之差计算的不得抵扣税额，应计入出口货物成本，会计分录为：

借：主营业务成本

　　贷：应交税费——应交增值税（进项税额转出）

企业按照国家规定的退税率计算出口货物的进项税额抵减内销产品的应纳税额时，会计分录为：

借：应交税费——应交增值税（出口抵减内销产品应纳税额）

　　贷：应交税费——应交增值税（出口退税）

如因应抵扣的税额大于应纳税额而未全部抵扣时，按规定计算应予以退回的税款，会计分录为：

借：应收出口退税款

　　贷：应交税费——应交增值税（出口退税）

【例 2－55】 依据[例 2-22]资料，进行相关账务处理。

根据题意，作如下会计分录：

购入原材料时：

借：原材料	3 000 000	
应交税费——应交增值税（进项税额）	390 000	
贷：银行存款、应付账款等		3 390 000

实现内销收入时：

借：银行存款　　2 260 000

　　贷：主营业务收入　　2 000 000

　　　　应交税费——应交增值税(销项税额)　　260 000

出口产品时

借：银行存款　　3 000 000

　　贷：主营业务收入　　3 000 000

计算的不得抵扣税额：

借：主营业务成本　　120 000

　　贷：应交税费——应交增值税(进项税额转出)　　120 000

计算当期免抵税额时：

借：应交税费——应交增值税(出口抵减内销产品应纳税额)　　230 000

　　贷：应交税费——应交增值税(出口退税)　　230 000

按规定计算应予以退回的税款：

借：应收出口退税款　　40 000

　　贷：应交税费——应交增值税(出口退税)　　40 000

实际收到退税额时：

借：银行存款　　40 000

　　贷：应收出口退税款　　40 000

2. 外贸企业出口货物免、退增值税的会计处理

外贸企业购进货物时，按增值税专用发票上所列税额，记入“应交税费——应交增值税(进项税额)”账户进行抵扣；出口产品时，免征销售环节增值税，按出口货物所承担的进项税额和规定的退税率计算的应退税的差额，应计入出口货物成本，借记“主营业务成本”账户，贷记“应交税费——应交增值税(进项税额转出)账户”；企业按照国家规定的退税率计算出口货物应退税额时，借记“应收出口退税款”账户，贷记“应交税费——应交增值税(出口退税)”账户。

【例 2-56】 依据[例 2-26]资料，进行相关账务处理。

根据题意，作如下会计分录：

购入时：

借：库存商品　　64 000

　　应交税费——应交增值税（进项税额）　　8 320

　　贷：银行存款　　72 320

出口产品时：

借：银行存款　　100 000

　　贷：主营业务收入　　100 000

结转出口货物成本：

借：主营业务成本　　64 000

　　贷：库存商品　　64 000

计算不予退税的金额：

$$64\ 000\times(13\%-9\%)=2\ 560(\text{元})$$

借：主营业务成本　　2 560

　　贷：应交税费——应交增值税（进项税额转出）　　2 560

企业按照国家规定的退税率计算出口货物应退税额时：

借：应收出口退税款　　5 760

　　贷：应交税费——应交增值税（出口退税）　　5 760

实际收到退税额时：

借：银行存款　　5 760

　　贷：应收出口退税款　　5 760

七、减免增值税的账务处理

1. 一般减免增值税的账务处理

减免增值税分先征收后返还、即征即退、直接减免三种形式。增值税的减免形式不同，其会计处理也随之而异，但企业对减免的增值税都应通过“营业外收入”账户进行核算，作为企业利润总额的组成部分。

采用先征收后返还、即征即退办法进行减免的企业，收到退回的增值税税款时，借记“银行存款”账户，贷记“营业外收入”账户。

采用直接减免的企业，借记“应交税费——应交增值税（减免税款）”账户，贷记“营业外收入”账户。

【例 2－57】 W 公司为增值税一般纳税人，该公司享受减半征收增值税优惠政策

1年(直接减免)。本月购进材料700 000元,增值税进项税额91 000元,本月实现销售收入1 000 000元,增值税销项税额130 000元,以上款项均已通过银行收付入账。

根据上述业务,作如下会计分录:

购入材料时:

借:原材料　　700 000

　　应交税费——应交增值税(进项税额)　　91 000

　　贷:银行存款　　791 000

销售时:

借:银行存款　　1 130 000

　　贷:主营业务收入　　1 000 000

　　　　应交税费——应交增值税(销项税额)　　130 000

当月应纳增值税额=(130 000－91 000)×50%=19 500(元)

缴纳增值税时:

借:应交税费——应交增值税(已交税金)　　19 500

　　贷:银行存款　　19 500

享受减免税时:

借:应交税费——应交增值税(减免税款)　　19 500

　　贷:营业外收入　　19 500

【例2-58】 依据[例2-57]资料,该公司增值税执行先征后退的减半征收优惠政策。

根据上述业务,作如下会计分录:

购入材料、销售时的会计处理同[例2-59]。

缴纳增值税时,作如下会计分录:

借:应交税费——应交增值税(已交税金)　　39 000

　　贷:银行存款　　39 000

收到返还的增值税款时:

借:银行存款　　19 500

　　贷:营业外收入　　19 500

2. 增值税税控系统专用设备和技术维护费用抵减增值税额的账务处理

按现行增值税制度规定,企业初次购买增值税税控系统专用设备支付的费用以及缴纳的技术维护费允许在增值税应纳税额中全额抵减的,按规定抵减的增值税应纳税额，借记“应交税费——应交增值税（减免税款）”账户（小规模纳税人应借记“应交税费——应交增值税”账户），贷记“管理费用”等账户。

【例 2－59】 某增值税一般纳税人某月初次购买增值税税控系统专用设备，支付价款2 000 元。

根据上述业务，作如下会计分录：

购入增值税税控系统专用设备时：

借：固定资产　2 000

　　贷：银行存款　2 000

按规定抵减的增值税应纳税额时：

借：应交税费——应交增值税（减免税款）　2 000

　　贷：管理费用　2 000

以后按月计提的固定资产折旧计入管理费用。

八、增值税上缴、结转的账务处理

1. 按月缴纳增值税额的会计处理

纳税人以 1 个月为一个纳税期的，自期满之日起 15 日内申报纳税，当月不存在预缴税款的情况，平时，在“应交税费——应交增值税”多栏式明细账中核算增值税业务；月末，结出借、贷方合计数和差额。

若“应交税费——应交增值税”账户为借方差额，表示本月尚未抵扣的进项税额，应继续留在该账户借方，不再转出。

若“应交税费——应交增值税”账户为贷方差额，表示本月应交增值税额，作如下会计处理：

借：应交税费——应交增值税（转出未交增值税）

　　贷：应交税费——未交增值税

下月实际上缴时：

借：应交税费——未交增值税

　　贷：银行存款

2.按日预缴增值税额的会计处理

纳税人以 1 日、3 日、5 日、10 日或 15 日为一个纳税期的，自期满之日起 5 日内预缴税款，于次月 1 日起 15 内申报纳税并结清上月应纳税款。

企业按期（1、3、5、10、15 日为一期）预缴增值税额时，作如下会计分录：

借：应交税费——应交增值税(已交税金)

　　贷：银行存款

月末结转税款时，应先分析“应交税费——应交增值税”账户的余额方向：

(1) 若“应交税费——应交增值税”账户为借方余额，且借方余额大于当期“已交税金”栏目的发生额，则表明当期进项税额大于当期销项税额，当期不需缴纳增值税。当期“已交税金”栏目的发生额全部为当期多缴增值税额，应将当期“已交税金”栏目的发生额转出，未转出的部分为结转下期继续抵扣的进项税额。

(2) 若“应交税费——应交增值税”账户为借方余额，且借方余额正好等于当期“已交税金”栏目的发生额，则表明当期进项税额等于当期销项税额，当期不需缴纳增值税。当期“已交税金”栏目的发生额全部为当期多缴增值税额，应将当期“已交税金”栏目的发生额转出。

(3) 若“应交税费——应交增值税”账户为借方余额，但借方余额小于当期“已交税金”栏目的发生额，则表明当期进项税额小于当期销项税额，当期需缴纳增值税额。但当期“已交税金”栏目的发生额大于应缴纳的增值税额，该账户的借方余额为当期多缴增值税额，应将该账户借方余额转出。

以上三种情况，所作会计分录均为：

借：应交税费——未交增值税

　　贷：应交税费——应交增值税(转出多交增值税)

(4) 若“应交税费——应交增值税”账户为贷方余额，则说明当期“已交税金”栏目的发生额小于当期应缴纳的增值税额，贷方余额为应缴纳的增值税额，应在月末通过“转出未交增值税”专栏转入“应交税费——未交增值税”账户的贷方。作如下会计分录：

借：应交税费——应交增值税(转出未交增值税)

　　贷：应交税费——未交增值税

次月对于上个月应缴纳而未缴纳的增值税额，由于已经从“应交税费——应交增值税”明细账户转入了“应交税费——未交增值税”明细账户，因此次月实际缴纳税金时，应作如下会计分录：

借：应交税费——未交增值税

　　贷：银行存款

【例2-60】 4月20日，阳光公司预缴当月增值税500 000元，4月30日，“应交税费——应交增值税”账户为贷方余额180 000元，5月12日，上缴4月应纳增值税额。

根据上述业务，作如下会计分录：

预缴时：

借：应交税费——应交增值税(已交税金)　　500 000

　　贷：银行存款　　500 000

月末转出未缴增值税额：

借：应交税费——应交增值税(转出未交增值税)　　180 000

　　贷：应交税费——未交增值税　　180 000

5 月实际上缴 4 月的增值税额：

借：应交税费——未交增值税　　180 000

　　贷：银行存款　　180 000

3. 预缴增值税额的账务处理

企业预缴增值税额时，借记“应交税费——预交增值税”账户，贷记“银行存款”账户。月末，企业应将“预交增值税”明细账户余额转入“未交增值税”明细账户，借记“应交税费——未交增值税”账户，贷记“应交税费——预交增值税”账户。房地产开发企业等在预缴增值税额后，应直至纳税义务发生时方可从“应交税费——预交增值税”账户结转至“应交税费——未交增值税”账户。

【例 2-61】 K公司(一般纳税额)机构位于M市，10月销售坐落于N市的临街厂房一幢，取得含税销售额1 500万元。该厂房是2011年购置的，购置原价为1 000万元，10月，房屋账面净值为900万元。该公司当月假定没有其他业务发生。K公司选择一般计税方法。

根据上述业务，作如下会计分录：

$$\text{在 N 市预缴税款} = (1\ 500 - 1\ 000) \div (1 + 5\%) \times 5\% = 23.809\ 5(\text{万元})$$

借：应交税费——预交增值税　　238 095

　　贷：银行存款　　238 095

在M市纳税申报时：

$$\text{销项税额} = 1\ 500 \div (1 + 9\%) \times 9\% = 123.853\ 2(\text{万元})$$

借：银行存款　　15 000 000

　　贷：主营业务收入　　13 761 468

　　　　应交税费——应交增值税(销项税额)　　1 238 532

月末：

借：应交税费——未交增值税　　238 095

　　贷：应交税费——预交增值税　　238 095

同时：

借：应交税费——应交增值税（转出未交增值税）　　1 238 532

　　贷：应交税费——未交增值税　　1 238 532

11月在M市实际补交该业务增值税额时：

借：应交税费——未交增值税　　1 000 437

　　贷：银行存款　　1 000 437

4. 简易计税办法增值税上缴的账务处理

【例2-62】 某公司为增值税一般纳税人，其自产商品混凝土符合简易计税规定。7月混凝土含税销售收入309万元。

根据上述业务，作如下会计分录：

$$不含税销售收入=309\div(1+3\%)=300(万元)$$

借：银行存款　　3 090 000

　　贷：主营业务收入　　3 000 000

　　　　应交税费——简易计税　　90 000

实际上缴税款时：

借：应交税费——简易计税　　90 000

　　贷：银行存款　　90 000

九、小规模纳税人应纳增值税额的会计核算

小规模纳税人购入货物或接受劳务时，按实际支付或应支付的价税合计数，借记“材料采购”“原材料”“库存商品”“其他业务成本”“制造费用”等账户，贷记“银行存款”“应付账款”等账户。

小规模纳税人实现销售时，按价税合计数，借记“银行存款”“应收账款”等账户；按不含税的销售额，贷记“主营业务收入”“其他业务收入”等账户；按规定收取的增值税额，贷记“应交税费——应交增值税”账户。

实际上缴时，借记“应交税费——应交增值税”账户，贷记“银行存款”账户。

小规模纳税人企业仍然使用“应交税费——应交增值税”账户，沿用三栏式账户，不需要在“应交增值税”账户中设置专栏。

【例2-63】 某企业为小规模纳税人，某月购入商品一批，普通发票注明的价款为58 500元，企业开出面值58 500元转账支票一张支付货款，商品验收入库。该企业本月

销售商品，含税价格为 82 400 元，货款尚未收到。

根据上述业务，作如下会计分录。

企业购进商品，开出支票支付货款时：

借：库存商品　　58 500

　　贷：银行存款　　58 500

销售商品时：

$$\text{不含税销售额} = 82\ 400 \div (1 + 3\%) = 80\ 000(\text{元})$$

$$\text{应纳税额} = 80\ 000 \times 3\% = 2\ 400(\text{元})$$

借：应收账款　　82 400

　　贷：主营业务收入　　80 000

　　　　应交税费——应交增值税　　2 400

实际上缴税款时：

借：应交税费——应交增值税　　2 400

　　贷：银行存款　　2 400

十、增值税期末留抵税额的账务处理

纳入营改增试点当月月初，原增值税一般纳税人应按不得从销售服务、无形资产或不动产的销项税额中抵扣的增值税留抵税额，借记"应交税费——增值税留抵税额"账户，贷记"应交税费——应交增值税（进项税额转出）"账户；待以后期间允许抵扣时，按允许抵扣的金额，借记"应交税费——应交增值税（进项税额）"账户，贷记"应交税费——增值税留抵税额"账户。

十一、财务报表相关项目列示

"应交税费"账户下的"应交增值税""未交增值税""待抵扣进项税额""待认证进项税额""增值税留抵税额"等明细账户期末借方余额，应根据情况，在资产负债表中的"其他流动资产"或"其他非流动资产"项目列示；"应交税费——待转销项税额"等账户期末贷方余额，应根据情况，在资产负债表中的"其他流动负债"或"其他非流动负债"项目列示；"应交税费"账户下的"未交增值税""简易计税""转让金融商品应交增值税""代扣代交增值税"等账户期末贷方余额，应在资产负债表中的"应交税费"项目列示。

关键术语

增值税　价外税　消费型增值税　生产型增值税　收入型增值税　一般纳税人　小规模纳税人　销项税额　进项税额　折扣销售　销售折扣　销售折让　还本销售　以旧换新销售　包装物押金　以物易物销售　视同销售　组成计税价格　纳税义务发生时间　应交税费——应交增值税　应交税费——未交增值税　进项税额转出　已交税金　减免税款　出口退税　出口抵减内销产品应纳税额　转出多交增值税　转出未交增值税

思维拓展

1. 增值税有哪几种类型？我国增值税采用那种类型？
2. 我国增值税的特点有哪些？
3. 不得抵扣增值税进项税额的项目有哪些？
4. 试述小规模纳税人的认定标准。
5. 试述增值税的征税范围。
6. 增值税纳税义务发生时间是如何确定的？
7. 小规模纳税人如何进行增值税的会计处理？
8. 进口货物应缴增值税如何计算？
9. 全面营改增后增值税的税率有几种？分别适用于哪些纳税人？

知识点应用及实践能力训练

单项选择题

1. 下列行为属于视同销售货物，应征收增值税的是(　　)。

   A. 某商店为服装厂代销儿童服装

   B. 某批发部门将外购的部分饮料用于集体福利

   C. 某企业将外购的商品用于在建工程

   D. 某企业将外购的茶叶用于交际应酬

2. 某商城以旧换新销售5台电冰箱，新冰箱每台零售价3 000元，旧冰箱每台作价100元，每台冰箱收取差价 2 900 元，则该项业务的增值税的销项税为(　　)元。

A. 2 550　　B. 2 106.83　　C. 1 725.66　　D. 2 465

3. 某生产企业(增值税一般纳税人)，7 月销售产品取得含税销售额 793.26 万元，为销售货物出借包装物收取押金 15.21 万元，约定 3 个月内返还；当月没收逾期未退还包装物的押金 1.3 万元。该企业 7 月上述业务计税销售额为(　　)万元。

A. 703.15　　B. 691　　C. 692.11　　D. 794.56

4. 3 月，某酒厂销售粮食白酒和啤酒给副食品公司，其中白酒开具增值税专用发票，收取不含税价款 50 000 元，另外收取包装物押金 3 000 元；啤酒开具普通发票，收取的价税合计款 23 200 元，另外收取包装物押金 1 500 元。副食品公司按合同约定，于当年 12 月将白酒、啤酒包装物全部退还给酒厂，并取回全部押金。就此项业务，该酒厂当年 3 月计算的增值税销项税额应为(　　)元。

A. 11 900　　B. 12 117.95　　C. 9 514.15　　D. 12 553.85

5. 2 月，某企业(增值税一般纳税人)向农业生产者收购一批其自产的农产品作为原材料生产应税货物，在农产品收购发票上注明价款 100 000 元，委托运输公司运送该批货物回企业，支付运费并取得运输业增值税专用发票，运费金额 1 200 元，该企业此项业务可抵扣增值税进项税(　　)元。

A. 13 000　　B. 13 140　　C. 9 108　　D. 13 204

6. 某企业(增值税一般纳税人)因管理不善，导致一批以往向农业生产者收购的大豆霉烂变质，账面成本 10 940 元(含运费 500 元)，其转出的进项税额为(　　)元。

A. 1 914.8　　B. 1 477.2　　C. 1 077.52　　D. 1 422.2

7. 8 月，境外公司为我国 A 企业提供系统支持、咨询服务，合同总额 200 万元，该境外公司在该地区有代理人，则该代理人应当扣缴的增值税额为(　　)万元。

A. 0　　B. 5.83　　C. 11.32　　D. 12

8. 某首饰商城为增值税一般纳税人，5 月发生以下业务：采取“以旧换新”方式向消费者销售金项链 2 000 条，新项链每条零售价 0.25 万元，旧项链每条作价 0.22 万元，每条项链取得差价款 0.03 万元；则增值税的销项税为(　　)元。

A. 69 026.55　　B. 726 496　　C. 102 000　　D. 850 000

9. 某公司(增值税一般纳税人)销售自己 2008 年 11 月购入并作为固定资产使用的设备，原购买发票注明价款 150 000 元，增值税 25 500 元。在 3 月出售开具普通发票，票面金额为 120 640 元，则该企业转让设备行为应缴纳增值税(　　)元。

A. 20 508.8　　B. 3 513.79　　C. 17 528.89　　D. 2 342.52

10. 某公司(增值税一般纳税人)4 月销售自己 2009 年 11 月购入并作为固定资产使用的设备，原购买发票注明价款 150 000 元，增值税 25 500 元。价税合计金额为 120 640 元，则该企业转让设备行为应计算增值税销项税为(　　)元。

A. 20 508.8　　B. 3 513.79　　C. 13 878.94　　D. 2 342.52

11. 百货商场(一般纳税人)3月零售收入为800万元。3月取得防伪税控系统开具的增值税专用发票80张,全部经税务机关认证,上面注明销售额共计300万元(其中有60万元的商品未付款);将上月收购的成本为2万元的免税农产品作为福利发放给职工。该商场3月应缴纳的增值税为(　　)万元。

A. 66.44　　B. 65.37　　C. 53.24　　D. 66.57

12. 某生产企业属增值税小规模纳税人,3月对部分资产盘点后进行处理:销售边角废料,由税务机关代开增值税专用发票,取得含税收入82 400元;销售使用过的小汽车一辆,取得含税收入72 100元(原值为140 000元),则该企业上述业务应缴纳增值税(　　)元。

A. 2 400　　B. 3 773.08　　C. 3 800　　D. 4 500

13. 某广告公司(小规模纳税人)3月发生销售额(不含税,下同)62万元,另因发生服务中止而退还给服务接收方销售额15万元,则该广告公司3月应纳增值税(　　)万元。

A. 1.41　　B. 1.46　　C. 1.54　　D. 1.86

14. 企业购入货物或接受应税劳务发生进货退出时,应通过"应交税费——应交增值税(　　)"账户进行核算。

A. 销项税额　　B. 进项税额转出　　C. 进项税额　　D. 转出多交增值税

15. 实行按日预交增值税的企业,预交时的会计分录为(　　)。

A. 借:应交税费——未交增值税
　　贷:银行存款

B. 借:应交税费——应交增值税(已交税金)
　　贷:银行存款

C. 借:应交税费——应交增值税(已交税金)
　　贷:应交税费——未交增值税

D. 借:应交税费——未交增值税
　　贷:应交税费——应交增值税(已交税金)

16. 增值税小规模纳税人在核算增值税时,运用的会计科目是(　　)。

A. "应交税费——未交增值税"　　B. "应交税费——应交增值税"

C. "应交税费——应交增值税(销项税额)"　D. "应交税费——应交增值税(已交税金)"

多项选择题

1. 下列关于增值税纳税义务发生时间的表述中,正确的有(　　)。

A. 以预收款方式销售货物的,一般为收到预收款当天

B. 委托他人代销货物的,为货物发出当天

C. 采用赊销方式销售货物的,为合同约定的收款日期的当天

D. 纳税人发生视同销售货物行为的，为货物移送的当天

2. 下列关于增值税的计税销售额规定，说法正确的有(　　)。

A. 以物易物方式销售货物，由多交付货物的一方以价差计算缴纳增值税

B. 以旧换新方式销售彩电，以实际收取的不含增值税的价款计算缴纳增值税

C. 还本销售方式销售货物，以实际销售额计算缴纳增值税

D. 销售折扣方式销售货物，不得从计税销售额中扣减折扣额

3. 按现行增值税规定，纳税人为固定业户，其总机构和分支机构不在同一县(市)的，其纳税地点应为(　　)。

A. 统一在总机构所在地纳税，分支机构不纳税

B. 只在各分支机构所在地纳税，总机构不纳税

C. 由总机构和分支机构分别在各自所在地纳税

D. 经批准，可由总机构汇总在总机构所在地纳税，各分支机构不再纳税

4. 依据增值税的有关规定，境外单位或个人在境内发生增值税应税劳务而在境内未设立经营机构的，增值税的扣缴义务人有(　　)。

A. 代理人　　B. 银行　　C. 购买者　　D. 境外单位

5. 以下项目中，适用增值税零税率的有(　　)。

A. 境内单位向境外单位提供的设计服务

B. 航天运输服务

C. 境内单位向国内海关特殊监管区域内的单位提供的研发服务

D. 境内单位向境外单位提供的离岸服务外包业务

6. 下列各项中，应当计算缴纳增值税的有(　　)。

A. 个体工商户销售使用过的物品

B. 农业生产者销售自产农产品

C. 电力公司向发电企业收取过网费

D. 残疾人的组织直接进口供残疾人专用的物品

7. 下列应在我国缴纳增值税的项目有(　　)。

A. 会议展览地点在境外的会议展览服务

B. 标的物在境外使用的有形动产租赁服务

C. 进口钾肥

D. 航空公司已售票但未提供航空运输服务取得的逾期票证收入

8. 按照现行增值税制度规定，下列行为应“视同销售”征收增值税的有(　　)。

A. 将自产的货物作为投资，提供给个体经营者

B. 将购买的货物用于个人消费

C. 将购买的货物无偿赠送他人

D. 以物易物属于视同销售

9. 某生产企业的下列进项税额，不得从销项税额中抵扣的有(　　)。

A. 购买食品用于交际应酬

B. 购买办公复印纸发生的进项税

C. 购买中轻型商务面包车自用所发生的进项税

D. 被执法部门依法没收其自行出版物的进项税

10. 下列关于增值税纳税地点的表述中，正确的有(　　)。

A. 总机构与分支机构不在同一县(市)的，应在总机构所在地主管税务机关申报纳税

B. 进口货物，应由进口人或其代理人向报关地海关申报纳税

C. 非固定业户到外县(市)从事应税活动未申报纳税的，由其机构所在地或居住地主管税务机关补征税款

D. 固定业户到外县(市)销售货物时，应向其机构所在地主管税务机关申请开具外出经营活动税收管理证明，向其所在地主管税务机关申报纳税

判断题

1. 纳税人生产销售和批发、零售有机肥产品免征增值税。(　　)

2. 非固定业户到外县(市)销售货物或者应税劳务未向销售地主管税务机关申报纳税的，由其机构所在地或者居住地主管税务机关补征税款。(　　)

3. "销项税额抵减"专栏，记录一般纳税人按照现行增值税制度规定因扣减销售额而减少的销项税额。(　　)

4. 一般纳税人和小规模纳税人销售农机、农膜、化肥，适用9%的低税率。(　　)

5. 增值税起征点幅度中的销售额是指小规模纳税人的销售额。(　　)

6. 企业交纳以前期间未交的增值税，借记"应交税费——应交增值税(已交税金)"账户，贷记"银行存款"账户。(　　)

7. 增值税一般纳税人购进货物用于本单位集体福利时，其支付的进项税额不得从销项税额中抵扣。(　　)

8. 一般纳税人购进时已全额计提进项税额的货物或服务等转用于不动产在建工程的，对于结转以后期间的进项税额，应借记"应交税费——待抵扣进项税额"账户，贷记"应交税费——应交增值税(进项税额转出)"账户。(　　)

9. 小规模纳税人购买物资、服务、无形资产或不动产，取得增值税专用发票上注明的增值税应计入相关成本费用或资产，应通过"应交税费——应交增值税"账户核算。(　　)

10. 企业购入货物或接受应税劳务发生进货退出时，应通过"应交税费——应交增值税(进项税额)"账户进行核算。(　　)

练 习 题

习 题 一

【目的】掌握一般纳税人增值税的会计核算

【资料】阳光公司为增值税一般纳税人，某月发生以下经济业务：

1. 购入A材料一批，专用发票注明价款100 000元，增值税额13 000元，款项通过银行支付。同时支付运费3 000元(不含税价)，取得运输部门开出的增值税额专用发票，材料验收入库。专用发票已通过认证。

2. 从某小规模纳税人处购进原材料一批，取得普通发票一张，注明价款62 200元，款项以银行存款支付。

3. 购入一台生产用机器设备，增值税专用发票注明价格400 000元，增值税额52 000元，设备运抵企业过程中发生运费(含税)4 360元，全部款项以银行存款支付。专用发票当月未认证。

4. 购进免税农产品一批，买价200 000元，货物已经验收入库，款项已经用现金支付。

5. 接受某投资者投资转入的一批材料，增值税专用发票上注明的货物价款200 000元，增值税额26 000元，价款合计226 000元。专用发票已通过认证。

6. 委托某机械加工厂加工包装物一批，发出材料成本20 000元，当月加工完毕。提货时对方开出增值税专用发票，注明加工费8 000元，增值税额1 040元，全部款项以银行存款支付。专用发票已通过认证。

7. 进口一批原材料，海关核定的关税完税价格700 000元，关税税率为10%。材料已经验收入库，全部款项通过银行支付。

8. 由于仓库保管不善，被盗材料5 000元，库存商品10 000元。已知该月生产总成本200 000元，其中耗用外购材料成本120 000元，原因待查。

9. 在对库存材料进行盘点时发现，上月从外地某工厂购进的甲材料规格不符合合同规定，经与对方联系同意全部退货，已收到退货款22 600元。其中，货款20 000元，增值税额2 600元。

10. 销售A产品一批，增值税专用发票注明的价款200 000元，其中包装物20 000元(单独计价)，增值税额26 000元，收到商业承兑汇票一张，期限3个月。

11. 领用B产品一批，用于职工福利，该批产品实际成本20 000元，不含税售价23 000元。

12. 销售B产品一批，增值税专用发票注明价款90 000元，增值税11 700元；另外，收取包装物押金4 000元，合同规定3个月后收回包装物。全部款项以银行存款收讫。

13. 销售D产品1 000件，产品价目表上标明不含税售价150元，因客户购买数量大，给予10%的商业折扣,折扣额与销售额在同一张发票上注明。该公司给予客户现金折扣条件为 2/10, n/30,客户在 10 日内付款。

14. 采取"以旧换新"方式销售 E 产品 100 台,对外不含税售价每台 3 000 元,回收同规格的 E 产品每台作价 500 元,余款已收到存入银行。

15. 购进营业用房一栋,取得增值税专用发票上注明的金额 5 000 万元,税率 9%,税额 450 万元。专用发票已通过认证。

16. 某设备技术改造工程,需要美国 J 公司的技术指导,合同总价款为 583 000 元人民币(含税,适用的增值税税率为 6%),当月技术改造完成。J 公司在我国境内无代理机构,由 K 公司办理扣缴增值税的手续,取得扣缴通用缴款书,并将扣税后的价款支付给 H 公司。有关凭证均通过认证。

17. 阳光公司仓库在建工程领用上月购入已抵扣进项税额的生产用原材料 66 000 元,材料增值税税率为 13%。

18. 10 日以分期收款方式向甲企业销售 D 产品一批,售价 80 万元,成本 60 万元,合同约定平均分 4 次付清货款,每月 25 日为付款日,商品已经发出。开出的增值税专用发票上注明的价款 80 万元,增值税额 10.4 万元。25 日,第一批款项已收。

19. 30 日购进材料一批已验收入库,次月中旬收到增值税专用发票,列明价款 10 000 元,增值税额 1 300 元。款已付,增值税专用发票下月通过认证。

20. 阳光公司销售某新产品,符合简易办法计税,销售收入 41 200 元。

【要求】根据上述资料,分别编制每笔经济业务相关的会计分录。

习 题 二

【目的】掌握小规模纳税人增值税的会计核算

【资料】某小规模纳税人企业某月购进原材料一批,取得的普通发票注明的价款 56 000 元,款项通过银行支付,材料验收入库。同月,销售产品一批,开出普通发票,价款 70 040 元;销售自己使用过的作为固定资产使用的设备一台,销售价款 9 270 元。款项已收妥存入银行。

【要求】根据上述资料,分别编制每笔经济业务相关的会计分录。

习 题 三

【目的】掌握应纳税额的计算及会计核算

【资料】某增值税一般纳税人 11 月采购原材料,取得的增值税专用发票上注明货款 100 万元,增值税额 13 万元,同月初次购买增值税防伪税控系统专用设备,取得的增值税专用发票上注明价款 2 万元,增值税额 0.26 万元,当月该企业不含增值税销售额 190 万元。12 月,上缴上月未缴税款。

【要求】根据上述资料,计算该企业当月应纳增值税并编制每笔经济业务相关的会计分录。

习 题 四

【目的】掌握增值税出口退税的计算及会计核算

【资料】某自营出口货物的生产企业为增值税一般纳税人，出口货物的征税率为13%，退税率为9%。某月的有关经营业务为：购进原材料一批，取得的增值税专用发票注明价款3 500 000元，进项税额455 000元，货物已验收入库；本月内销货物不含税销售额1 800 000元，销项税额234 000元。款项通过银行收付。本月出口货物销售额折合人民币2 300 000元。已知上月月末留抵税额20 000元。

【要求】根据上述资料，计算当期出口退税金额并编制相关经济业务的会计分录。

习 题 五

【目的】掌握增值税出口退税的计算及会计核算

【资料】某外贸进出口公司在国内收购商品出口，该批货物收购价1 000 000元，进项税额130 000元；本月全部出口，收入1 300 000元。已知退税率为9%。

【要求】根据上述资料，计算当期出口退税金额并编制相关经济业务的会计分录。

第三章　消费税的核算

重点提示

消费税是对我国境内从事生产、委托加工和进口应税消费品的单位和个人，就其销售额或销售数量，在特定环节征收的一种税。通过本章的学习，了解我国征收消费税的意义，明确消费税的概念，熟悉消费税的基本内容（包括征税范围、纳税人、税目及税率），熟练掌握消费税应纳税额的计算（包括自产销售应税消费品、自产自用应税消费品、委托加工应税消费品、进口应税消费品等应纳税额的计算），以及消费税的会计处理。

系统学习

本章应系统学习的内容主要有：消费税的概念、消费税应纳税额的计算以及消费税的会计处理。

第一节　消费税概述

一、消费税的概念及特点

（一）消费税的概念

消费税是对我国境内从事生产、委托加工和进口应税消费品的单位和个人，就其销售额或销售数量，在特定环节征收的一种税。简单地说，消费税是对特定的消费品和消费行为征收的一种税。我国现行消费税是1994年税制改革中新设置的一个税种，随着商品经济的发展，消费税课征范围不断扩大，数额日益增加，至2015年2月，税目调整为15个。其目的是调节产品结构，引导消费方向。

（二）消费税的特点

1. 征收范围具有选择性

我国消费税在征收范围上具有选择性，仅选择部分消费品征税，而不是对所有的消费品都征收消费税。

2. 征收环节具有单一性

消费税只是在消费品生产、流通的某一环节一次征收，而不是在消费品生产、流通和消费的每一个环节征收，这样可以防止重复征税。

3. 平均税率水平较高且税负差异大

消费税属于国家运用税收杠杆对某些消费品进行特殊调节的税种，平均税率水平较高，并且可以根据消费品的不同种类以及消费品的市场供求状况、价格水平、国家的产业政策和消费政策等情况，对消费品制定高低不同的税率，不同征税项目的税负差异较大。

4. 征收方法具有灵活性

消费税可以根据每一课税对象的不同特点，选择不同的征收方法。既可以采取对消费品依数量实行从量定额的征收方法，也可以采取对消费品制定比例税率实行从价定率的征收方法。目前对部分烟酒采用从量、从价征收的方法。

5. 税负具有转嫁性

消费税是对应税消费品课税，因此税负的最终承担者为消费者。消费税无论是在哪个环节征收，消费品中所含的消费税最终要转嫁到消费者身上。

二、消费税的纳税义务人

根据我国《消费税暂行条例》的规定，消费税的纳税义务人是在中华人民共和国境内生产、委托加工和进口消费税规定的消费品的单位和个人。包括两方面的含义：一是纳税人必须是在我国境内从事生产、委托加工和进口应税消费品；二是纳税人从事的活动必须涉及《消费税暂行条例》规定的应税消费品；两者缺一不可。其中，单位是指国有企业、集体企业、私有企业、股份制企业、外商投资企业和外国企业、其他企业和行政单位、事业单位、军事单位、社会团体及其他单位；个人是指个体经营者及其他人。

具体来说，消费税纳税义务人包括：生产应税消费品的单位和个人；进口应税消费品的单位和个人；委托加工应税消费品的单位和个人。

其中，委托加工的应税消费品由受托方提货时代收代缴（受托方为个体经营者除外)消费税;自产自用的应税消费品,由自产自用单位和个人在移送使用时缴纳消费税;进口的应税消费品,由进口人或其代理人按照规定缴纳消费税;个人携带或者邮寄入境的应税消费品,连同关税一并计征,由携带入境者或者收件人缴纳消费税。

三、消费税的征税范围

消费税的征收范围是为中华人民共和国境内生产、委托加工和进口《消费税暂行条例》规定的消费品,具体包括以下四大类。

(一) 有害消费品

这类消费品是指过度消费对人体健康、社会秩序、生态环境等方面造成危害的特殊消费品。例如,烟、酒、鞭炮焰火、木质一次性筷子、实木地板等。

(二) 奢侈品、非生活必需品

如贵重首饰、化妆品、高档手表、高尔夫球及球具等。

(三) 高能耗及高档消费品

如小汽车、摩托车、游艇等。

(四) 不可再生的替代的石油类消费品

如成品油等。

四、消费税的税目及税率

我国消费税共设置了 15 个税目,包括烟、酒、化妆品、贵重首饰及珠宝玉石、鞭炮焰火、成品油、摩托车、小汽车、高档手表、木制一次性筷子、实木地板、高尔夫球及球具、游艇、电池、涂料。在烟、酒、贵重首饰及珠宝玉石、成品油、摩托车和小汽车 6 个税目中还进一步划分了若干子目。

(一) 消费税的税目

1. 烟

凡是以烟叶为原料加工生产的产品,不论使用何种辅料,均属于本税目的征收范围。本税目下设卷烟(包括甲类卷烟和乙类卷烟)、雪茄烟、烟丝三个子目。

1) 卷烟。卷烟是指将各种烟叶切成烟丝,按照配方要求均匀混合,加入糖、酒、香料等辅料,用白色盘纸、棕色盘纸、涂布纸或烟草薄片经机器或手工卷制的普通卷烟和雪茄型卷烟。

(1) 甲类卷烟。甲类卷烟是指每标准条(200 支)调拨价格在 70 元以上的(含 70 元,不含增值税)的卷烟。

(2) 乙类卷烟。乙类卷烟是指每标准条(200 支)调拨价格在 70 元以下的卷烟。

卷烟除了在生产环节征收消费税外,还在批发环节,按 11%从价计征并按 0.005 元/支从量计征消费税。

2) 雪茄烟。雪茄烟是指以晾晒烟为原料或者以晾晒烟和烤烟为原料,用烟叶或卷烟纸、烟草薄片作为烟支内包皮,再用烟叶作为烟支外包皮,经机器或手工卷制而成的烟草制品。按内包皮所用材料的不同可分为全叶卷雪茄烟和半叶卷雪茄烟。雪茄烟的征收范围包括各种规格、型号的雪茄烟。

3) 烟丝。烟丝是指将烟叶切成丝状、粒状、片状、末状或其他形状,再加入辅料,经过发酵、储存,不经卷制即可供销售吸用的烟草制品。烟丝的征收范围包括以烟叶为原料加工生产的不经卷制的散装烟,如斗烟、莫合烟、烟末、水烟、黄红烟丝等。

2. 酒

本税目下设白酒(包括粮食白酒和薯类白酒)、黄酒、啤酒、其他酒四个子目。

(1) 白酒。白酒包括粮食白酒和薯类白酒,计征方法相同。粮食白酒是指以高粱、玉米、大米、糯米、大麦、小麦、青稞等各种粮食为原料,经过糖化、发酵后,采用蒸馏方法酿造的白酒。薯类白酒是指以白薯(红薯、地瓜)、木薯、马铃薯、芋头、山药等各种干鲜薯类为原料,经过糖化、发酵后,采用蒸馏方法酿造的白酒。用甜菜酿造的白酒,比照薯类白酒征税。

(2) 黄酒。黄酒是指以糯米、粳米、籼米、大米、黄米、玉米、小麦、薯类等为原料,经加温、糖化、发酵、压榨酿制的酒。由于工艺、配料和含糖量的不同,黄酒分为干黄酒、半干黄酒、半甜黄酒、甜黄酒四类。黄酒的征收范围包括各种原料酿制的黄酒和酒度超过 12 度(含 12 度)的土甜酒。

(3) 啤酒。啤酒是指以大麦或其他粮食为原料,加入啤酒花,经过糖化、发酵、过滤酿制的含有二氧化碳的酒。啤酒按照杀菌方法的不同,可分为熟啤酒和生啤酒或鲜啤酒。啤酒的征收范围包括各种包装和散装的啤酒。

(4) 其他酒。其他酒是指除粮食白酒、薯类白酒、黄酒、啤酒以外,酒度在 1 度以上的各种酒,包括糠麸白酒、其他原料白酒、土甜酒、复制酒、果木酒、汽酒、药酒等。

3. 高档化妆品

本税目包括高档美容、修饰类化妆品、高档护肤类化妆品和成套化妆品。

高档美容、修饰类化妆品和高档护肤类化妆品是指生产(进口)环节销售(完税)价格(不含增值税)在 10 元/毫升(克)或 15 元/片(张)及以上的美容、修饰类化妆品和护肤类化妆品。

4. 贵重首饰及珠宝玉石

本税目征收范围包括：各种金银珠宝首饰和经采掘、打磨、加工的各种珠宝玉石。

（1）金银首饰、铂金首饰和钻石及钻石饰品。凡以金、银、白金、钻石等制作的各种纯金银首饰及镶嵌首饰。

（2）其他贵重首饰和珠宝玉石。凡以宝石、珍珠、翡翠、珊瑚、玛瑙等高贵稀有物质以及其他金属、人造宝石等制作的各种首饰及镶嵌首饰。

5. 鞭炮焰火

鞭炮，又称爆竹。是用多层纸密裹火药，接以药引线制成的一种爆炸品。焰火，指烟火剂，一般系包扎品，内装药剂，点燃后烟火喷射，呈各种颜色，有的还变幻成各种景象，分平地小焰火和空中大焰火两类。

本税目征收范围包括：各种鞭炮、焰火。体育上用的发令纸、鞭炮药引线，不按本税目征收。

6. 成品油

本税目包括汽油、柴油、石脑油、溶剂油、航空煤油、润滑油、燃料油七个子目。

（1）汽油。汽油是轻质石油产品的一大类。由天然或人造石油经脱盐、初馏、催化裂化，调和而得。为无色到淡黄色的液体，易燃易爆，挥发性强。按生产装置可分为直馏汽油、裂化汽油等类。经调和后制成各种用途的汽油，按用途可分为车用汽油、航空汽油、启动汽油和工业汽油（溶剂汽油）。本税目征收范围包括：车用汽油、航空汽油、启动汽油。工业汽油（溶剂汽油）主要作溶剂使用，不属本税目征收范围。

（2）柴油。柴油是轻质石油产品的一大类。由天然或人造石油经脱盐、初馏、催化裂化，调和而得。易燃易爆，挥发性低于汽油。柴油按用途分为轻柴油、重柴油、军用柴油和农用柴油。本税目征收范围包括：轻柴油、重柴油、农用柴油、军用轻柴油。

（3）石脑油。石脑油又叫轻汽油、化工轻油，是以石油加工生产的或二次加工汽油经加氢精制而得的用于化工原料的轻质油。石脑油的征收范围包括：除汽油、柴油、煤油、溶剂油以外的各种轻质油。

（4）溶剂油。溶剂油是以石油加工生产的用于涂料和油漆生产、食用油加工、印刷油墨、皮革、农药、橡胶、化妆品生产的轻质油。

（5）航空煤油。航空煤油也叫喷气燃料，是以石油加工生产的用于喷气发动机和喷气推进系统中作为能源的石油燃料。

（6）润滑油。润滑油是用于内燃机、机械加工过程的润滑产品。润滑油分为矿物性润滑油、植物性润滑油、动物性润滑油和化工原料合成润滑油。

（7）燃料油。燃料油也称重油、渣油。燃料油征收范围包括用于电厂发电、船舶锅炉燃料、加热炉燃料、冶金和其他工业炉燃料的各类燃料油。

7. 摩托车

（1）轻便摩托车。气缸容量（排气量，下同）250 毫升的两轮机动车。

（2）摩托车。气缸容量在 250 毫升以上的两轮和三轮机动车。

8. 小汽车

汽车是指由动力驱动，具有四个或四个以上车轮的非轨道承载的车辆，包括乘用车、中轻型商用客车和超豪华小汽车。

本税目征收范围包括：含驾驶员座位在内最多不超过 9 个座位（含）的，在设计和技术特性上用于载运乘客和货物的各类乘用车；含驾驶员座位在内的座位数在 10～23 座（含 23 座）的，在设计和技术特性上用于载运乘客和货物的各类中轻型商用客车。

超豪华小汽车指每辆零售价格 130 万元（不含增值税）及以上的乘用车和中轻型商用客车。对超豪华小汽车，在生产（进口）环节按现行税率征收消费税基础上，在零售环节加征消费税，税率为 10%。

9. 高尔夫球及球具

高尔夫球及球具是指从事高尔夫球运动所需的各种专用装备，包括高尔夫球、高尔夫球杆及高尔夫球包（袋）等。

10. 高档手表

高档手表是指销售价格（不含增值税）每只在 10 000 元（含）以上的各类手表。

11. 游艇

游艇是指长度大于 8 米小于 90 米，船体有玻璃钢、钢、铝合金、塑料等多种材料制作，可以在水上移动的水上副载体。按照动力划分，游艇分为无动力艇、帆艇和机动艇。

12. 木制一次性筷子

木制一次性筷子，又称卫生筷子，是指以木材为原料经过锯断、浸泡、旋切、刨切、烘干、筛选、打磨、倒角、包装等环节加工而成的各类一次性使用的筷子。

13. 实木地板

实木地板是指以木材为原料，经锯割、干燥、刨光、截断、油漆等工序加工而成的块状或条状地面装饰材料。

14. 电池

电池，是一种将化学能、光能等直接转换为电能的装置。范围包括：原电池、蓄电池、燃料电池、太阳能电池和其他电池。

15. 涂料

涂料是指涂于物体表面能形成具有保护、装饰或特殊性能的固态涂膜的一类液体或固体材料之总称。

（二）消费税税率

现行的消费税税率、税额是根据2008年11月5日国务院第34次常务会议修订通过的《中华人民共和国消费税暂行条例》公布的《消费税税目税率（税额）表》于2009年1月1日执行的。2014年12月进行了新的调整。具体如表3-1所示。

表3-1 消费税税目、税率(税额)表

税目	征收范围	计税单位	税率(税额)
一、烟			
1. 卷烟	甲类卷烟		56%加0.003元/支（生产环节）
	乙类卷烟		36%加0.003元/支（生产环节）
	批发环节		11%加0.005元/支
2. 雪茄烟			36%
3. 烟丝			30%
二、酒			
1. 白酒			20%加0.5元/500克（或者500毫升）
2. 黄酒		吨	240元
3. 啤酒		每吨出厂价格（含包装物及包装物押金）在3 000元（含3 000元，不含增值税）以上的	250元
		每吨3 000元以下的	220元
		娱乐业和饮食业自制的每吨	250元
4. 其他酒			10%
三、化妆品	销售价格在10元/毫升（克）或15元/片（张）及以上		15%

（续表）

税　　目	征收范围	计税单位	税率(税额)
四、贵重首饰及珠宝玉石	金银首饰、铂金首饰和钻石及钻石饰品		5%
	其他贵重首饰和珠宝玉石		10%
五、鞭炮、焰火			15%
六、成品油			
1. 汽油		升	1.52 元/升
2. 柴油		升	1.2 元/升
3. 航空煤油		升	1.2 元/升
4. 石脑油		升	1.52 元/升
5. 溶剂油		升	1.52 元/升
6. 润滑油		升	1.52 元/升
7. 燃料油		升	1.2 元/升
七、摩托车			
	气缸容量（排气量，下同)250 毫升		3%
	气缸容量在 250 毫升以上的		10%
八、小汽车			
1. 乘用车	气缸容量（排气量，下同)在 1.0 升(含 1.0 升)以下的		1%
	气缸容量在 1.0 升以上至 1.5 升(含 1.5 升)的		3%
	气缸容量在 1.5 升以上至 2.0 升(含 2.0 升)的		5%
	气缸容量在 2.0 升以上至 2.5 升(含 2.5 升)的		9%
	气缸容量在 2.5 升以上至 3.0 升(含 3.0 升)的		12%
	气缸容量在 3.0 升以上至 4.0 升(含 4.0 升)的		25%
	气缸容量在 4.0 升以上的		40%

（续表）

税　　目	征收范围	计税单位	税率(税额)
2. 中轻型商用客车			5%
3. 超豪华小汽车	（零售环节）		10%
九、高尔夫球及球具			10%
十、高档手表			20%
十一、游艇			10%
十二、木制一次性筷子			5%
十三、实木地板			5%
十四、电池			4%
十五、涂料			4%

当存在下列情况时，应按适用税率中最高税率征税。

（1）纳税人兼营不同税率的应税消费品，即生产销售两种税率以上的应税消费品时，应当分别核算不同税率应税消费品的销售额或销售数量；未分别核算的，按最高税率征税。

（2）纳税人将应税消费品与非应税消费品以及适用不同税率的应税消费品组成成套消费品销售的，应根据组合产制品的销售金额按应税消费品中适用最高税率的消费品税率征税。

五、消费税的税收管理

（一）纳税义务发生时间

纳税人生产的应税消费品于销售时纳税，进口消费品应当于应税消费品报关进口环节纳税，但金银首饰、钻石及钻石饰品在零售环节纳税。消费税纳税义务发生时间，以货款结算方式或行为发生时间分别确定。

1. 纳税人销售的应税消费品

其纳税义务的发生时间为纳税人销售当天。

（1）纳税人采取赊销和分期收款结算方式的，其纳税义务的发生时间，为书面合同约定的收款日期当天，书面合同没有约定收款日期或者无书面合同的，为发出应税消费品的当天。

(2) 纳税人采取预收货款结算方式的，其纳税义务的发生时间，为发出应税消费品的当天。

(3) 纳税人采取托收承付和委托银行收款方式销售的应税消费品，其纳税义务的发生时间，为发出应税消费品并办妥委托手续的当天。

(4) 纳税人采取其他结算方式的，其纳税义务的发生时间，为收讫销售款或者取得索取销售款凭据的当天。

2. 纳税人自产自用的应税消费品

其纳税义务的发生时间，移送使用的当天。

3. 纳税人委托加工的应税消费品

其纳税义务的发生时间，为纳税人提货的当天。

4. 纳税人进口的应税消费品

其纳税义务的发生时间，为报关进口的当天。

(二) 纳税期限

按照《消费税暂行条例》规定，消费税的纳税期限为 1 日、3 日、5 日、10 日、15 日、1 个月或者 1 个季度。纳税人的具体纳税期限，由主管税务机关根据纳税人应纳税额的大小分别核定；不能按照固定期限纳税的，可以按次纳税。

纳税人以 1 个月或者 1 个季度为 1 个纳税期的，自期满之日起 15 日内申报纳税；以 1 日、3 日、5 日、10 日或者 15 日为 1 个纳税期的，自期满之日起 5 日内预缴税款，于次月 1 日起 15 日内申报纳税并结清上月应纳税款。

纳税人进口应税消费品，应当自海关填发海关进口消费税专用缴款书之日起 15 日内缴纳税款。

如果纳税人不能按照规定的纳税期限依法纳税，将按《中华人民共和国税收征收管理法》及《中华人民共和国消费税暂行条例》的有关规定处理。

(三) 纳税地点

消费税具体纳税地点如下所述。

(1) 纳税人销售的应税消费品，以及自产自用的应税消费品，除国家另有规定的外，应当向纳税人核算地的主管税务机关申报纳税。

(2) 委托加工的应税消费品，除受托方为个人外，由受托方向机构所在地或者居住地的主管税务机关解缴消费税税款。

(3) 进口的应税消费品，由进口人或者其代理人向报关地海关申报纳税。

第二节　消费税应纳税额的计算

一、消费税的计税依据

（一）从价定率计税

实行从价定率征收的应税消费品，以含消费税而不含增值税的销售额，也称应税消费品的销售额为计税依据，按照规定的适用税率计算应纳税额。

应纳税额计算公式：应纳税额＝销售额×比例税率

（二）从量定额计税

实行从量定额征收的应税消费品，以应税消费品的销售数量为计税依据，按照规定的使用税额标准计算应纳税额。

应纳税额计算公式：应纳税额＝销售数量×定额税率

在实际销售过程中，一些纳税人往往将计量单位混用，《消费税暂行条例实施细则》中具体规定了吨与升两个计量单位的换算标准：

啤酒	1吨＝988升	黄酒	1吨＝962升
汽油	1吨＝1 388升	柴油	1吨＝1 176升
石脑油	1吨＝1 385升	溶剂油	1吨＝1 282升
润滑油	1吨＝1 126升	燃料油	1吨＝1 015升
航空煤油	1吨＝1 246升		

对采用定额税率征税的货物，必须核定其销售数量来作为计税依据。具体的核定方法如下：

(1) 销售应税消费品的，为应税消费品的销售数量。

(2) 自产自用应税消费品，为应税消费品的移送使用数量。

(3) 委托加工应税消费品的，为纳税人收回的应税消费品数量。

(4) 进口的应税消费品，为海关核定的应税消费品进口征收数量。

（三）从价、从量复合计税

现行消费税的征收范围中，卷烟、白酒两类应税消费品采用从价、从量复合计税方法，该方法是指采用从价定率和从量定额相结合的计税办法计算应税消费品的应纳税额。

应纳税额＝销售额×比例税率＋销售数量×定额税率

二、消费税应纳税额的计算

（一）生产销售应税消费品应纳消费税额的计算

1. 销售额的一般规定

应税消费品的销售额包括销售应税消费品从购买方收取的全部价款和价外费用，不包括应向购买方收取的增值税税额。所谓“价外费用”，是指价外向购买方收取的手续费、补贴、基金、集资费、返还利润、奖励费、违约金、滞纳金、延期付款利息、赔偿金、代收款项、代垫款项、包装费、包装物租金、储备费、优质费、运输装卸费以及其他各种性质的价外收费。但下列项目不包括在内：

（1）同时符合以下条件的代垫运输费用：① 承运部门的运输费用发票开具给购买方的。② 纳税人将该项发票转交给购买方的。

（2）同时符合以下条件代为收取的政府性基金或者行政事业性收费：① 由国务院或者财政部批准设立的政府性基金，由国务院或者省级人民政府及其财政、价格主管部门批准设立的行政事业性收费。② 收取时开具省级以上财政部门印制的财政票据。③ 所收款项全额上缴财政。

除此之外，其他价外费用，无论是否属于纳税人的收入，均应并入销售额计算纳税。

【例 3-1】 某化妆品厂为增值税一般纳税人，某月向某商场销售一批化妆品，开具的增值税专用发票上注明售价 200 000 元，增值税 26 000 元，向某单位销售化妆品一批，开具普通发票，销售额 45 200 元。计算该化妆品厂当月应纳的消费税额。

【解析】

应纳消费税额＝200 000×15%＋45 200÷(1＋13%)×15%＝36 000(元)

2. 包装物计入销售额的规定

纳税人连同包装销售的应税消费品，根据不同情况分别确定销售额：包装物作价的，无论包装物是否单独计价，也不论在会计上如何核算，均应并入应税消费品的销售额中征收消费税。如果包装物不作价随同产品销售，而是收取押金，此项押金则不应并入应税消费品的销售额中征税。但对因逾期未收回包装物不再退还的或已收取 1 年以上押金的，应并入应税消费品的销售额，按照应税消费品的适用税率征收消费税。对于既作价随同应税消费品销售，又另外收取押金的包装物押金，凡纳税人在规定期限内不予退还的，均应并入应税消费品的销售额，按照应税消费品的适用税率征收消费税。

酒类产品生产企业销售除啤酒、黄酒外的其他酒类产品收取的包装物押金，无论押金是否返还及会计上如何核算，均应并入酒类产品销售额中征收消费税。

【例3-2】 某啤酒厂销售A型啤酒20吨给副食品公司，开具税控专用发票，收取价款58 000元，收取包装物押金3 000元；销售B型啤酒10吨给宾馆，开具普通发票取得收入32 760元，收取包装物押金150元。计算该啤酒厂应缴纳的消费税额。

【解析】

A型啤酒每吨价格＝(58 000＋3 000÷1.13)÷20＝3 032.14元＞3 000元，单位税额为250元/吨。

B型啤酒每吨价格＝(32 760＋150)÷1.13÷10＝2 912.39元＜3 000元，单位税额为220元/吨。

$$应纳消费税额＝20×250＋10×220＝7\ 200(元)$$

3. 已纳消费税扣除的计算

为了避免重复课税，现行消费税规定，将外购的应税消费品和委托加工的应税消费品用于连续生产应税消费品的，其已纳税款准予按照规定从连续生产的应税消费品应纳消费税额中抵扣。

下列连续生产的应税消费品准予从应纳消费税额中，按当期生产领用数量计算扣除外购或委托加工应税消费品已纳消费税税款。

(1) 以外购或以委托加工收回的已税烟丝为原料生产的卷烟。

(2) 以外购或以委托加工收回的已税化妆品为原料生产的化妆品。

(3) 以外购或以委托加工收回的已税珠宝玉石为原料生产的贵重首饰及珠宝玉石。

(4) 以外购或以委托加工收回的已税鞭炮、焰火为原料生产的鞭炮、焰火。

(5) 以外购或委托加工收回的汽油、柴油、石脑油、燃料油、润滑油(以下简称"应税油品")为原料生产应税成品油。

(6) 以外购或以委托加工收回的已税润滑油为原料生产的润滑油。

(7) 以外购或以委托加工收回的已税杆头、杆身和握把为原料生产的高尔夫球杆。

(8) 以外购或以委托加工收回的已税木质一次性筷子为原料生产的木质一次性筷子。

(9) 以外购或以委托加工收回的已税实木地板为原料生产的实木地板。

当期准予扣除的外购或委托加工收回的应税消费品的已纳消费税税额，按当期生产领用数量计算。

计算公式为：

当期准予扣除的外购应税消费品已纳税额＝当期准予扣除的外购应税消费品买价×外购应税消费品适用税率

当期准予扣除的外购应税消费品买价＝期初库存的外购应税消费品买价＋当期购进的外购应税消费品的买价－期末库存的外购应税消费品的买价

当期准予扣除的委托加工应税消费品已纳税额＝期初库存的委托加工应税消费品已纳税额＋当期收回的委托加工应税消费品已纳税额－期末库存的委托加工应税消费品已纳税额

【例3-3】　某卷烟厂用外购已税烟丝生产卷烟，当月销售额为180万元（每标准条不含增值税调拨价格为180元，共计40标准箱），当月月初库存外购烟丝账面余额为70万元，当月购进烟丝为30万元，月末库存外购烟丝账面余额为50万元。请计算该厂当月销售卷烟应纳消费税税款（上述款项均不含增值税）。

【解析】

（1）当月应纳消费税额＝180×56％＋40×0.015＝101.4（万元）

（2）当月准予扣除外购烟丝已纳税款＝（70＋30－50）×30％＝15（万元）

（3）当月销售卷烟实际应缴纳消费税＝101.4－15＝86.4（万元）

（二）自产自用应税消费品应纳税额的计算

纳税人自产自用的应税消费品，用于连续生产应税消费品不纳税，用于其他方面在移送使用时纳税。

1. 自产自用应税消费品用于生产应税消费品

自产自用应税消费品，是指纳税人生产应税消费品后，不是用于直接对外销售，而是用于连续生产应税消费品或用于其他方面。

所谓"用于连续生产应税消费品"，是指自产用作生产最终应税消费品的直接材料，并构成最终产品实体的应税消费品。纳税人自产自用的应税消费品，用于连续生产应税消费品的，不需要缴纳消费税。例如，卷烟征收消费税，这样用于连续生产卷烟的烟丝就不需要缴纳消费税。

2. 自产自用应税消费品用于其他方面

所谓"用于其他方面"，是指自产应税消费品用于生产非应税消费品或在建工程、管理部门、非生产机构、提供劳务以及用于馈赠、赞助、投资、广告、样品、职工福利、奖励等方面。纳税人自产自用应税消费品用于其他方面的，应于移送使用时纳税。

1）有同类应税消费品销售价格的计算。纳税人自产自用的应税消费品，有同类消费品销售价格的，应按照纳税人生产的同类消费品的销售价格计算纳税。其应纳税额的计算公式为：

应纳税额＝同类消费品销售单价×自产自用数量×比例税率

2）没有同类应税消费品销售价格的计算。纳税人自产自用的应税消费品，没有同类消费品销售价格的，应按组成计税价格计算纳税。

（1）实行从价定率办法计算纳税的组成计税价格计算公式。

组成计税价格＝（成本＋利润）÷（1－比例税率）

（2）实行复合计税办法计算纳税的组成计税价格计算公式。

组成计税价格＝（成本＋利润＋自产自用数量×定额税率）÷（1－比例税率）

其中，“成本”是指应税消费品的产品生产成本；“利润”是指根据应税消费品的全国平均成本利润率计算的利润。应税消费品全国平均成本利润率由国家税务总局确定。

纳税人自产自用应税消费品实行从量定额计税办法的，应以应税消费品实际移送使用的数量作为计税依据。

【例 3-4】 某公司将自产的化妆品作为职工福利发放给职工，查知无同类产品销售价格，其生产成本为 30 000 元。化妆品全国平均成本利润率为 5%，适用消费税税率为 15%。计算该公司应纳消费税额及增值税额。

【解析】 组成计税价格＝30 000×（1＋5%）÷（1－15%）＝37 058.82（元）

应纳消费税额＝37 058.82×15%＝5 558.82（元）

应纳增值税额＝37 058.82×13%＝4 817.75（元）

【例 3-5】 某公司用其所生产的中轻型商用客车 100 辆进行投资，该种车制造成本为 60 000 元/辆，市场不含税销售价格为 100 000 元/辆，计算该公司应缴纳的增值税和消费税。

【解析】 应纳增值税额＝100×100 000×13%＝1 300 000（元）

应纳消费税额＝100×100 000×5%＝500 000（元）

【例 3-6】 某啤酒厂自产啤酒 10 吨，无偿提供给某啤酒节，已知每吨成本1 000 元，无同类产品售价（税务机关核定的消费税单位税额为 220 元/吨）。计算该公司应纳的增值税和消费税。

【解析】 应纳消费税额＝10×220＝2 200（元）

应纳增值税额＝[10×1 000×(1＋10%)＋2 200]×13%＝1 716(元)

【例 3-7】 某酒厂以自产特制粮食白酒 2 000 斤用于厂庆庆祝活动，每斤白酒成本 12 元，无同类产品售价。计算该酒厂应纳的增值税和消费税。

【解析】

应纳消费税额＝2 000×0.5＋[12×2 000×(1＋10%)＋2 000×0.5]÷(1－20%)×20%＝7 850(元)

应纳增值税额＝[12×2 000×(1＋10%)＋2 000×0.5]÷(1－20%)×13%＝4 452.5(元)

(三) 委托加工应税消费品应纳税额的计算

委托加工是指由委托方提供原料和主要材料，受托方只收取加工费和代垫部分辅助材料加工的应税消费品。对于由受托方提供原材料生产的应税消费品，或者受托方先将原材料卖给委托方，然后再接受加工的应税消费品，以及由受托方以委托方名义购进原材料生产的应税消费品，不论纳税人在财务上是否作销售处理，都不得作为委托方加工应税消费品，而应按照受托方销售自制应税消费品对待。

我国税法规定，委托加工的应税消费品于委托方提货时，由受托方代收代缴消费税。委托加工收回的应税消费品直接用于销售的，在销售时不再缴纳消费税；用于连续生产应税消费品的，已纳税款按规定准予抵扣。作为委托加工的应税消费品必须具备两个条件：一是委托方提供原材料和主要材料；二是受托方只收取加工费和代垫部分辅助材料。

1. 受托方有同类应税消费品销售价格的计算

销售额＝委托方收回应税消费品数量×受托方同类应税消费品销售价格

【例 3-8】 甲公司将库存化妆品发出，委托乙单位加工成套化妆品后直接对外销售，甲公司发出半成品账面成本为 500 000 元，支付加工费 80 000 元；乙单位同类消费品计税销售额为 700 000 元，加工税费以银行存款付清。加工完毕验收入库待售。计算甲公司应支付给加工方的增值税与消费税。

【解析】 应付增值税额＝80 000×13%＝10 400(元)

应付消费税额＝700 000×15%＝105 000(元)

2. 没有同类消费品销售价格的计算

(1) 实行从价定率办法计算纳税的组成计税价格计算公式。

组成计税价格＝(材料成本＋加工费)÷(1－比例税率)

(2) 实行复合计税办法计算纳税的组成计税价格计算公式。

组成计税价格＝(材料成本＋加工费＋委托加工数量×定额税率)÷(1－比例税率)

组成委托加工计税价格的“材料成本”是指委托方所提供加工材料的实际成本，并且委托加工应税消费品的纳税人，必须在委托加工合同上如实注明(或者其他方式提供)材料成本，凡未提供材料成本或者提供的材料成本不实时，按税务机关核定的材料成本计算组成计税价格。

组成委托加工计税价格的“加工费”是指受托方加工应税消费品向委托方所收取的、包括代垫辅助材料的全部费用。

【例3-9】 A企业委托B企业加工一批应税消费品，委托方A提供的材料成本9 500元，双方协商加工费为1 200元，消费税税率为10%。B企业无同类消费品的销售价格，计算B企业应代收代缴的消费税额。

【解析】

组成计税价格＝(9 500＋1 200)÷(1－10%)≈11 889(元)

B企业应代收代缴的消费税额＝11 889×10%≈1 189(元)

(四) 进口应税消费品应纳税额的计算

进口应税消费品以进口商品总值为课税对象，进口或代理进口应税消费品的单位和个人为进口应税消费品消费税的纳税义务人。进口的应税消费品于报关进口时缴纳，由海关代征。

纳税人进口应税消费品，按照组成计税价格和规定的税率计算应纳税额。其计算公式如下。

1. 实行从价定率办法的应税消费品的应纳税额的计算

应纳税额＝组成计税价格×比例税率

组成计税价格＝(关税完税价格＋关税)÷(1－消费税比例税率)

2. 实行从量定额办法的应税消费品的应纳税额的计算

应纳税额＝应税消费品数量×定额税率

公式中所称“应税消费品数量”是指海关核定的应税消费品进口征税数量。

3. 实行复合计税办法的应税消费品的应纳税额的计算

如果进口的应税消费品属于适用从价与从量相结合计征产品，在公式的分子中还应加上“消费税定额税”。

$$\text{组成计税价格}=\left(\text{关税完税价格}+\text{关税}+\text{进口数量}\times\text{消费税定额税率}\right)\div\left(1-\text{消费税比例税率}\right)$$

例如，依据确定的进口卷烟消费税适用比例税率，计算进口卷烟消费税组成计税价格和应纳消费税额。

$$\text{消费税定额税}=\text{海关核定的进口卷烟数量}\times\text{消费税定额税率}$$

$$\text{进口卷烟消费税组成计税价格}=\left(\text{关税定税价格}+\text{关税}+\text{消费税定额税}\right)\div\left(1-\text{进口卷烟消费税适用比例税率}\right)$$

$$\text{应纳消费税额}=\text{进口卷烟消费税组成计税价格}\times\text{进口卷烟消费税比例税率}+\text{消费税定额税}$$

【例 3-10】 某公司进口成套化妆品一批。关税完税价格为 400 000 元，设关税税率 40%，消费税税率 15%。计算应纳的相关税费。

【解析】

应纳关税额＝400 000×40%＝160 000

应纳消费税额＝(400 000＋400 000×40%)÷(1－15%)×15%

＝658 823.53×15%＝98 823.53(元)

应纳增值税额＝(400 000＋400 000×40%＋98 823.53)×13%

＝658 823.53×13%＝85 647.06(元)

三、出口退(免)税的计算

(一) 出口应税消费品的退税率

消费税的退税率即是消费税的征税率，消费税征多少退多少，能够实现彻底的退税。兼营不同税目或不同税率的应税消费品出口的，应分别核算销售额或销售数量，未分别核算的，从高适用征税率，但从低适用退税率。

(二) 出口应税消费品退(免)税政策

1. 出口免税并退税

适用这个政策的是有出口经营权的外贸企业购进应税消费品直接出口，以及外贸企业受其他外贸企业委托代理出口的应税消费品。

2. 出口免税但不退税

适用这个政策的是有出口经营权的生产性企业自营出口或生产企业委托外贸企业代

理出口自产的应税消费品，依据其实际出口数量免征消费税，不予办理退还消费税。

3. 出口不免税也不退税

适用这个政策的是除生产企业、外贸企业外的其他企业，具体是指一般商贸企业，这类企业委托外贸企业代理出口应税消费品一律不予退免税。

（三）出口应税消费品退税额的计算

外贸企业从生产企业购进货物直接出口或从其他外贸企业委托代理出口应税消费品的应退税额，分以下两种情况处理：

（1）属于从价定率计征消费税的应税消费品，应依照外贸企业从工厂购进货物时征收消费税的价格（不包括增值税）计算应退税额，其计算公式为：

应退税额＝出口货物的工厂销售额×比例税率

（2）属于从量定额计征消费税的应税消费品，应以货物购进和保管出口的数量计算应退消费税额，其计算公式为：

应退税额＝出口数量×定额税率

【例 3－11】 甲酒厂为增值税一般纳税人，某月发生以下业务：

（1）从农业生产者手中收购粮食 30 吨，每吨收购价 2 000 元，共计支付收购价款 60 000 元。

（2）甲酒厂将收购的粮食从收购地直接运往异地的乙酒厂生产加工白酒，白酒加工完毕，企业收回白酒 8 吨，取得乙酒厂开具防伪税控的增值税专用发票，注明加工费 25 000 元，代垫辅料价值 15 000 元，加工的白酒当地无同类产品市场价格。

（3）本月内甲酒厂将收回的白酒批发售出 7 吨，每吨不含税销售额 16 000 元。

（4）另外支付给运输单位的销货运输费用 12 000 元（不含税），取得专用发票。

要求：

（1）计算乙酒厂应代收代缴的消费税和应纳增值税。

（2）计算甲酒厂应纳消费税和增值税。

【解析】

（1）乙酒厂：

代收代缴的消费税＝[30×2 000×（1－10%）＋25 000＋15 000＋2 000×8×0.5]÷（1－20%）×20%＋2 000×8×0.5
＝33 500（元）

应纳增值税额＝(25 000＋15 000)×13％＝5 200(元)

(2) 甲酒厂：

销售委托加工收回的白酒不缴纳消费税。

应纳增值税额＝7×16 000×13％－(30×2 000×10％＋5 200＋12 000×9％)

＝14 560－10 280＝4 280(元)

第三节　消费税的会计核算

一、消费税核算的账户设置

为了核算和监督应交消费税的计算与缴纳，企业应在“应交税费”账户下设置“应交消费税”明细账户。该账户的借方，反映企业实际缴纳的消费税额和待扣的消费税额；贷方反映按规定应缴纳的消费税额；期末贷方余额，表示应交而未交的消费税额。期末借方余额，表示企业多交或待扣的消费税额。

二、企业对外销售应税消费品的会计核算

(一) 一般销售业务应交消费税的核算

由于消费税属于价内税，通常情况下，企业销售产品缴纳的消费税应计入营业税金抵减营业收入。由于纳税人生产销售的需缴消费税的消费品同样需要缴纳增值税，因此纳税人在销售实现时，应按取得的销售收入和增值税额，借记“银行存款”或“应收账款”等账户；按实现的销售收入，贷记“主营业务收入”账户；按取得的增值税额，贷记“应交税费——应交增值税(销项税额)”账户。结转销售产品的生产成本时，借记“主营业务成本”账户，贷记“库存商品”账户。按规定计算应纳消费税额时，借记“税金及附加”账户，贷记“应交税费——应交消费税”账户。实际缴纳时，借记“应交税费——应交消费税”账户，贷记“银行存款”账户。

【例 3－12】　某公司采取直接收款方式销售化妆品 2 000 套，开出的增值税专用发票上注明价款 500 000 元，增值税额为 65 000 元，该批化妆品实际生产成本为 300 000 元，款项均已通过银行收讫。化妆品使用的消费税税率 15％。

根据上述业务，作如下会计分录：

(1) 销售实现,确认收入时:

借:银行存款　　565 000

　贷:主营业务收入　　500 000

　　应交税费——应交增值税(销项税额)　　65 000

(2) 结转销售成本时:

借:主营业务成本　　300 000

　贷:库存商品　　300 000

(3) 计算应缴纳的消费税时:

应交纳消费税额=500 000×15%=75 000(元)

借:税金及附加　　75 000

　贷:应交税费——应交消费税　　75 000

(4) 实际缴纳消费税额时:

借:应交税费——应交消费税　　75 000

　贷:银行存款　　150 000

(二) 应税消费品的包装物应纳消费税的会计核算

随同应税消费品出售的包装物,无论是否单独计价核算,均应并入应税消费品的销售额中计算缴纳消费税。出售、出借包装物,因逾期未收回包装物而没收的押金,也应计算缴纳消费税。随同产品出售的包装物,具体包括不单独计价和单独计价两种情况。

1. 随同产品出售不单独计价的包装物

随同产品出售不单独计价的包装物,由于其收入已包括在产品销售收入中,其应纳消费税与产品销售一并进行会计处理。

2. 随同产品出售单独计价的包装物

随同产品出售单独计价的包装物,应按其实际销售收入,贷记"其他业务收入"账户;按规定计算的增值税额,贷记"应交税费——应交增值税(销项税额)"账户;按实现的销售收入与增值税额,借记"银行存款"或"应收账款"等账户。结转出售的包装物的成本时,应借记"其他业务成本"账户,贷记"周转材料——包装物"账户。计算应缴纳的消费税时,应借记"税金及附加"账户,贷记"应交税费——应交消费税"账户。

【例 3-13】 某公司生产销售烟丝,随同烟丝出售包装物一批,成本 15 000 元,取得包装物出售价款 20 000 元(不含增值税),款项已收存银行。该企业增值税税率为 13%,

烟丝的消费税税率为30%。

根据上述业务，作如下会计分录：

(1) 确认包装物的销售收入时：

包装物应纳增值税额＝20 000×13%＝2 600(元)

借：银行存款　　22 600

　　贷：其他业务收入　　20 000

　　　　应交税费——应交增值税(销项税额)　　2 600

(2) 结转销售包装物的成本时：

借：其他业务成本　　15 000

　　贷：周转材料——包装物　　15 000

(3) 计算应缴纳的消费税时：

应纳的消费税额＝20 000×30%＝6 000(元)

借：税金及附加　　6 000

　　贷：应交税费——应交消费税　　6 000

3. 包装物押金的核算

不随同产品销售而收取的出租、出借的包装物押金，由于这部分押金按规定在包装物退还时，返还给购买者，故在收取押金时，不计入销售额计征消费税。但当包装物逾期不予退还而将押金没收时，要将押金换算成不含税押金，再并入销售额计算征收增值税和消费税。会计处理如下：

没收押金时，计算增值税销项税额：

借：其他应付款——包装物押金　　×××

　　贷：其他业务收入　　×××

　　　　应交税费——应交增值税(销项税额)　　×××

计算应纳的消费税：

借：税金及附加　　×××

　　贷：应交税费——应交消费税　　×××

三、自产自用应税消费品的会计核算

(一) 用于连续生产应税消费品的会计处理

纳税人自产自用的应税消费品用于连续生产应税消费品的，不纳消费税，只进行实际成本的核算。

在领用应税消费品时，按领用应税消费品的成本，借记“生产成本”等账户；按领用消费品的实际成本，贷记“原材料”等账户。

【例 3-14】 某公司领用自产烟丝用于生产卷烟，领用烟丝的实际生产成本为 100 000 元。烟丝的消费税税率为 30%。

根据上述业务，作如下会计分录：

借：生产成本　　100 000

　　贷：原材料　　100 000

（二）用于连续生产非应税消费品的会计处理

纳税人自产自用的应税消费品用于连续生产非应税消费品的，由于最终产品不属于应税消费品，所以，应在移送使用环节缴纳消费税。在领用时借记“生产成本”账户，贷记“原材料”“应交税费——应交消费税”等账户。

【例 3-15】 某公司领用库存自产应税消费品若干，用于连续生产非应税消费品。应税产品的实际成本为 80 000 元(成本利润率为 5%)，无同类应税消费品的销售价格。消费税税率为 5%。

根据上述业务，作如下会计分录：

$$应纳消费税额=80\ 000\times(1+5\%)\div(1-5\%)\times5\%=4\ 421.05(元)$$

借：生产成本　　84 421.05

　　贷：原材料　　80 000.00

　　　　应交税费——应交消费税　　4 421.05

（三）用于其他方面的应税消费品的会计处理

纳税人用于其他方面应税消费品的，是指纳税人用于在建工程、管理部门、非生产机构、提供劳务以及用于馈赠、赞助、集资、广告、样品、集体福利、奖励等方面的应税消费品。用于其他方面的应税消费品应视同销售，在按成本或组成计税价格转账的同时按同类消费品的销售价格或组成计税价格和适用税率(增值税税率和消费税税率)计算增值税销项税额和消费税，借记“在建工程”“固定资产”等账户，贷记“库存商品”“应交税费——应交增值税(销项税额)”“应交税费——应交消费税”账户；或借记“应付职工薪酬”“营业外支出”“长期股权投资”等账户，贷记“主营业务收入”“应交税费——应交增值税(销项税额)”等账户，同时应借记“税金及附加”账户，贷记“应交税费——应交消费税”账户。

【例3-16】 某高档手表厂研制一种新型手表，为开拓市场，将该手表赠送给有关客户20块。该新型手表无同种类产品销售价格，该产品单位实际成本为50 000元。（高档手表成本利润率为20%）

根据上述业务，作如下会计分录：

组成计税价格＝50 000×(1＋20%)÷(1－20%)×20＝1 500 000(元)

应纳消费税额＝1 500 000×20%＝300 000(元)

借：营业外支出	1 695 000	
贷：主营业务收入		1 500 000
应交税费——应交增值税(销项税额)		195 000
借：主营业务成本	1 000 000	
贷：库存商品		1 000 000
借：税金及附加	300 000	
贷：应交税费——应交消费税		300 000

四、委托加工应税消费品的会计核算

委托方委托加工的应税消费品由受托方代收代缴消费税，委托方收回加工的应税消费品后，如果用于连续生产消费品的，其已纳消费税款准予按照规定从连续生产的应税消费品应纳消费税额中抵扣，委托方收回加工的应税消费品后直接用于销售的，在销售时不再缴纳消费税，此时委托方应将受托方代收代缴的消费税随同应支付的加工费一并计入委托加工的应税消费品成本之中。因此在会计处理上，如果委托加工环节支付的消费税允许抵扣税额，借记"应交税费——应交消费税"账户，贷记"银行存款"等账户，如果委托加工环节支付的消费税不允许抵扣税额，借记"委托加工物资"等账户，贷记"银行存款"等账户。

（一）委托加工应税消费品收回后直接用于销售的核算

委托加工应税消费品收回后直接用于销售的，委托方应将受托方代收代缴的消费税随同应支付的加工费一并计入委托加工应税消费品的成本。支付消费税时，借记"委托加工物资"账户，贷记"银行存款"等账户。

【例3-17】 某月甲公司委托丙加工厂加工木制一次性筷子一批，该受托单位没有同类产品销售价格，该一次性筷子材料成本100 000元，支付加工费80 000元及辅助材料费用10 000元。计算该批一次性筷了应纳的消费税。

根据上述业务，作如下会计分录：

组成计税价格＝(100 000＋80 000＋10 000)÷(1－5%)＝200 000(元)

加工厂应代收代缴消费税＝200 000×5%＝10 000(元)

甲公司应支付的增值税额＝(80 000＋10 000)×13%＝11 700(元)

(1) 发出材料时：

借：委托加工物资　　100 000

　　贷：原材料　　100 000

(2) 支付加工费及增值税时：

借：委托加工物资　　90 000

　　应交税费——应交增值税(进项税额)　　11 700

　　贷：银行存款　　101 700

(3) 支付消费税时：

借：委托加工物资　　10 000

　　贷：银行存款　　10 000

(4) 收回加工后应税消费品时：

借：库存商品　　200 000

　　贷：委托加工物资　　200 000

(二) 委托方收回后用于连续生产应税消费品的会计处理

如果委托方委托加工的应税消费品收回后用于连续生产应税消费品，则应将受托方代收代缴的消费税记入"应交税费——应交消费税"账户的借方，在最终应税消费品计算应纳消费税时予以抵扣。委托方在提货时，按受托方代收代缴的消费税，借记"应交税费——应交消费税"账户，贷记"银行存款"等账户；待加工成最终应税消费品销售时，按最终应税消费品缴纳的消费税，借记"税金及附加"账户，贷记"应交税费——应交消费税"账户；"应交税费——应交消费税"账户中这两笔借贷方发生额的差额为实际应交的消费税；缴纳时，借记"应交税费——应交消费税"，贷记"银行存款"账户。

【例 3－18】 某公司某月委托某化妆品厂加工散装化妆品一批，发出材料成本100 000元，该公司支付加工费40 000元，适用增值税税率13%。化妆品厂无同类化妆品的销售价格，该批散装化妆品收回后连续生产成套化妆品对外销售。取得销售收入1 000 000元。

根据上述业务，作如下会计分录：

委托方：

(1) 发出材料时：

借：委托加工物资　　100 000

　　贷：原材料　　100 000

(2) 支付加工费、消费税和增值税时：

组成计税价格＝(100 000＋40 000)÷(1－15%)＝164 705.88(元)

应支付消费税＝164 705.88×15%＝24 705.88(元)

应支付增值税＝40 000×13%＝5 200(元)

借：委托加工物资　　40 000

　　应交税费——应交增值税(进项税额)　　5 200

　　　　　　——应交消费税　　24 705.88

　　贷：银行存款　　69 905.88

(3) 材料验收入库时：

借：原材料　　140 000

　　贷：委托加工物资　　140 000

(4) 最终成套化妆品实现销售时确认收入，计算消费税时：

最终应纳消费税＝1 000 000×15%＝150 000(元)

借：银行存款　　1 130 000

　　贷：主营业务收入　　1 000 000

　　　　应交税费——应交增值税(销项税额)　　130 000

借：税金及附加　　150 000

　　贷：应交税费——应交消费税　　150 000

(5) 计算缴纳当期实际应缴纳的消费税时：

当期应缴纳消费税额＝150 000－24 705.88＝125 294.12(元)

借：应交税费——应交消费税　　125 294.12

　　贷：银行存款　　125 294.12

受托方：

代收代缴消费税的会计处理：

借：银行存款 45 200
　　贷：其他业务收入 40 000
　　　　应交税费——应交增值税(销项税额) 5 200
借：银行存款 24 705.88
　　贷：应交税费——应交消费税 24 705.88

五、进口应税消费品的会计核算

进口的应税消费品，由进口者缴纳消费税，缴纳的消费税应计入进口应税消费品的成本。进口应税消费品缴纳税不通过“应交税费——应交消费税”账户核算，将消费税直接计入进口应税消费品成本，贷记“银行存款”账户。

借：材料采购、原材料、库存商品、固定资产等
（关税完税价格＋关税＋消费税）
　　应交税费——应交增值税(进项税额)（专用缴款书上注明的增值税额）
　　贷：银行存款、应付账款等

【例 3－19】 某公司为一般纳税人，进口化妆品一批，消费税税率为 15%，海关核定的关税完税价格为 600 000 元，进口关税为 72 000 元。货物已验收入库，款项已通过银行支付。

根据上述业务，作如下会计分录：

组成计税价格＝(600 000＋72 000)÷(1－15%)＝790 588.24(元)
应纳增值税额＝790 588.24×13%＝102 776.47(元)
应纳消费税额＝790 588.24×15%＝118 588.24(元)
支付款项总额＝600 000＋72 000＋102 776.47＋118 588.24＝893 364.47(元)

借：库存商品 790 588.24
　　应交税费——应交增值税(进项税额) 102 776.47
　　贷：银行存款 893 364.47

六、出口应税消费品的会计核算

有进出口经营权的生产企业自营出口或委托出口应税消费税的货物，在生产环节免征消费税。

有出口经营权的外贸企业购进应税消费品直接出口，以及外贸企业受其他外贸企业

委托代理出口的应税消费品，适用消费税退税政策。

生产企业将应税消费品销售给外贸企业，企业将应税消费品销售给外贸企业时，按照应交消费税额：

借：税金及附加　　×××

　　贷：应交税费——应交消费税　　×××

实际缴纳消费税时：

借：应交税费——应交消费税　　×××

　　贷：银行存款　　×××

自营出口应税消费品的外贸企业，应在应税消费品报关出口后申请出口退税：

借：应收出口退税款　　×××

　　贷：主营业务成本　　×××

实际收到应税消费品退回的税金：

借：银行存款　　×××

　　贷：应收出口退税款　　×××

关键术语

消费税的征收范围　消费税的纳税人　消费税的税率税目　从价计征　从量计征　从价从量复合计征　生产销售应税消费品的会计处理　自产自用应税消费品的会计处理　委托加工应税消费品的会计处理

思维拓展

1. 消费税的征收范围是如何规定的？
2. 如何计算自产自用应税消费品的应纳税额？
3. 如何计算委托加工应税消费品的应纳税额？
4. 如何核算自产自用应税消费品的消费税？
5. 如何核算委托加工应税消费品的消费税？
6. 如何核算应税消费品的包装物？

知识点应用及实践能力训练

单项选择题

1. 委托加工的应税消费品，其组成计税价格公式为（　　）。

A. 组成计税价格＝（材料成本＋加工费）÷（1－消费税税率）

B. 组成计税价格＝（材料成本＋加工费）÷（1＋消费税税率）

C. 组成计税价格＝（材料成本＋加工费）×消费税税率

D. 组成计税价格＝（材料成本－加工费）×消费税税率

2. 某化妆品厂受托加工一批化妆品，委托方提供原材料成本为30 000元，该厂收取加工费10 000元、代垫辅助材料款5 000元，该厂没有同类化妆品销售价格，该厂应代收代缴消费税（　　）元。（以上款项均不含增值税）

A. 5 294.11　　B. 7 941.18　　C. 7 058.82　　D. 5 809.50

3. 下列委托加工收回的应税消费品不准从应纳消费税额中扣除加工中已纳消费税额的是（　　）。

A. 委托加工已税烟丝为原材料生产的卷烟

B. 委托加工已税化妆品生产的化妆品

C. 委托加工已税鞭炮、烟火生产的鞭炮、烟火

D. 委托加工收回的已税酒和酒精

4. 企业将不同税率的应税消费品组成成套消费品销售的，应（　　）。

A. 从高适用税率　　B. 从低适用税率

C. 分别适用税率　　D. 随意选择其中之一的税率

5. 有出口经营权的生产型企业自营出口或生产企业委托外贸企业代理出口资产应税消费品的，享受（　　）政策。

A. 出口免税并退税　　B. 出口退税不免税

C. 出口不免税也不退税　　D. 出口免税但不退税

6. 下列可以扣除外购应税消费品已纳消费税的是（　　）。

A. 外购已税润滑油生产并销售的润滑油

B. 外购已税汽车轮胎生产并销售的小汽车

C. 外购酒精生产并销售的白酒

D. 外购低档护肤护发品生产并销售的化妆品

7.（　　）纳税义务发生的时间为纳税人提货的当天。

A. 纳税人销售的应税消费品　　B. 纳税人自产自用的应税消费品

C. 纳税人委托加工应税消费品　　D. 纳税人进口应税消费品

8. 消费税纳税人以 1 个月为一期纳税的，自期满之日起(　　)日内申报纳税。

A. 20　　B. 15　　C. 10　　D. 5

9. 下列各项中，符合消费税纳税义务发生时间规定的是(　　)。

A. 进口的应税消费品，为取得进口货物的当天

B. 自产自用的应税消费品，为移送使用的当天

C. 委托加工的应税消费品，为支付加工费的当天

D. 采取预收货款结算方式的，为收到预收款的当天

10. 某金店(中国人民银行批准的金银首饰经销单位)为增值税一般纳税人，7 月采用"以旧换新"方式销售 24K 纯金项链 10 条，每条新项链对外零售价格 3 000 元，旧项链作价 1 000 元，从消费者手中收取新旧项链差价款 2 000 元，该项"以旧换新"业务应纳增值税和消费税合计为(　　)元。

A. 2 905.98　　B. 3 400　　C. 3 185.84　　D. 5 100

多项选择题

1. 委托加工应税消费品必须具备的条件有(　　)。

A. 委托方提供原料和主要材料

B. 受托方只收取加工费和代垫部分辅助材料

C. 委托方只提供辅助材料

D. 委托方提供原料和主要材料

2. 消费税不同应税产品的纳税环节包括(　　)。

A. 批发环节　　B. 进口环节　　C. 零售环节　　D. 生产销售环节

3. 下列各项中，应当征收消费税的有(　　)。

A. 化妆品厂作为样品赠送给客户的香水

B. 用于产品质量检验耗费的高尔夫球杆

C. 白酒生产企业向百货公司销售的试制药酒

D. 摩托车厂移送非独立核算门市部待销售的摩托车

4. 下列项目中，属于消费税"化妆品"税目征收范围的是(　　)。

A. 口红　　B. 胭脂

C. 演员化妆用的上妆油　　D. 眉笔

5. 消费税的税率有(　　)等形式。

A. 比例税率　　B. 定额税率　　C. 超额累进税率　　D. 超率累进税率

6. 下列有关消费税的表述中，正确的有(　　)。

A. 进口环节消费税除国务院另有规定外，一律不得给予减免税

B. 委托加工的已税化妆品已由受托方代收代缴的消费税，准予按规定从连续生产成套化妆品应缴

纳的消费税额中扣减

C. 纳税人委托个体经营者加工应税消费品的，于委托方收回后在委托方所在地缴纳消费税

D. 进口的应税消费品在国内销售时征收消费税

7. 根据规定，下列外购和委托加工回收后用于连续生产的应税消费品，对外购应税消费品已缴纳的消费税税款委托加工的应税消费品(原料)，由受托方代收代缴的消费税税款，准予从应纳消费税额中抵扣的有(　　)。

A. 委托加工已税烟丝为原材料生产的卷烟

B. 以委托加工收回的已税实木地板为原料生产的实木地板

C. 委托加工已税化妆品生产的化妆品

D. 用委托加工收回的酒及继续生产酒类产品

8. 属于消费税税目的有(　　)。

A. 一次性筷子　　B. 摩托车　　C. 成品油　　D. 美容品

9. 成品油中要缴纳消费税的有(　　)。

A. 石脑油　　B. 汽油　　C. 溶剂油　　D. 润滑油

10. 视同销售的应税消费品包括(　　)。

A. 用于生产非应税消费品的自产应税消费品

B. 换取其他资产或抵偿债务的自产应税消费品

C. 自产自用的应税消费品

D. 用于对外投资的自产应税消费品

判断题

1. 任何委托加工产品回收后，用于连续生产的由委托方代扣代缴的消费税，可以抵减应纳消费税；用于对外销售的，不再缴纳消费税。(　　)

2. 纳税人委托加工的应税消费品收回后直接出售的，不再征收消费税。(　　)

3. 出租、出借包装物收取的押金，如果包装物逾期未收回而将押金没收，没收的押金转入其他业务收入；按规定应缴纳的消费税，应计入税金及附加。(　　)

4. 企业自制和委托加工的税基相同。(　　)

5. 某企业为增加销量，将所产酒组成套装酒销售，则采用变通的方式，即先销售后包装，可以起到节税的效果。(　　)

6. 某啤酒厂自产啤酒 10 吨，无偿提供给某啤酒节，已知每吨成本 1 000 元，无同类产品售价。(税务机关核定的消费税单位税额为 220 元/吨)则该啤酒厂应纳增值税＝[10×1 000×(1＋10%)＋2 200]×13%＝1 716(元)。(　　)

7. 纳税人自产自用的应税消费品用于连续生产的不纳税；而用于其他方面的应当纳税。(　　)

8. 对销售除啤酒、黄酒外的其他酒类产品而收取的包装物押金，无论是否返还以及会计上如何核算，均

应并入当期销售额计征消费税。　　（　　）

9. 自产自用应税消费品应按其生产成本以及相应的消费税税率计算应缴的消费税额。　　（　　）

10. 加工应税消费品的消费税由受托方代收代缴，委托方将委托加工应税消费品收回后再用于连续生产应税消费品的，按规定准予抵扣。　　（　　）

练　习　题

习　题　一

【目的】练习自产销售应税消费品应纳税额的计算。

【资料】4 月，某炼油厂销售汽油 1 000 吨，柴油 2 000 吨，适用的消费税单位税额分别是 1.52 元/升、1.2 元/升。

【要求】计算该厂 4 月应纳消费税额。

习　题　二

【目的】练习自产销售应税消费品应纳税额的计算。

【资料】某卷烟厂用外购烟丝生产卷烟，4 月外购烟丝价款为 200 000 元，月初库存外购已税烟丝 50 000 元，月末库存外购已税烟丝 66 000 元。本月销售用外购烟丝生产的卷烟 20 标准箱，取得的不含税销售额为 280 000 元，款项已收存银行。外购烟丝的消费税税率为 30%，生产的卷烟的消费税比例税率为 56%，定额税率为每标准箱 150 元。

【要求】计算该卷烟厂 4 月应纳消费税额。

习　题　三

【目的】练习自产自用应税消费品应纳税额的计算。

【资料】北方白酒有限公司在春节前，以福利形式发给每位职工粮食类白酒 1 件(6 斤)，该种白酒每件制造成本为 150 元。公司职工人数 2 000 人。

【要求】计算该公司应交纳的消费税。

习　题　四

【目的】练习自产销售应税消费品应纳税额的计算及会计处理。

【资料】4 月，某化妆品有限公司销售化妆品一批，对外开具增值税专用发票，列货款130 000 元，增值税 22 100 元。销售价税款已收托存入银行。

【要求】计算该公司 4 月应缴纳的消费税并进行会计处理。

习 题 五

【目的】练习自产销售应税消费品应纳税额的计算及会计处理。

【资料】4 月，中原卷烟厂对外销售每标准条调拨价格为 100 元的卷烟 500 标准箱，经核实期初库存外购烟丝买价 800 万元，本期购进烟丝买价 400 万元，期末库存外购烟丝 500 万元。

【要求】计算该公司 4 月应缴纳的消费税并进行会计处理。

习 题 六

【目的】练习自产销售应税消费品应纳消费税的会计处理。

【资料】4 月，某石化公司销售汽油 60 吨，柴油 70 吨。假定汽油的不含税销售价格为 2 000 元/吨，实际成本为 1 500 元/吨；柴油的不含税销售价格为 1 800 元/吨，实际成本为 1 400 元/吨。款项已收到并存入银行。

【要求】对该公司进行会计处理。（汽油税额为 1.52 元/升；柴油税额为 1.2 元/升）

习 题 七

【目的】练习委托加工应税消费品应纳税额的计算。

【资料】4 月，某日化公司委托外单位加工化妆品半成品，按加工合同要求，拨付原材料费 100 000 元，支付加工费 30 000 元，支付受托方垫付辅材料费 10 000 元。受托方同类新产品加工完毕收回后用于继续生产化妆品。加工税费以转账支票付讫。

【要求】计算该公司应支付给受托方增值税与消费税。

习 题 八

【目的】练习委托加工应税消费品应纳消费税的会计处理。

【资料】甲企业委托乙企业加工一批收回直接对外销售的商品（属应税消费品），甲企业发出原材料 6 000 000 元，支付运费 10 000 元（不含税），支付商品加工费 120 000 元，支付消费税 680 000 元。甲企业与乙企业增值税税率为 13%，商品加工完毕，甲将其验收入库。款项均以银行存款支付。

【要求】对甲企业进行会计处理。

习 题 九

【目的】练习委托加工应税消费品应纳消费税的会计处理。

【资料】资料同上,假设甲企业收回加工物资后,将用于连续生产应税消费品支付的消费税准予抵扣。

【要求】对甲企业应进行会计处理。

习 题 十

【目的】练习自产自用应税消费品应纳税额的计算。

【资料】4月,某酒厂将自产的黄酒2吨用作职工福利发放给职工,同类产品的销售价格为10 000元,消费税单位税额240元。

【要求】计算该企业4月应纳消费税额。

第四章　关税的核算

重点提示

关税是由海关根据国家制定的有关法律，以进出关境的货物和物品为征税对象而征收的一种商品税。通过本章的学习，了解关税的基本概念、熟记关税的纳税人、税目和税率等基本内容、掌握关税应纳税额的计算以及关税的会计核算。

系统学习

本章应系统学习的内容主要有：关税的基本概念、税目税率、应纳税额的计算及关税的会计核算等相关知识。

第一节　关税概述

一、关税的概念

关税是由海关根据国家制定的有关法律，以进出关境的货物和物品为征税对象而征收的一种商品税。关税是一种间接税，是构成国家财政收入的一个重要组成部分。与其他国内税种一样，关税具有强制性、无偿性和固定性。但关税又有别于其他税种，主要表现在关税的主体是进出口商和携带者，税收客体是进出口货物及物品。

关境是海关管辖，执行各项海关法令和规章，征收关税的领域。国境是一个主权国家的领土范围，包括领土、领海、领空。一般情况下，关境和国境的范围是一致的，但因政治经济等方面的原因，关境也可能大于或小于国境。当某一国在境内设立了自由港、自由贸易区时，如中国香港、澳门，国境大于关境。当几个国家组成同盟，组成统一的关境，实施统一的关税法令和统一对外的税则，只对来自或运往其他国家的货物进出共同关境征收关税时，如欧洲联盟，则关境大于国境。

现行关税基本制度是指国家制定的调整关税征收与缴纳权利义务的法律规范，是2000年7月修订颁布的《中华人民共和国海关法》和2003年11月由国务院发布的《中华人民共和国进出口关税条例》。

二、关税的纳税义务人

关税的纳税义务人是进口货物的收货人，出口货物的发货人，进出境物品的所有人。

（一）进出口货物的收、发货人

进出口货物的收、发货人是指依法取得对外贸易经营权，并进口或者出口货物的法人或者其他社会团体。

（二）进出境物品的所有人

进出境物品的所有人包括该物品的所有人和推定为所有人的人。一般情况下，依照以下原则推定所有人。

（1）对于携带进境的物品，推定其携带人为所有人。

（2）对分离运输的行李，推定相应的进出境旅客为所有人。

（3）对以邮递方式进境的物品，推定其收件人为所有人。

（4）以邮递或其他运输方式出境的物品，推定其寄件人或托运人为所有人。

三、关税的征税范围

关税的征税对象，是指进出口我国国境或关境的货物和物品。货物是指贸易性商品。物品包括入境旅客随身携带的行李和物品，各种运输工具上服务人员携带进出口的自用物品、个人邮递物品、馈赠物品及其他方式入境的个人物品。

四、关税的税目及税率

（一）关税的税目

关税税则，又称海关税则，是根据国家关税政策和机关经济政策，通过一定的方法程序制定和公布实施的，对进出口的应税商品和免税商品加以系统分类的一览表。

从2002年1月1日起实施的《中华人民共和国海关进出口税则》包括正文和附录两大部分：正文包括海关进口税则和出口税则；附录有进口商品税目税率表，进口商品关税配额税目税率表，进口商品税则暂定税率表，出口商品税则暂定税率表，入境旅客行李物品和个人邮递物品税目税率表，非全税目信息技术产品税率表等附表。

我国现行的进出口税则包括进口税则和出口税则两部分，进口税则为四栏税率，出口税率则为一栏税率。

（二）关税的税率

根据我国《海关进出口税则》，关税的税率包括进口关税税率和出口关税税率。

1. 进口关税税率

我国进口税则设有最惠国税率、协定税率、特惠税率和普通税率四栏。

（1）最惠国税率，适用原产于我国共同适用最惠国税率待遇条款的 WTO 成员方或地区的进口货物，或原产于与我国签订有相互给予最惠国待遇条款的双边贸易协定的国家或地区进口的货物，以及原产于我国境内的进口货物。

（2）协定税率，适用原产于我国参加的含有关税优惠条款的区域性贸易协定的有关缔约方的进口货物。

（3）特优惠税率，适用原产于与我国签订有特殊优惠关税协定的国家或地区的进口货物。

（4）普通税率，适用原产于上述国家或地区以外的其他国家或地区的进口货物，以及原产地不明的进口货物。

适用最惠国税率的进口货物有暂定税率的，应当使用暂定税率；适用协定税率、特惠税率的进口货物有暂定税率的，应当从低适用税率；普通税率的进口货物，不适用暂定税率。

我国对进口商品基本上都实行从价税，即以进口货物的完税价格作为计税依据。对部分产品实行从量税、复合税和滑准税。

（1）从量税。就是以进口商品的重量、长度、容积、面积等计量单位的计税依据。这种计税方法计算简单，通关手续快捷，并能起到抑制质次价廉或故意低瞒价格商品的进口。目前我国对原油、部分鸡产品、啤酒、胶卷的进口采用从量计征。

（2）复合税。这是对某种进口商品同时使用从价和从量计征的一种计征关税的方法。复合税既可以发挥从量税抑制低价商品进口的特点，又可以发挥从价税税负合理、稳定的特点。目前我国对录像机、放映机、数字照相机和摄录一体机实行复合税。

（3）滑准税。这是指关税税率随进口商品价格由高到低设置的而由低到高计征关税的方法。其主要特点是可以保持滑准税商品的国内市场价格的相对稳定，尽可能减少国际市场价格波动的影响。目前我国对新闻纸实行滑准税。

2. 出口关税税率

我国出口税则设有一栏税率，即出口税率。对出口货物在一定期限内可以实行暂定税率。国家仅对少数资源性产品及易于竞相杀价、盲目出口、需要规范出口秩序的半成品征收出口关税。我国现行税则对36种商品计征出口关税，23种产品实行0～20%的暂定税率，其中16种商品为零税率，6种商品税率为1%及以下。出口暂定税率优先适用于出口税则中规定的出口税率，因此，我国真正征收出口关税的商品只有20种，且税率较低。

五、关税的税收管理

进口货物自运输工具申报进境之日起14日内，出口货物在货物运抵海关监管区后装货的24小时前，就由进出口货物的纳税义务人向货物进(出)境地海关申报，海关根据税则归类和完税价格计算应缴纳的关税和进口环节代征税，并填发税款缴款书。纳税义务人应当自海关填发税款缴款书之日起15日内，向指定银行缴纳税款。如果关税缴纳期限的最后1日是周末或法定节假日，则关税缴纳期限顺延至周末或法定节假日过后的第1个工作日。为方便纳税义务人，经申请且海关同意，进(出)中货物的纳税义务人可以在设有海关的指运地(启运地)办理海关申报、纳税手续。

关税纳税义务人因不可抗力或者在国家税收政策调整的情形下，不能按期缴纳税款的，经海关总署批准，可以延期缴纳税款，但最长不得超过6个月。

第二节　关税的计算及会计核算

一、关税的计税依据

1. 进口货物完税价格的确定

《中华人民共和国海关审定进口货物完税价格办法》中规定，进口货物的完税价格由海关以货物的成交价格为基础审查确定，并应当包括该货物运抵中华人民共和国境内输入地点起卸前的运输及其相关费用、保险费。

1) 一般进口货物完税价格的确定。

一般进口货物的完税价格，应以进口货物成交价格为基础确定。用于确定进口货物完税价格的成交价格，是指卖方向中华人民共和国境内销售该货物时，买方为进口该货物向卖方实付、应付的并按照规定调整后的总额，包括直接支付的价款和间接支付的价款。

进口货物成交价格的确定方式不同，其完税价格的确定方法也不同。① 进口货物以我国口岸到岸价格成交的，应以到岸价格作为完税价格。② 进口货物以境外口岸离岸价格成交的，应当另加从境外口岸或者境外交货口岸运到我国口岸以前实际支付的杂费、保险费等作为完税价格。③ 进口货物以离岸价格加运费价格成交的，应当另加保险费作为完税价格。

如果进口货物的成交价格不符合规定条件，或者成交价格不能确定的，海关在与纳税义务人进行协商后，可依次以下列价格估定该货物的完税价格：① 与该货物同时或者大约同时向中华人民共和国境内销售的相同货物的成交价格。② 与该货物同时或者大约同时向中华人民共和国境内销售的类似货物的成交价格。③ 以进口货物、相同或者类似进口货物在境内的销售价格为基础，扣除境内发生的有关费用后，审查确定的价格。④ 根据生产该货物的成本、利润和一般费用等采用计算价格估价法确定的价格。⑤ 采用其他合理的估价方法确定的价格。

2) 特殊进口货物完税价格的确定。具体如下所述。

(1) 运往境外修理的货物，出境时已向海关报明，并在海关规定期限内复运进境的，应当以海关审定的境外修理费和料件费，以及该货物复运进境的运输及其相关费用、保险费估定完税价格。

(2) 运往境外加工的货物，出境时已向海关报明，并在海关规定期限内复运进境的，应当以海关审定的境外加工费和料件费，以及该货物复运进境的运输及其相关费用、保险费估定完税价格。

(3) 对于经海关批准的暂时进境的货物，应当按照一般进口货物估价办法的规定，估定完税价格。

(4) 租赁方式进口的货物，以租金方式支付的货物，以海关审定的租金估定价格；留购的租赁货物，以海关审定的留购价格估定价格；承租人一次缴纳税款，按一般进口货物估价办法估定完税价格。

(5) 对于境内留购的进口货样、展览品和广告陈列品，以海关审定的留购价格作为完税价格。

(6) 减税或免税进口的货物需补税时，应当以海关审定的该货物原进口时的价格，扣除折旧部分作为完税价格。

(7) 保税区或出口加工区销往区外、保税仓库出库内销的进口货物(不含加工贸易进口料件及其制成品)，以海关审定的价格估定。

(8) 其他方式进口货物，按一般进口货物估价办法估定价格。

3）进口货物完税价格的确定。海关在审查进口货物的成交价格时，遇有下列情况可不予接受。

（1）申报价格明显低于境内其他单位进口的大量成交的相同或类似货物价格，而又不能提供合法证据和正当理由的。

（2）申报价格明显低于海关所掌握的相同或类似货物的国际市场公开成交价格，而又不能提供合法证据和正当理由的。

（3）经海关调查认定的，买卖双方之间有特殊经济关系或对货物的使用、转让订有特殊条件或特殊安排协议而影响申报价格的。

进口货物的成交价格经海关审查未能确定的，应当依次以下列价格为基础，估定完税价格：从该项货物的同一出口国或者地区购进的相同货物的成交价格；从该项货物的同一出口国或者地区购进的类似货物的成交价格；该项进口货物的相同或类似货物在国际市场上公开的成交价格；该项进口货物的相同或类似货物在国内市场的批发价格，减去进口环节其他税费以及进口后的正常运输、储存、销售费用及利润后的价格。

若把上述进口后的费用及利润定为完税价格的 20%，则完税价格的计算公式为：

$$关税完税价格＝国内批发价格÷(1＋进口关税税率＋20\%)$$

若该项进口货物在进口环节需缴纳消费税，则计算公式为：

$$关税完税价格＝国内批发价格÷[1＋进口关税税率＋(1＋关税税率)÷(1－消费税税率)×消费税税率＋20\%]$$

4）进口货物关税完税价格中运输及相关费用、保险费的计算。

（1）以一般陆运、海运、空运方式进口的货物：在进口货物的运输及相关费用、保险费的计算中，陆运进口货物，应计算该货物运抵境内的第一口岸；如果运输及相关费用、保险费支付至目的地口岸，则应计算至目的地口岸。海运进口货物，应计算至该货物运抵境内的卸货口岸；如果该货物的卸货口岸至内河（江）口岸，则应计算至内河（江）口岸。空运进口货物，应计算至货物运抵境内的第一口岸；如果该货物的目的地为境内的第一口岸外的其他口岸，则应计算至目的地口岸。

陆运、海运和空运进口货物的运费和保险费，应当按照实际支付的费用计算。如果进口货物的运费无法确定或未实际发生，海关应当按照该货物进口同期运输行业公布的运费率（额）计算运费，按照“货价加运费”两者总额的 3‰计算保险费。

（2）以其他方式进口的货物：邮运进口的货物，应当以邮费作为运输及相关费用、保险费；以境外边境口岸价格条件成交的铁路或公路运输进口货物，海关应当按照货价的

1%计算运输费及相关费用、保险费；作为进口货物的自驾进口的运输工具，海关在审定关税价格时，可以不另行计入运费。

2. 出口货物完税价格的确定

出口货物的完税价格由海关以该货物向境外销售的成交价格为基础审查确定，并应当包括货物运至中华人民共和国境内输出地点装载前的运输及其相关费用、保险费。

出口货物的成交价格，是指该货物出口销售时，卖方为出口该货物应当向买方直接收取和间接收取的价款总额。但不应该包括下列税费：

(1) 出口关税。

(2) 在货物价款中单独列明的货物至中华人民共和国境内输出地点装载后的运输及其相关费用、保险费。

(3) 在货物价款中单独列明由卖方承担的佣金。

出口货物的成交价格不能确定的，海关经了解有关情况，并与纳税义务人进行协商后，可依次以下列价格估定该货物的完税价格：① 与该货物同时或者大约同时向同一国家或地区出口的相同货物的成交价格。② 与该货物同时或者大约同时向同一国家或地区出口的类似货物的成交价格。③ 根据境内生产相同或类似货物的成本、利润和一般费用等采用计算价格估价法确定的价格。④ 采用其他合理的估价方法确定的价格。

二、关税的计算

1. 从价税应纳税额的计算

从价计税方法是以进出口货物的价格作为计税标准计算缴纳关税。货物的价格不是指商品的成交价格，而是指进出口商品的完税价格。从价计税的方法具有税负公平、明确、易于实施，征收简便等优点。大多数进出口商品均采用从价计征关税。其计算公式为：

$$应纳关税额=关税完税价格\times 适用税率$$

(1) 进口货物以我国口岸到岸价格成交的，应以到岸价格作为完税价格。其应纳关税额的计算公式为：

$$应纳税额=到岸价格\times 关税税率$$

(2) 进口货物以境外口岸离岸价格成交的，应当另外从境外口岸或者境外交货口岸运到我国口岸以前实际支付的杂费、保险费等作为完税价格。起应纳关税额的计算公式为：

$$应纳税额=(离岸价格+运杂费+保险费)\times关税税率$$

其中的运杂费、保险费，原则上应按实际支付的金额计算，若无法得到实际支付金额，也可以外贸系统海运进口运杂费率或按协商规定的固定运杂费率计算运杂费，保险费按中国人民保险公司的保险费率计算。其应纳关税额的计算公式也可以表示为：

$$应纳税额=[(离岸价格+运杂费)\div(1-保险费率)]\times关税税率$$

(3) 进口货物离岸价格加运费价格成交的，应当另加保险费作为完税价格。其应纳关税额的计算与进口货物以境外口岸离岸价格作为成交价格的情况相同。

【例 4-1】 某公司从国外进口一批商品，进口商品的到岸价格折合人民币 220 万元，该商品的进口关税税率为 20%，试计算应纳的关税额。

【解析】 关税完税价格=220(万元)

应纳关税额=220×20%=44(万元)

2. 从量税应纳税额的计算

从量计税方法是以货物的计量单位(数量、重量、面积、容量、长度等)作为计税标准，以每一计量单位应纳的关税的金额作为税率来计算缴纳关税。其特点是不因商品价格的涨落而改变应纳税额，手续简便，但税负不合理，难以普遍采用。我国目前仅对啤酒等少数商品计征从量关税。

其计算公式为：

$$应纳关税额=应税进(出)口货物数量\times单位货物税额$$

【例 4-2】 某公司从国外进口啤酒 1 000 箱，每箱 24 瓶，每瓶容积为 500 毫升。适用的单位税额为 3 元/升。该企业应纳关税额的计算如下：

【解析】 应纳关税额=(1 000×24×500/1 000)×3=36 000(元)

3. 复合税应纳税额的计算

复合计税方法是对进出口商品计征从量税又征从价税的一种办法。一般以从量税为主，再加征从价税。实务中，货物的从量税额与从价税额难以同时确定，且手续繁杂，因此复合计税方法难以普遍采用。

其计算公式为：

$$\begin{array}{c}应纳关\\税额\end{array}=\begin{array}{c}应税进(出)\\口货物数量\end{array}\times\begin{array}{c}单位货\\物税额\end{array}+\begin{array}{c}关税完\\税价格\end{array}\times\begin{array}{c}适用\\税率\end{array}$$

【例 4-3】 某从国外进口货物 5 件，成交价格折合人民币 70 000 元，按规定，该进口货物适用的单位税额为6 000元，同时适用的从价税率为3%。该企业应纳关税额的计算如下：

【解析】

$$应纳关税额=5\times 6\,000+70\,000\times 3\%=32\,100(元)$$

4. 滑准税应纳税额的计算

滑准税是一种关税税率，随进口商品价格由高到低设置的由低到高计征关税的方法。滑准税的设置可以使进口商品价格越高，其进口关税税率越低；进口商品的价格越低，其进口关税税率越高。征收这种关税的目的是使进口商品不论其进口价格高低，其税后价格保持在一个预定的价格标准上，以稳定进口国国内该种商品的市场价格。

其计算公式为：

$$应纳关税额=关税完税价格\times 滑准关税税率$$

三、关税的会计核算

（一）进口关税的核算

1. 自营进口业务关税的核算

企业自营进口商品应支付的进口关税，可通过“应交税费——应交关税”账户核算，同时，按进口商品的国外进价、应交的进口关税、消费税和国外运费、保险费等，一并构成进口商品的采购成本，记入“材料采购”账户。进口关税，也可以直接借记“材料采购”“原材料”等账户，贷记“银行存款”账户。

【例4-4】 某公司从境外甲公司自营进口A材料300吨，以境外口岸离岸价格成交，单价折合人民币30 000元，该货物运抵中国关境内输入地点起卸前的包装费、运费、保险费和其他劳务费用每吨2 500元人民币，款项均以银行存款支付。适用的进口关税税率为10%，增值税税率为13%。对该公司进行会计处理。

【解析】

(1) 确认材料采购成本：

$$关税完税价格=300\times 30\,000+300\times 2\,500=9\,750\,000(元)$$

$$应纳进口关税额=9\,750\,000\times 10\%=975\,000(元)$$

$$应纳增值税额=(9\,750\,000+975\,000)\times 13\%=1\,394\,250(元)$$

$$A材料的采购成本=9\,750\,000+975\,000=10\,725\,000(元)$$

借：材料采购　10 725 000

应交税费——应交增值税(进项税额)　1 394 250

贷：银行存款　11 144 250

应交税费——应交关税　975 000

(2) 实际缴纳关税：

借：应交税费——应交关税　975 000

贷：银行存款　975 000

(3) 材料验收入库：

借：原材料　10 725 000

贷：材料采购　10 725 000

2. 代理进口业务关税的核算

工业企业通过外贸企业代理进口原材料应支付的进口关税，可以不通过“应交税费”账户核算，而是将其与进口原材料的价款、国外运费、保险费、国内费用等一并计入进口原材料的采购成本。

【例 4－5】 某进出口公司接受一个单位的委托进口商品一批，委托单位已将进口商品的货款 6 100 000 元存入进出口公司存款户。该进口商品以我国口岸的到岸价格成交，成交价格折合人民币 5 000 000 元，进口关税税率为 20%。代理手续费按货价 2%收取，商品已到达，款项已与委托方结算完毕。对该进出口公司进行会计处理。

【解析】

(1) 收到委托单位划来的进口货款：

借：银行存款　6 100 000

贷：预收账款　6 100 000

(2) 对外付汇进口商品：

借：预收账款　5 000 000

贷：银行存款　5 000 000

(3) 支付进口关税：

应纳进口关税额＝5 000 000×20%＝1 000 000(元)

借：预收账款　1 000 000

贷：银行存款　1 000 000

(4) 将进口商品交付委托方并收取手续费：

代理手续费＝5 000 000×2%＝100 000(元)

借：预收账款　　100 000

　　贷：主营业务收入　　100 000

（二）出口关税的核算

出口关税是对出口销售环节征收的一种税金，应通过"税金及附加"账户进行核算。企业计算出应缴纳的出口关税，应借记"税金及附加"账户，贷记"应交税费——应交出口关税"账户；实际缴纳出口关税时，应借记"应交税费——应交出口关税"账户，贷记"银行存款"账户；企业也可以不通过"应交税费"账户，而直接在支付出口关税时，借记"税金及附加"账户，贷记"银行存款"账户。

【例 4-6】 某公司直接对外出口产品一批，离岸价格为 6 000 000(不含出口关税)元，适用的出口关税税率为 10%。该企业根据海关开出的税款缴纳凭证，以银行转账支票付讫税款(不考虑其他税费)。对该公司进行会计处理。

【解析】

(1) 确认收入：

应纳出口关税额＝6 000 000×10%＝600 000(元)

借：应收账款　　600 000

　　贷：主营业务收入　　600 000

(2) 收到海关开出的税款缴纳凭证：

借：税金及附加　　600 000

　　贷：应交税费——应交出口关税　　600 000

(3) 实际缴纳出口关税时：

借：应交税费——应交出口关税　　600 000

　　贷：银行存款　　600 000

【例 4-7】 某公司代理某企业出口商品一批，该商品的离岸价格折合人民币 300 000 元，出口关税税率为 20%，手续费 12 800 元。计算其应纳关税，并对该公司进行会计处理。

【解析】

(1) 计算应纳关税额：

应纳关税额＝300 000÷(1＋20%)×20%＝50 000(元)

（2）该笔业务的会计处理：

借：应收账款　　50 000

　　贷：应交税费——应交关税　　50 000

借：应交税费——应交关税　　50 000

　　贷：银行存款　　50 000

（3）计算应收手续费：

借：应收账款　　12 800

　　贷：其他业务收入　　12 800

（4）收到委托单位支付的税款及手续费：

借：银行存款　　62 800

　　贷：应收账款　　62 800

关键术语

关税税目　关税税率　完税价格　关税从量应纳税额　进口关税　出口关税　关税从价应纳税额

思维拓展

1. 关税有哪些类型？
2. 关税的征收对象包括哪些？
3. 如何计算关税应纳税额？
4. 如何进行进口关税的会计核算？

知识点应用及实践能力训练

单项选择题

1. 下列不属于关税纳税义务人的是（　　）。

A. 进口货物的收货人　　B. 出口货物的发货人

C. 邮递出口物品的收件人　　D. 进境物品的携带人

2. (　　)适用于原产与我国签订有特殊优惠关税协定的国家或者地区的进口货物。

A. 最惠国税率　　B. 特惠税率　　C. 协定税率　　D. 关税配额税率

3. (　　)是指国家按照国际通行规则和我国实际情况,制定发布的特别规定的减免关税的政策。

A. 法定减免税　　B. 特定减免税　　C. 临时减免税　　D. 专项减免税

4. 关税纳税人应当自海关填发税款缴款书之日起(　　)日内,向指定银行缴纳税款。

A. 5　　B. 10　　C. 15　　D. 20

5. 下列费用能与该货物实付价格区分,(　　)应列入进口关税完税价格。

A. 进口关税及其他国内税

B. 货物运抵境内输入地点之后的运输费用

C. 买方为购进货物向代表双方利益的经纪人支付的劳务费

D. 工业设施、机械设备类货物进口后发生的基建、安装、调试、技术指导等费用

6. 某企业进口一批货物,货价100万元,途中发生境外运费10万元,境内运费、保险费5万元。在报关时,境外的保险费没有单据,所以无法确定。关税税率20%,该批进口货物应缴纳的关税是(　　)万元。

A. 22.07　　B. 22　　C. 23　　D. 23.5

多项选择题

1. 进口或者出口货物的法人主要包括外贸进出口公司、(　　)。

A. 工贸进出口公司　　B. 农贸进出口公司　　C. 国有企业　　D. 外商投资企业

2. 适用(　　)的进口货物有暂定税率的,应当从低适用税率。

A. 最惠国税率　　B. 协定税率　　C. 特惠税率　　D. 关税配额税率

3. 进口货物的应纳关税有(　　)。

A. 从价税　　B. 从量税　　C. 复合税　　D. 滑准税

4. 下列各项中,属于关税法定纳税义务人的有(　　)。

A. 进口货物的收货人　　B. 进口货物的代理人

C. 出口货物的发货人　　D. 出口货物的代理人

5. 依据关税的有关规定,下列各项中应计入完税价格的有(　　)。

A. 为进口货物而支付的包装劳务费

B. 为进口货物而支付的商标权费用

C. 进口关税

D. 为进口货物而支付的境外开发、设计等相关费用

6. 行邮税包含了在进口环节征收的(　　)。

A. 增值税　　B. 消费税　　C. 城建税　　D. 关税

判断题

1. 关税是指海关依法对在中华人民共和国境内进出境个人征收的税。（　）

2. 关税的征税对象的物品是指入境旅客随身携带的行李物品、个人邮递物品，各种运输工具上的服务人员携带进口的自用物品以及其他方式进境的个人物品。（　）

3. 根据经济发展需要，我国对进口货物在一定时期内可以实行暂定税率。届时，适用普通税率的进口货物也适用暂定税率。（　）

4. 我国仅对少数资源性产品及易于竞相杀价、盲目出口、需要规范出口秩序的半制成品征收出口关税。（　）

5. 进口货物自运输工具申报进境之日起15日内，应由进口货物的纳税人向货物进境地海关申报，由海关计算应缴纳的关税。（　）

6. 进口货物的价格不符合成交价格条件或者成交价格不能确定的，海关应当依法估定完税价格。（　）

7. 出口货物的完税价格应包括货物运至我国境内输出地点装载前的运输及其相关费用、保险费，但其中包含的出口关税额应当扣除。（　）

练　习　题

习　题　一

【目的】 练习应纳关税额的计算。

【资料】 某企业从国外进口货物8万吨，起成交价格为到岸价格，折合人民币1 000 000元，适用关税税率为15%。

【要求】 计算该企业应纳关税额。

习　题　二

【目的】 练习应纳关税额的计算。

【资料】 某企业从国外进口货物10万件，其成交价格为离岸价格，折合人民币800 000元，保险费折合人民币10 000元，适用关税税率为10%。

【要求】 试计算该企业应纳关税额。

习 题 三

【目的】练习计算进口商品应纳关税额。

【资料】某进出口公司从国外进口商品 5 000 吨，离岸价格为 USD325 000，运费每吨 USD40，保险费率 3%，当日的外汇牌价 USD1=RMB7.8，关税税率为 20%。

【要求】试计算该进口商品应纳关税额。

习 题 四

【目的】练习计算进口商品应纳关税额。

【资料】某进出口公司向马来西亚出口钨砂 5 吨，成交价格为到岸价 USD4 000，其中运费 USD400，保险费 USD40，关税税率 20%。当日外汇牌价 USD1=RMB7.85。

【要求】试计算应纳关税额。

习 题 五

【目的】练习进口商品应纳关税额的计算及相应会计处理。

【资料】某公司进口配件一批，海关审定的关税完税价格 USD800 000，进口关税税率为 30%，增值税税率 13%。当日外汇牌价 USD1=RMB7.8。

【要求】试计算其应纳关税额，并进行相应的账务处理。

习 题 六

【目的】练习计算进口商品应纳关税额。

【资料】某企业从国外进口一批设备，以国外口岸离岸价格加运费成交，总成交价格折合人民币 9 970 000 元，保险费率为 3%，设备进口关税税率为 10%。

【要求】试计算该企业应纳关税额。

习 题 七

【目的】练习计算进口商品应纳关税额。

【资料】某企业进口的设备因出现故障运往国外修理，出境时已向海关报明，同年按海关规定复运进境。经海关审定的修理费与料件费合计为 400 000 元人民币，进口关税税率为 6%。

【要求】试计算该企业应纳关税额。

习 题 八

【目的】练习计算委托进口商品应纳关税额。

【资料】某企业委托A进出口公司从国外进口一批原材料，进口货款120万元人民币已汇入A进出口公司账户。该原材料到岸价格为10万美元，关税税率20%，代理手续费为进价的5%。原材料验收入库，并已与进口公司结算完毕。已知增值税税率13%，当日外汇牌价USD1=RMB7.8。

【要求】试计算其应纳关税额，并进行相应的会计处理。

习 题 九

【目的】练习出口商品应纳关税额的计算及相应会计处理。

【资料】某企业出口商品一批，商品的离岸价格（含出口关税）为300 000元，使用的出口关税税率为20%，该企业已用银行存款支付全部款项（不考虑其他税费）。

【要求】试计算其应纳关税额，并进行相应的会计处理。

习 题 十

【目的】练习受托出口商品应纳关税额的计算及相应会计处理。

【资料】某进出口公司接受丙企业委托代理出口一批产品，按规定计算的出口产品的完税价格为500 000元，适用的关税税率为20%，代理出口的手续费为15 000元。

【要求】试计算该进出口公司应纳关税额，并进行相应的会计处理。

习 题 十 一

【目的】练习进口商品应纳关税额的计算及相应会计处理。

【资料】某企业进口一套设备，到岸价格为300 000美元，按规定汇率折合人民币2 430 000元，款项均以银行存款支付。适用的进口关税税率为10%，增值税税率13%。

【要求】试计算其应纳关税额，并进行相应的会计处理。

第五章　资源税的核算

重点提示

资源税是指对开发和利用各种资源的单位和个人征收的一种税。通过本章的学习，应掌握的重点问题主要有：资源税的概念、资源税的纳税人和征税范围、资源税的税目和税率、资源税的计算、资源税的会计处理。

系统学习

本章应系统学习的内容主要有：资源税概述、资源税的计算及其相关会计核算。

第一节　资源税概述

一、资源税的概念及特点

资源税是指对我国境内从事应税矿产品开采和生产盐的单位和个人征收的一种税，属于对自然资源占用课税的范畴。我国从 1984 年开始征收资源税，当时征收资源税的主要依据是受益原则、公平原则和效率原则，1986 年 10 月 1 日，开始实施《矿产资源法》，其中第五条明确规定：国家对矿产资源实行有偿开采。1993 年 12 月，国务院发布的《资源税暂行条例》及财政部发布的《资源税暂行条例实施细则》，又将盐纳入资源税征收范畴，并将其征收范围扩大到原油、天然气、煤炭、其他非金属矿原矿、黑色金属矿原矿、有色金属矿原矿、盐等七种。2011 年，国务院令第 605 号对《资源税暂行条例》进行了修改，并于当年 11 月 1 日起执行。2014 年 12 月 1 日起，对煤炭资源税由从量计征改为从价计征。

2017 年 12 月 1 日起，我国已经在北京、天津、内蒙古、山西、山东、河南、四川、陕西、宁夏等 9 个省（自治区、直辖市）开始了水资源税的改革试点工作。

为了贯彻习近平总书记的“绿水青山就是金山银山”的生态发展思想，落实税收法定原则，2019 年 8 月 26 日第十三届全国人民代表大会常务委员会第十二次会议通过了《中华人民共和国资源税法》，并于 2020 年 9 月 1 日起执行，它是我国现行的用以调整国家与资源税纳税人之间征纳关系的法律规范。

资源税的作用：

(1) 合理调节资源级差收入水平，促进企业公平竞争。

(2) 促进国有资源的合理开采、节约使用、有效配置。

(3) 取得一定的财政收入。

资源税的特点有以下三方面。

1. 对级差收入征税

资源税的立法原则是普遍征收，级差调节。一方面，对从事应税矿产品开采的单位和个人，不论其成本高低和盈利多少，均依法征收资源税，体现国有资源有偿使用的原则。另一方面，由于自然资源在存量、开采条件、地理位置等方面存在较大差异，为了调节级差收入，资源税在普遍征收的同时，实行级差调节，即对资源条件好、开采条件优越、级差收入大的资源产品，确定较高的税额；对资源条件较差、开采条件不好、级差收入小的资源产品，确定较低的税额。

2. 对特定资源征税

资源税从性质上划分，可分为一般资源税和级差资源税。一般资源税是对使用国有资源的单位和个人，为了赋予其使用权而普遍征收的一种资源税，体现国有资源有偿使用的原则。级差资源税是国家对开发和利用自然资源的单位和个人，就其由于资源条件差异而取得级差收入而征收的一种税。

在实际工作中，一般资源税和级差资源税很难划分清楚，大多是两者兼备。我国开征的资源税，主要偏重于级差资源税，也就是说只对级差收入大，资源较为普遍，且易于控制管理的矿产品和盐开征资源税。

3. 实行从价定率与从量定额的办法征收

资源税根据每一课税对象的不同特点，选择不同的征收方法。一方面对原油、天然气实行从价定率的征收办法，另一方面对其他应税产品，实行从量定额的征收办法。

二、资源税的纳税义务人

资源税的纳税义务人为在中华人民共和国境内开采应税矿产品或者生产盐的单位和

个人。这里的单位是指国有企业、集体企业、私人企业、股份企业,其他企业和行政单位、事业单位、军事单位、社会团体及其他单位。个人,是指个体经营者和个人。

独立矿山、联合企业和其他收购未税矿产品的单位,为资源税的扣缴义务人。

三、资源税的征税范围

从理论上讲,资源税的征税范围应该包括一切可以开发和利用的国有资源,但是考虑到我国在资源税的征收管理方面还缺少必要的经验,所以现行资源税的征税范围只包括矿产品和盐两大类。具体包括内容如下:

(一)能源产品

(1)原油。原油是指开采的天然原油,不包括人造石油。

(2)天然气。天然气是指专门开采或与原油同时开采的天然气。

(3)煤炭。煤炭是指原煤,不包括洗煤、选煤及其他煤炭制品。

(4)煤成(层)气。

(5)钍、铀。

(6)油页岩、油砂、天然沥青、石煤。

(7)地热。

(二)非金属矿原矿

非金属矿原矿是指除原油、天然气、煤炭和井矿盐以外的非金属原矿,如宝石、大理石、石膏、石棉、砂石、粘土等。

(三)金属矿原矿

金属矿原矿指铁矿石、锰矿石、铜矿石、铅锌矿石、铝土矿石、钨矿石、锡矿石、锑矿石、钼矿石、镍矿石、黄金矿石等。

(四)水气矿产

(1)二氧化碳气、硫化氢气、氦气、氡气。

(2)矿泉水。

(五)盐

盐,包括固体盐和液体盐。固体盐是指海盐原盐、湖盐原盐和井矿盐;液体盐是指卤水,即氯化钠含量一定浓度的溶液。

四、资源税的税目和税率

自 2016 年 7 月 1 日起,我国实施矿产品资源税从价计征改革,并扩大资源税征税范围，在河北省开展水资源试点，并逐步将森林、草场、滩涂等其他自然资源纳入征税范围。

1）已实施从价计征的原油、天然气、煤炭、稀土、钨、钼等6个资源品目资源税政策仍按原办法执行。

(1) 原油。税率为6%。

(2) 天然气。税率为6%。

(3) 煤炭。税率为2%～10%。

(4) 轻稀土按地区执行不同的税率，其中，内蒙古11.5%，四川9.5%，山东7.5%。重稀土税率为27%。钨税率为6.5%。钼税率为11%。

2）自2016年7月起，实施从价计征的矿产资源，税目税率表如表5-1所示。

表5-1　资源税税目税率幅度表

序号	税目		征税对象	税率幅度
1	金属矿	铁矿	精矿	1%～6%
2		金矿	金锭	1%～4%
3		铜矿	精矿	2%～8%
4		铝土矿	原矿	3%～9%
5		铅锌矿	精矿	2%～6%
6		镍矿	精矿	2%～6%
7		锡矿	精矿	2%～6%
8		未列举名称的其他金属矿产品	原矿或精矿	税率不超过20%
9	非金属矿	石墨	精矿	3%～10%
10		硅藻土	精矿	1%～6%
11		高岭土	原矿	1%～6%
12		萤石	精矿	1%～6%
13		石灰石	原矿	1%～6%
14		硫铁矿	精矿	1%～6%
15		磷矿	原矿	3%～8%
16		氯化钾	精矿	3%～8%
17		硫酸钾	精矿	6%～12%
18		井矿盐	氯化钠初级产品	1%～6%
19		湖盐	氯化钠初级产品	1%～6%
20		提取地下卤水晒制的盐	氯化钠初级产品	3%～15%
21		煤层(成)气	原矿	1%～2%

（续表）

序号	税目		征税对象	税率幅度
22	非金属矿	粘土、砂石	原矿	每吨或立方米0.1元～5元
23		未列举名称的其他非金属矿产品	原矿或精矿	从量税率每吨或立方米不超过30元；从价税率不超过20%
24	海盐		氯化钠初级产品	1%～5%

备注：

1. 铝土矿包括耐火级矾土、研磨级矾土等高铝粘土。

2. 氯化钠初级产品是指井矿盐、湖盐原盐、提取地下卤水晒制的盐和海盐原盐，包括固体和液体形态的初级产品。

3. 海盐是指海水晒制的盐，不包括提取地下卤水晒制的盐。

4. 对于上表中没有列举的水气矿产，其具体执行税率为：①二氧化碳气、硫化氢气、氦气，氡气，税率为2%～5%。②矿泉水，税率为1%～20%或者每立方米1～30元。

3）各地应根据文件规定，合理确定资源税税率水平。

（1）对《资源税税目税率幅度表》中列举名称的资源品目，由省级人民政府在规定的税率幅度内提出具体适用税率建议，报财政部、国家税务总局确定核准。

（2）对未列举名称的其他金属和非金属矿产品，由省级人民政府根据实际情况确定具体税目和适用税率，报财政部、国家税务总局备案。

（3）省级人民政府在提出和确定适用税率时，要结合当前矿产企业实际生产经营情况，遵循改革前后税费平移原则，充分考虑企业负担能力。

五、资源税的税收管理

（一）资源税的减免

资源税的减税、免税规定主要有：

（1）开采原油过程中用于加热、修井的原油免税。

（2）纳税人开采或生产应税产品过程中，因意外事故或自然灾害等原因遭受重大损失的，由省、自治区、直辖市人民政府酌情决定减税或者免税。

（3）国务院规定的其他减税、免税项目。纳税人的减税、免税项目，应当单独核算课税数量，未单独核算或者不能准确提供课税数量的，不予减税或者免税。

（二）纳税环节

资源税在应税产品的销售或自用环节计算缴纳。

（1）以自产原矿加工精矿产品的，在原矿移送使用时不缴纳资源税，在精矿销售或自用时缴纳资源税。

（2）纳税人以自产的原矿加工金锭的，在金锭销售或自用时缴纳资源税。纳税人销售自采原矿或者自采原矿加工的金精矿、粗金，在原矿或者金精矿、粗金销售时缴纳资源税，在移送使用时不缴纳资源税。

（3）以应税产品投资、分配股利、抵债、赠与、以物易物等，应视同销售按照有关规定计算缴纳资源税。

（三）纳税义务发生的时间

（1）纳税人采取分期收款结算方式的，其纳税义务发生的时间，为销售合同规定的收款日期的当天。

（2）纳税人采取预收货款结算方式的，其纳税义务发生的时间，为发出应税产品的当天。

（3）纳税人采取其他结算方式的，其纳税义务发生的时间，为收讫销售款或者取得索取销售款凭据的当天。

（4）纳税人自产、自用应税产品的纳税义务发生时间，为移送使用应税产品的当天。

（5）扣缴义务人代扣代缴税款的纳税义务发生时间，为支付货款的当天。

（四）纳税期限

资源税的纳税期限为1日、3日、5日、10日、15日或者1个月。纳税人的纳税期限由主管税务机关根据实际情况具体核定。不能按固定期限计算纳税的，可以按次计算纳税。纳税人以1个月为一期纳税的，自期满之日起10日内申报纳税；以1日、3日、5日、10日或者15日为一期纳税的，自期满之日起5日内预缴税款，于次月1日起10日内申报纳税并结清上月税款。

（五）纳税地点

（1）凡是缴纳资源税的纳税人，都应当向应税产品的开采或者生产所在地主管税务机关缴纳税款。

（2）如果纳税人在本省、自治区、直辖市（以下简称“省”）范围内开采或者生产应税产品，其纳税地点需要调整的，由所在省、税务机关决定。

（3）如果纳税人应纳的资源税属于跨省开采，其下属生产单位与核算单位不在同一省的，对其开采的矿产品一律在开采地纳税，其应纳税款由独立核算、自负盈亏的单位，按照开采地的实际销售量（或者自用量）及适用的单位税额计算划拨。

（4）扣缴义务人代扣代缴的资源税，也应当向收购地主管税务机关缴纳。

第二节 资源税的计算及会计核算

一、资源税的计税依据

（一）从价定率与从量定额的计税依据

资源税应纳税额按照应税产品的计税销售额或者销售数量乘以适用税率计算。

计税销售额是指纳税人销售应税产品向购买方收取的全部价款和价外费用，不包括增值税销项税额。

计税销售数量是指从量计征的应税产品销售数量。

原矿和精矿的销售额或者销售量应当分别核算，未分别核算的，从高确定计税销售额或者销售数量。

纳税人开采或者生产不同税目应税产品的，应当分别核算不同税目应税产品的销售额或者销售数量；未分别核算或者不能准确提供不同税目应税产品的销售额或者销售数量的，从高适用税率。

（二）视同销售的计算

计税销售额或者销售数量，包括应税产品实际销售和视同销售两部分。视同销售包括以下情形。

（1）纳税人以自采原矿直接加工为非应税产品的，视同原矿销售。

（2）纳税人以自采原矿洗选（加工）后的精矿连续生产非应税产品的，视同精矿销售。

（3）以应税产品投资、分配、抵债、赠予、以物易物等，视同应税产品销售。

纳税人有视同销售应税产品行为而无销售价格的，或者申报的应税产品销售价格明显偏低且无正当理由的，税务机关应按下列顺序确定其应税产品计税价格。

（1）按纳税人最近时期同类产品的平均销售价格确定。

（2）按其他纳税人最近时期同类产品的平均销售价格确定。

（3）按应税产品组成计税价格确定。

$$组成计税价格=成本\times(1+成本利润率)\div(1-资源税税率)$$

（4）按后续加工非应税产品销售价格，减去后续加工环节的成本利润后确定。

（5）按其他合理方法确定。

（三）运费的处理

对同时符合以下条件的运杂费用，纳税人在计算应税产品计税销售额时，可予以扣减。

(1) 包含在应税产品销售收入中。

(2) 属于纳税人销售应税产品环节发生的运杂费用，具体是指运送应税产品从坑口或者洗选(加工)地到车站、码头或者购买方指定地点的运杂费用。

(3) 取得相关运杂费用发票或者其他合法有效凭据。

(4) 将运杂费用与计税销售额分别进行核算。

纳税人扣减的运杂费用明显偏高导致应税产品价格偏低且无正当理由的，主管税务机关可以合理调整计税价格。

(四) 其他税源管理

(1) 为公平原矿与精矿之间的税负，对同一种应税产品，征税对象为精矿的，纳税人销售原矿时，应将原矿销售额换算为精矿销售额缴纳资源税；征税对象为原矿的，纳税人销售自采原矿加工的精矿，应将精矿销售额折算为原矿销售额缴纳资源税。

(2) 纳税人以自采未税产品和外购已税产品混合销售或者混合加工为应税产品销售的，在计算应税产品计税销售额时，准予扣减已单独核算的已税产品购进金额；未单独核算的，一并计算缴纳资源税。已税产品购进金额当期不足扣减的可结转下期扣减。

外购原矿或者精矿形态的已税产品与本产品征税对象不同的，在计算应税产品计税销售额时，应对混合销售额或者外购已税产品的购进金额进行换算或者折算。

(3) 纳税人核算并扣减当期外购已税产品购进金额，应依据外购已税产品的增值税发票、海关进口增值税专用缴款书或者其他合法有效凭据。

(4) 资源税在应税产品销售或者自用环节计算缴纳。

纳税人以自采原矿加工精矿产品的，在原矿移送使用时不缴纳资源税，在精矿销售或者自用时缴纳资源税。

纳税人以自采原矿直接加工为非应税产品或者以自采原矿加工的精矿连续生产非应税产品的，在原矿或者精矿移送环节计算缴纳资源税。

以应税产品投资、分配、抵债、赠予、以物易物等，在应税产品所有权转移时计算缴纳资源税。

(5) 纳税人与其关联企业之间的业务往来，应当按照独立企业之间的业务往来收取或者支付价款、费用。不按照独立企业之间的业务往来收取或者支付价款、费用，而减少其计税销售额的，税务机关可以按照《中华人民共和国税收征收管理法》及其实施细则的有关规定进行合理调整。

(6) 购买未税矿产品的单位，应当主动向主管税务机关办理扣缴税款登记，依法代扣代缴资源税。

资源税代扣代缴的适用范围应限定在除原油、天然气、煤炭以外的，税源小、零散、不定期开采等难以在采矿地申报缴纳资源税的矿产品。对已纳入开采地正常税务管理或者在销售矿产品时开具增值税发票的纳税人，不采用代扣代缴的征管方式。

二、资源税应纳税额的计算

资源税的应纳税额，其基本计算公式为：

应纳税额＝销售额×适用税率

应纳税额＝课税数量×适用单位税额

扣缴义务人代扣代缴资源税应纳税额的计算公式为：

代扣代缴资源税额＝收购未税矿产品的销售额×适用税率

或　＝收购未税矿产品的数量×适用的单位税额

【例5－1】 某油田3月销售原油20 000吨，开具增值税专用发票取得销售额10 000万元、增值税额1 300万元，其适用税率为6%。计算该油田3月应缴纳的资源税额。

【解析】

应纳税额＝10 000×6%＝600(万元)

【例5－2】 某滨海盐场某月以外购液体盐1 000吨(每吨买价600元，适用税率2%)加工固体盐600吨对外销售。固体盐每吨销售价格为1 600元，税率为4%。计算该盐场该月应纳的资源税。

【解析】

对外销售固体盐应纳资源税额＝600×1 600×4%＝34 800(元)

外购液体盐的已纳资源税额＝1 000×600×2%＝12 000(元)

该盐场当月应纳资源税额＝34 800－12 000＝26 400(元)

【例5－3】 某砂石矿某月销售砂石10万吨，资源等级是4等，适用5元/吨的单位税额。计算该砂石矿本月应纳资源税额。

【解析】 该砂石矿本月应纳税额＝100 000×5

＝500 000(元)

【例5－4】 某矿山8月销售铝土矿石原矿40 000吨，移送入选精矿5 000吨，选矿比为20%，每吨铝土矿石原矿售价为700元，按规定适用8%的税率。(铝土矿的征税对象为原矿)

要求：根据上述资料，计算该矿山本月应纳资源税额。

【解析】

税法规定，为公平原矿与精矿之间的税负，对同一种应税产品，征税对象为精矿的，纳税人销售原矿时，应将原矿销售额换算为精矿销售额缴纳资源税；征税对象为原矿的，纳税人销售自采原矿加工的精矿，应将精矿销售额折算为原矿销售额缴纳资源税。换算比或折算率原则上应通过原矿售价、精矿售价和选矿比计算，也可通过原矿销售额、加工环节平均成本和利润计算。

有关计算如下：

应纳资源税额＝40 000 吨×700×8%＋5 000 吨÷20%×700×8%
＝2 240 000＋1 400 000＝3 640 000(元)

【例 5-5】 某矿山 11 月收购未税铁矿石精矿 55 000 吨，该铁矿石精矿每吨买价 520 元，适用税率 4%。(铁矿的征税对象为精矿)

要求：根据上述资料，计算该矿山 11 月应代扣代缴的资源税额。

【解析】

该矿山 11 月应代扣代缴的资源税税额＝55 000×520×4%＝1 144 000(元)

【例 5-6】 某煤矿某月开采原煤 200 万吨，直接对外销售，取得销售额 80 万元，适用资源税税率为 5%。

【解析】 纳税人开采原煤直接对外销售的，以原煤销售额作为应税煤炭销售额计算缴纳资源税。

应纳税额＝应税煤炭销售额×适用税率
＝80×5%＝4(万元)

【例 5-7】 某煤矿某月开采原煤 3 000 万吨，并将其加工为洗煤 2 400 万吨对外销售，取得收入为 1 440 万元。假定原煤与洗煤的折算率为 80%，该煤矿适用的资源税税率为 5%。

【解析】 纳税人将其开采的原煤，自用于生产洗选煤的，在原煤移送使用环节不缴纳资源税；自用于其他方面的，视同销售原煤，计算缴纳资源税。

纳税人将其开采的原煤加工为洗选煤销售的，应以洗选煤的销售额乘以折算率作为应税煤炭的销售额计算缴纳资源税。

洗选煤应纳税额＝洗选煤销售额×折算率×适用税率

该煤矿本月销售洗煤应纳税额＝1 440×80%×5%＝57.6(万元)

注意：①上述公式中的销售额均不包含从坑口到车站、码头等的运输费用。②折算率可通过洗选煤销售额扣除洗选环节成本、利润计算，也可通过洗选煤市场价格与其所用同类原煤市场价格的差额及综合回收率计算。折算率由省、自治区、直辖市财税部门或其授权地市级财税部门确定。

三、资源税的会计核算

企业进行资源税会计核算时，应通过“应交税费——应交资源税”科目进行，该科目是负债类科目，贷方核算企业依法应缴纳的资源税；借方核算企业已缴纳或允许抵扣的资源税；期末余额在贷方，反映企业期末应缴未缴的资源税额。

由于企业资源税应纳税额的计算存在不同情况，因此，其会计处理也应视具体情况分别处理。

（一）一般应税资源产品的会计处理

企业计算销售应税产品应缴纳的资源税时，借记“税金及附加”账户，贷记“应交税费——应交资源税”账户；上缴资源税时，借记“应交税费——应交资源税”账户，贷记“银行存款”账户。

【例 5－8】 某油田某月对外销售原油 10 000 吨，开具增值税专用发票，取得销售额 5 000 万元、增值税额 650 万元，该油田原油的税率为 6%。对该油田进行相应会计处理。

【解析】

(1) 计提应交资源税：

销售原油应纳资源税额＝5 000×6%＝300(万元)

借：税金及附加　　3 000 000

　　贷：应交税费——应交资源税　　3 000 000

(2) 缴纳资源税：

借：应交税费——应交资源税　　3 000 000

　　贷：银行存款　　3 000 000

（二）自产自用矿产品资源税的会计处理

企业计算自产自用应税产品，借记“生产成本”“制造费用”“管理费用”等账户，贷记“应交税费——应交资源税”账户；上缴资源税时，借记“应交税费——应交资源税”账户，贷记“银行存款”账户。

【例 5－9】 陕西某煤矿 20××年 6 月开采原煤 50 000 吨，用于连续加工洗煤、选煤的为 30 000 吨，用于矿区发电的 15 000 吨，矿区生活用煤 5 000 吨，原煤每吨售价 370 元。

适用的资源税税率为 5%，计算该煤矿当年 6 月应缴纳自产自用的资源税并进行会计处理。

【解析】

该煤矿 7 月自产自用原煤应纳

资源税＝(15 000＋5 000)×370×5%＝37(万元)

有关会计处理为：

借：制造费用	277 500	
管理费用	92 500	
贷：应交税费——应交资源税		370 000

(三) 收购未税矿产品会计处理

对于有些企业税源小、零散、不定期开采、容易漏税等问题，《中华人民共和国资源税暂行条例》规定：收购未税矿产品的单位为资源税的扣缴义务人，这些单位包括独立矿山、联合企业及其他收购未税矿产品的单位。这些企业收购未税矿产品时，按实际支付的收购款，借记"材料采购"等账户，贷记"应交税费——应交资源税"等账户；上缴资源税时，借记"应交税费——应交资源税"账户，贷记"银行存款"等账户。

【例 5-10】 某矿山某月收购未税砂石 40 000 吨，每吨收购价格为 80 元，该砂石的单位税额为 2 元/吨。对该矿山作出相应会计处理。

【解析】

(1) 代扣代缴的资源税额＝40 000×2＝80 000(元)

借：原材料	3 280 000	
贷：应交税费——应交资源税		80 000
银行存款		3 200 000

(2) 缴纳资源税：

借：应交税费——应交资源税	80 000	
贷：银行存款		80 000

(四) 外购液体盐加工固体盐的会计处理

由于企业购入液体盐后用于加工固体盐时，其购入液体盐包含的资源税允许抵扣固体盐应缴纳的资源税，因此购入液体盐按照允许抵扣的资源税，借记"应交税费——应交资源税"账户；按外购价款扣除允许抵扣资源税后的数额，借记"材料采购"等账户，按支付的全部价款，贷记"银行存款"等账户。

当加工成固体盐销售以后，借记“税金及附加”账户，贷记“应交税费——应交资源税”账户；按销售固体盐应纳资源税抵扣液体盐已纳资源税的差额上缴款项时，借记“应交税费——应交资源税”账户，贷记“银行存款”账户。

【例 5-11】 某滨海盐场某月以外购液体盐 6 000 吨用于加工固体盐3 000 吨，支付价款 1 000 000 元，增值税额 130 000 元，液体盐的税率为 2%。加工成 3 000 吨固体盐全部对外销售，取得销售收入 1 600 000 元，增值税税率为 13%，增值税额 208 000 元，该盐场固体盐的适用税率为 5%。该盐场应作如下会计处理。

【解析】

(1) 购入液体盐：

外购液体盐的资源税额＝1 000 000×2%＝20 000 (元)

借：原材料	980 000	
应交税费——应交增值税(进项税额)	130 000	
应交税费——应交资源税	20 000	
贷：银行存款		1 130 000

(2) 销售固体盐，确认收入：

借：银行存款	1 808 000	
贷：主营业务收入		1 600 000
应交税费——应交增值税(销项税额)		208 000

(3) 计提销售固体盐应缴纳的资源税：

销售固体盐应纳资源税额＝1 600 000×5%＝80 000(元)

借：税金及附加	80 000	
贷：应交税费——应交资源税		80 000

(4) 缴纳资源税：

该盐场实际应纳资源税额＝80 000－20 000＝60 000(元)

借：应交税费——应交资源税	60 000	
贷：银行存款		60 000

关 键 术 语

资源税　税目和税率　课税数量　从量定额　从价定率　应纳税额

思 维 拓 展

1. 资源税的征收范围是什么？

2. 如何核算资源税？

3. 资源税的特点有哪些？

4. 资源税的纳税义务人有哪些？

5. 资源税核算应设置的账户有哪些？应如何进行相关的账务处理？

知识点应用及实践能力训练

单项选择题

1. 以下单位属于资源税纳税人的是(　　)。

A. 生产天然气的油田　　B. 销售天然气的天然气公司

C. 出口天然气的石化进出口公司　　D. 使用天然气的用户

2. 以下资源属于资源税征收范围的有(　　)。

A. 土地资源　　B. 矿产品　　C. 海洋资源　　D. 水资源

3. 扣缴义务人代扣代缴的资源税，应当向(　　)主管税务机关缴纳。

A. 开采地　　B. 收购地　　C. 生产所在地　　D. 销售地

4. 跨省、自治区、直辖市开采资源税应税产品的单位，其下属生产单位与核算单位不在同一省、自治区、直辖市的，对其开采的矿产品，均应在(　　)纳税。

A. 开采地　　B. 收购地

C. 销售地　　D. 核算单位所在地

5. 沿海某盐场某月以自产液体盐加工固体盐 2 000 吨，当月售出 1 600 吨；取得收入 288 万元；另外还直接销售自产液体盐 500 吨，取得收入 150 000 元，液体盐税率为 2%，该盐场当期应纳资源税额是(　　)元。(该盐场固体盐税率为 5%)

A. 147 000　　B. 3 000　　C. 144 000　　D. 141 000

6. 资源税的计征办法为(　　)。

A. 从量计征　　B. 从价计征

C. 复合计征　　D. 从量计征或从价计征

7. 某油田当年销售原油 70 万吨，油田自用 5 万吨，另有 2 万吨采油过程中用于加热和修理油井。每吨原油不含税价格 5 000 元。已知该油田适用的税率为 6%，则该油田当年应纳资源税额为(　　)

万元。

A. 23 100　　B. 21 000　　C. 22 500　　D. 21 600

8. 纳税人开采或生产应税产品并销售的，其资源税的课税数量为(　　)。

A. 开采数量　　B. 计划产量　　C. 实际产量　　D. 销售数量

9. 某煤矿10月生产销售煤炭50万吨，另自用煤炭10万吨加工煤炭制品，折算比为80%。已知原煤每吨4 000元，炭制品每吨6 000元，该煤矿适用的资源税税率为5%。则该煤矿10月应纳资源税为(　　)万元。

A. 10 000　　B. 2 400　　C. 12 400　　D. 3 000

10. 资源税的扣缴义务人收购未税矿产品，代扣代缴资源税时，会计处理为(　　)。

A. 借：原材料
　　贷：应交税费——应交资源税

B. 借：原材料
　　贷：银行存款

C. 借：银行存款
　　贷：应交税费——应交资源税

D. 借：应交税费——应交资源税
　　贷：银行存款

多项选择题

1. 资源税从性质上划分，可分为(　　)。

A. 土地资源税　　B. 自然资源税　　C. 一般资源税　　D. 级差资源税

2. 资源税的税目有(　　)。

A. 原油和天然气　　B. 金属矿原矿

C. 盐　　D. 非金属矿原矿

3. 下列各项中，属于资源税应税产品的有(　　)。

A. 铁矿石　　B. 进口原油　　C. 井矿盐　　D. 煤炭制品

4. 以下煤炭资源中不征收资源税的有(　　)。

A. 开采并出口的原煤　　B. 洗煤

C. 进口原煤　　D. 选煤

5. 某煤矿生产销售原煤一批，为此应缴纳的税金有(　　)。

A. 增值税　　B. 消费税　　C. 资源税　　D. 城市维护建设税

6. 纳税人销售应纳资源税的产品，其资源税的纳税义务发生时间是(　　)。

A. 纳税人采取分期收款结算方式的，其纳税义务发生时间，为销售合同规定的收款日期的当天

B. 纳税人采取其他结算方式的，其纳税义务发生时间，为收讫销售款或者取得索取销售款凭据的当天

C. 纳税人采取预收货款结算方式的，其纳税义务发生时间，为收到预收款的当天

D. 纳税人自产自用应税产品的，其纳税义务发生时间为移送使用应税产品的当天

7. 下列关于资源税会计处理的论述正确的有(　　)。

A. 企业对外销售的应税矿产品,按规定计算出应税矿产品应缴纳的资源税额,借记“税金及附加”等账户,贷记“应交税费——应交资源税”账户

B. 企业自产自用的应税矿产品,其应缴纳的资源税计入生产成本,借记“生产成本”“制造费用”等账户,贷记“应交税费——应交资源税”账户

C. 企业收购未税矿产品,代扣代缴资源税时,借记“材料采购”账户,贷记“应交税费——应交资源税”账户

D. 购入液体盐时,按所允许抵扣的资源税,借记“应交税费——应交资源税”账户;按外购价款扣除允许抵扣资源税额后的余额,借记“材料采购”等账户;按应付的全部价款,贷记“银行存款”“应付账款”等账户

8. 纳税人不能准确提供应税产品销售数量或移送使用数量的,可以(　　)为课税数量。

A. 应税产品的实际产量　　B. 当期计划产量　　C. 上年同期产量

D. 主管税务机关确定的折算比换算成的数量

9. 根据资源税的有关规定,资源税的扣缴义务人包括(　　)。

A. 独立矿山　　B. 联合企业

C. 其他收购未税矿产品的单位　　D. 开采单位

10. 某油田1月生产原油20万吨,当月销售15万吨,取得不含税销售额35万元,加热、修井用0.5万吨;开采天然气1 000万立方米,当月销售900万立方米,待售100万立方米,含税销售额452 000元,当月还购进设备一台,增值税专用发票上注明价款15万元,购进原材料价款34万元,取得普通发票。若原油、天然气的单位税额为6%,则该油田本月应纳增值税和资源税分别为(　　)万元。(适用的增值税税率为13%)

A. 12.75　　B. 7.8　　C. 4.09　　D. 4.5

判断题

1. 为了反映和监督企业资源税额的计算和缴纳情况,凡是缴纳的资源税均应通过“税金及附加”和“应交税费——应交资源税”进行核算。(　　)

2. 我国现行的资源税是对所有资源的课税。(　　)

3. 凡在我国境内开采原油、天然气的单位,都要依照资源税暂行条例缴纳资源税;但中外合作油(气)田开采的原油、天然气暂不征收资源税。(　　)

4. 对在中国境内开采煤炭的单位和个人,应按税法规定征收资源税,但对进口煤炭的单位和个人,则不征收资源税。(　　)

5. 纳税人出口资源税的应税产品,在退(免)增值税的同时,也应退(免)其已纳的资源税。(　　)

6. 资源税纳税人未分别核算或者不能准确提供不同税目应税产品的课税数量的,分别从高或者从低适

用税额。 ( )

7. 资源税实行从量定额和从价定率两种征收方法。 ( )

8. 纳税人开采或生产应税资源产品销售的，以应税产品产量为课税数量。 ( )

9. 纳税人开采或生产应税资源产品自用的，可以减半征收资源税。 ( )

10. 纳税人以外购的液体盐加工固体盐，其加工固体盐所耗用液体盐的已纳税额准予抵扣。 ( )

练 习 题

习 题 一

【目的】练习计算应纳资源税。

【资料】某油田某月对外销售原油300 000吨，每吨原油不含税价格5 000元。该油田原油适用税率6%。

【要求】计算该油田该月的应纳资源税。

习 题 二

【目的】练习计算应纳资源税。

【资料】某煤矿某月生产原煤500 000吨，对外销售原煤400 000吨，煤矿自用原煤100 000吨加工洗煤，该煤矿原煤的单位售价为3 000元/吨，适用税率为6%。

【要求】计算该煤矿该月应纳资源税。

习 题 三

【目的】练习计算应纳资源税。

【资料】东北某油田某月共采原油20万吨，其中已销售15万吨，自用1万吨，尚待销售4万吨。每吨原油不含税价格5 000元。按规定该原油适用税率6%。

【要求】计算该油田该月应纳资源税额。

习 题 四

【目的】练习计算应纳资源税。

【资料】某盐业加工企业用外购液体盐5 000吨加工固体盐，液体盐买价为200万元，税率为2%，该企业某月共销售固体盐2 000吨，售价共360万元，固体盐适用税率为5%。

【要求】计算该企业该月应纳的资源税额并进行相应的账务处理。

习　题　五

【目的】 练习资源税的计算及会计处理。

【资料】 某矿山某月共销售某矿石 2 500 吨，同时用该矿石入选精矿。但因特殊原因税务机关无法准确掌握入选精矿时移送使用的原矿数量，只知道精矿的数量为 500 吨、精矿与矿石原矿之比为 1∶20，该矿资源等级为 3 等，每吨售价为 800 元，按规定适用的税率为 10%。

【要求】 计算该矿山该月应纳资源税额并进行该企业的会计处理。

习　题　六

【目的】 练习资源税的会计处理。

【资料】 某油田某月对外销售原油应纳资源税 150 万元，自产自用原油应纳资源税 10 万元，税务机关核定该油田纳税期限为 10 天，按照上月实际缴纳税款 180 万元预交，企业按规定分三次缴纳税款。

【要求】 作出相应的会计处理。

第六章　土地增值税的核算

重点提示

土地增值税是对转让国有土地使用权、地上建筑物及其附着物并取得收入的单位和个人，就其转让房地产所取得的增值额征收的一种税。通过本章的学习，要求了解土地增值税制度的基本内容，包括土地增值税的定义、纳税义务人、土地增值税的征收管理有关规定；熟悉土地增值税的征税范围、税目及税率；掌握应纳土地增值税的计税依据及应纳土地增值税额的计算、土地增值税核算的账户设置及土地增值税的会计处理方法。

系统学习

本章应系统学习的内容主要有：土地增值税概述、土地增值税的计算及会计核算。

第一节　土地增值税概述

一、土地增值税的概念及特点

（一）土地增值税的概念

土地增值税是对转让国有土地使用权、地上建筑物及其附着物并取得收入的单位和个人，就其转让房地产所取得的增值额征收的一种税。我国现行的土地增值税的基本法律规范是于1994年1月1日实施的《中华人民共和国土地增值税暂行条例》。我国开征土地增值税的主要目的是进一步完善税制，加强对房地产市场的宏观调控，抑制土地投机、获取暴利的行为，增加国家财政收入。

（二）土地增值税的特点

土地增值税的特点表现在以下几方面。

1. 以转让房地产的增值额为计税依据

增值额为纳税人转让房地产的全部销售收入减除税法规定准予扣除的成本、费用、税金以及其他项目金额后的余额为计税依据。

2. 实行超率累进税率

土地增值税的税率是以转让房地产增值率的高低为依据来确认的。按照累进原则，分级计税。增值率高的，税率高、多纳税；增值率低的，税率低、少纳税。

3. 实行按次征收

土地增值税实行按次征收，每发生一次转让行为，就应根据每次取得的增值额征一次税。

二、土地增值税的纳税义务人

土地增值税的纳税义务人是转让国有土地、地上的建筑物及其附着物（房地产）并取得收入的单位和个人。单位包括各类企业、事业单位、国家机关和社会团体及其他组织。

三、土地增值税的征税范围

（一）征税范围

土地增值税的征税范围包括以下内容。

1. 转让国有土地使用权

“国有土地”是指按国家法律规定属于国家所有的土地。

2. 地上的建筑物及其附着物连同国有土地使用权一并转让

“地上的建筑物”是指建于地上的一切建筑物及地上地下的一切设施；“附着物”是指附着于土地上的不能移动或一经移动就会遭受损坏的物品。

（二）征税范围的界定

在实际工作中，土地增值税的征税范围通过以下几条标准来判定：

(1) 土地增值税是对转让国有土地使用权及其地上建筑物和附着物的行为征税。

(2) 土地增值税是对国有土地使用权及其地上的建筑物和附着物的转让行为征税。这里有两层含义：第一层，土地增值税的征税范围不包括国有土地使用权出让所取得的收入。第二层，土地增值税的征税范围不包括未转让土地使用权、房产产权的行为。

(3) 土地增值税是对转让房地产并取得收入的行为征税。需要强调的是，无论是单独转让国有土地使用权，还是房屋产权与国有土地使用权一并转让的，只要取得收入，均属于土地增值税的征税范围，应对其征收土地增值税。

其他具体情况的判定如下：① 以出售方式转让国有土地使用权、地上的建筑物及附着物的属于土地增值税的征税范围，包括：出售国有土地使用权的；取得国有土地使用权后进行房屋开发建造然后出售的；存量房地产的买卖。② 房地产的抵押，在抵押期间不征收土地增值税。待抵押期满后，如果房地产抵债而发生房地产权属转让的，则属于土地增值税的征税范围。③ 房地产的交换，发生了产权转移，属于土地增值税的征税范围。但对个人之间互换自有居住用房地产的，经当地税务机关核实，可以免征土地增值税。④ 以房地产进行投资、联营，将房地产转让到所投资、联营的企业中时，暂免征收土地增值税。对投资、联营企业将上述房地产再转让的，应征收土地增值税。⑤ 合作建房，建成后按比例分房自用的，暂免征收土地增值税；建成后转让的，应征收土地增值税。⑥ 房地产的继承，房地产的出租，房地产的代建房行为和房地产的重新评估而发生的增值，不属于土地增值税的征收范围。

(三) 土地增值税的税收优惠

(1) 纳税人建造普通标准住宅出售，增值额未超过扣除项目金额 20%的，免征土地增值税。

(2) 因国家建设需要依法征用、收回的房地产，免征土地增值税。

(3) 个人因工作调动或改善居住条件而转让原住用房，经向税务机关申报核准，凡居住满 5 年或 5 年以上的，免征土地增值税；凡居住满 3 年未满 5 年的，减半征收土地增值税；居住未满 3 年的，按规定征收土地增值税。

四、土地增值税的税率

土地增值税实行四级超率累进税率。

(1) 土地增值额未超过扣除项目金额 50%的部分，税率为 30%。

(2) 土地增值额超过扣除项目金额 50%，未超过扣除项目金额 100%的部分，税率为 40%。

(3) 土地增值额超过扣除项目金额 100%，未超过扣除项目金额 200%的部分，税率为 50%。

(4) 土地增值额超过扣除项目金额 200%的部分,税率为 60%。

土地增值税税率表如表 6-1 所示。

表 6-1　土地增值税四级超率累进税率

级　次	增值额与扣除项目金额的比例	税率(%)	速算扣除系数
1	50%(含)以下	30	0
2	50%～100%(含)的部分	40	5%
3	100%～200%(含)的部分	50	15%
4	200%以上的部分	60	35%

五、土地增值税的税收管理

(一) 纳税时间

土地增值税的纳税人应在转让房地产合同签订后的 7 日内,到房地产所在地主管税务机关办理纳税申报,并向税务机关提交房屋建筑物产权、土地使用证书,土地转让、房产买卖合同,房地产评估报告及其他转让房地产的有关资料。纳税人因经常发生房地产转让而难以在每次转让后申报的,经税务机关审核同意后,可以定期进行纳税申报,具体期限由税务机关根据情况确定。

(二) 纳税地点

土地增值税的纳税人应向房地产所在地的主管税务机关办理纳税申报,并在税务机关核定的期限内缴纳土地增值税。

这里所说的"房地产所在地"是指房地产的坐落地。纳税人转让的房地产坐落在两个或两个以上地区的,应按房地产所在地分别申报纳税。

在实际工作中,纳税地点确定又可分为以下两种情况:

(1) 纳税人是法人的。当转让的房地产坐落地与机构所在地或经营所在地一致时,则在办理税务登记的原管辖税务机关申报纳税即可;如果转让的房地产坐落地与其机构所在地或经营所在地不一致时,则应在房地产坐落地所辖的税务机关申报纳税。

(2) 纳税人是自然人的。当转让的房地产坐落地与其居住所在地一致时,则在住所所在地税务机关申报纳税;当转让的房地产坐落地与其居住所在地不一致时,在办理过户手续所在地的税务机关申报纳税。

第二节　土地增值税的计算及会计核算

一、土地增值税的计税依据

土地增值税的计税依据是纳税人转让房地产所取得的收入减除规定的扣除项目后的余额为土地增值额，土地增值额的计算公式为：

土地增值额＝收入总额－条例规定准予扣除项目金额

（一）应税收入的确定

应税收入是指纳税人转让房地产所得的全部价款及有关的经济利益，包括货币收入、实物收入以及其他收入在内的全部收入。

1. 货币收入

货币收入指纳税人转让房地产而取得的现金、银行存款、支票、银行本票、汇票等各种信用票据和国库券、金融债券、企业债券、股票等有价证券。

2. 实物收入

实物收入指纳税人转让房地产而取得的各种实物形态的收入，如钢材、水泥等建材，房屋、土地等不动产等。

3. 其他收入

其他收入指纳税人转让房地产而取得的无形资产收入或具有财产价值的权利，如专利权、商标权、著作权、专有技术使用权、土地使用权、商誉权等。

（二）扣除项目的确定

转让房地产所得的收入，允许从中扣除的项目，概括起来有以下几项。

1. 取得土地使用权所支付的金额

取得土地使用权所支付的金额包括以下两方面的内容：

（1）纳税人为取得土地使用权所支付的地价款。

（2）纳税人在取得土地使用权时按照国家统一规定缴纳的有关费用。

2. 房地产开发成本

房地产开发成本是指纳税人房地产开发项目实际发生的成本，主要包括：土地征用及拆迁补偿费、前期工程费、建筑安装工程费、基础设施费、公共配套设施费、开发间接费用等。

3. 房地产开发费用

房地产开发费用是指与房地产开发项目有关的销售费用、管理费用和财务费用。根据现行财务会计制度的规定，这三项费用作为期间费用，直接计入当期损益，不按成本对象进行摊销。其中，财务费用中的利息支出，能够按转让房地产项目计算分摊利息支出并能提供金融机构贷款证明的，其允许扣除的房地产开发费用公式为：

$$\text{允许扣除的房地产开发费用}=\text{利息}+\left(\text{取得土地使用权所支付的金额}+\text{房地产开发成本}\right)\times 5\%\text{以内}$$

（注：利息最高不能超过按商业银行同类同期贷款利率计算的金额）

如果纳税人不能按照转让房地产项目计算分摊利息支出或不能提供金融机构贷款证明的，其允许扣除的房地产开发费用公式为：

$$\text{允许扣除的房地产开发费用}=\left(\text{取得土地使用权所支付的金额}+\text{房地产开发成本}\right)\times 10\%\text{以内}$$

4. 与转让房地产有关的税金

与转让房地产有关的税金是指在转让房地产时缴纳的城市维护建设税、印花税及教育费附加。

5. 其他扣除项目

对从事房地产开发的纳税人，可按上述“取得土地使用权所支付的金额”与“房地产开发成本”两项金额之和，加计 20%进行扣除。

6. 旧房及建筑物的评估价格

转让旧房的，应按房屋及建筑物的评估价格、取得土地使用权所支付的地价款和按国家统一缴纳的有关费用及在转让环节缴纳的税金作为扣除项目金额计征土地增值税。对取得土地使用权时未支付地价款或不能提供已支付的地价款凭据的，在计征土地增值税时不允许扣除。

旧房及建筑物的评估价格是指在转让已使用的房屋及建筑物时，由政府批准设立的房地产评估机构评定的重置成本价乘以成新度折扣率后的价格。评估价格须经当地税务机关确认。重置成本价的含义是：对旧房及建筑物，按转让时的建材价格及人工费用计算，建造同样面积、同样层次、同样结构、同样建设标准的新房及建筑物所花费的成本费用。成新度折扣率的含义是：按旧房的新旧程度作一定比例的折扣。例如，一栋房屋已使用近 10 年，建造时的造价为 1 000 万元，按转让时的建材及人工费用计算，建同样的新房需花费 4 000 万元，该房有六成新，则该房的评估价格为 2 400 万元(4 000×60%)。

二、土地增值税应纳税额的计算

土地增值税采用超率累进税率，在实际计算时，既可以按照一般方法，逐级计算出各部分税额后再相加得出应纳税额；也可采用速算扣除的方法计算应纳税额。

（一）一般定义法

土地增值税按照纳税人转让房地产所得的增值额和规定的税率计算征收。计算公式为：

$$应纳税额=\sum(每级距的土地增值额\times适用税率)$$

（二）速算扣除法

在实际工作中，分部计算比较繁琐，一般采用速算扣除法计算，计算公式为：

应纳税额＝增值额×适用税率－允许扣除项目金额×速算扣除系数

【例6－1】 某纳税人转让房地产取得收入400万元，其扣除项目金额为100万元。计算应缴纳的土地增值税额。

【解析】

第一种方法，按一般定义法计算。

第一步，计算增值额：

收入总额＝400(万元)

扣除项目金额＝100(万元)

增值额＝400－100＝300(万元)

第二步，计算增值率：

增值率(增值额÷扣除项目金额×100%)＝300÷100＝300%

第三步，计算土地增值税：

(1) 增值额未超过扣除项目50%，税率为30%：

增值额＝100×50%＝50(万元)

该部分增值额应纳土地增值税额＝50×30%＝15(万元)

(2) 增值额超过扣除项目50%，未超过扣除项目100%，税率为40%：

增值额＝100×(100%－50%)＝50(万元)

该部分增值额应纳土地增值税额＝50×40%＝20(万元)

（3）增值额超过扣除项目100%，未超过扣除项目200%，税率为50%：

增值额＝100×（200%－100%）＝100（万元）

该部分增值额应纳土地增值税额＝100×50%＝50（万元）

（4）增值额超过扣除项目200%，税率为60%：

增值额＝300－（100×200%）＝100（万元）

该部分增值额应纳土地增值税额＝100×60%＝60（万元）

应纳土地增值税额＝15＋20＋50＋60＝145（万元）

第二种方法，按速算扣除法计算。

第一步，计算增值额：

收入总额＝400（万元）

扣除项目金额＝100（万元）

增值额＝400－100＝300（万元）

第二步，计算增值率：

增值率（增值额÷扣除项目金额×100%）＝300÷100＝300%

第三步，计算土地增值税额：

找税率计算→第四级税率60%；速算扣数系数为35%。

应纳土地增值税额＝300×60%－100×35%＝145（万元）

【例6－2】 某房地产开发公司在三环内某繁华地段建造一幢商住写字楼，该开发项目于20×0年1月开始，共占地5 000平方米，建筑面积40 000平方米。该商住写字楼于20×1年3月完工并于7月底全部售出，每9 000元/平方米，取得销售收入共计36 000万元。该公司为此应缴纳城市维护建设税、教育费附加及印花税为198万元。该写字楼开发成本为3 000元/平方米，开发成本共12 000万元，支付土地出让金800万元，支付银行借款利息500万元。该公司能按该写字楼计算分摊银行贷款利息支出，该公司所在地政府确定的房地产开发费用扣除比率为5%。计算该房地产开发公司应缴纳的土地增值税额。

【解析】 应纳土地增值税的税额计算如下：

第一步，计算增值额：

转让房地产收入＝36 000（万元）

准予扣除的项目金额：

(1) 取得土地使用权所支付的金额＝800(万元)

(2) 房地产开发成本＝12 000(万元)

(3) 房地产开发费用＝500＋(800＋12 000)×5％＝1 140(万元)

(4) 转让房地产的税金＝198(万元)

(5) 从事房地产开发的加计扣除金额＝(800＋12 000)×20％＝2 560(万元)

准予扣除的项目金额合计＝800＋12 000＋1 140＋198＋2 560
＝16 698(万元)

增值额＝36 000－16 698＝19 302(万元)

第二步，计算增值率：

增值率＝19 302÷16 698＝115.59％

第三步，计算土地增值税额：

应交土地增值税额＝19 302×50％－16 698×15％
＝7 146.3(万元)

【例 6－3】 某单位转让一栋已使用过的楼房，售价 500 万元。该楼房原价 600 万元，已提折旧 400 万元。经房地产评估机构评估，该楼房重置成本为 800 万元，成新折扣率为五成。转让时按简易计税办法缴纳增值税 23.809 5 万元，城市维护建设税及教育费附加共 2.381 万元。计算该单位应缴纳的土地增值税额。

【解析】 应纳土地增值税的税额计算如下：

第一步，计算增值额：

转让房地产收入＝500(万元)

准予扣除的项目金额：

(1) 评估价格＝800×50％＝400(万元)

(2) 转让房地产的税金＝2.381(万元)

准予扣除的项目金额合计＝400＋2.381＝402.381(万元)

增值额＝500－402.381＝97.619(万元)

第二步，计算增值率：

增值率＝97.619÷402.381＝24.26％，适用税率为 30％

第三步，计算土地增值税额：

应交土地增值税额＝97.619×30％＝29.29（万元）

三、土地增值税的会计核算

（一）土地增值税的账户设置

为了核算企业应缴纳土地增值税的情况，企业应在“应交税费”账户下设置“应交土地增值税”明细账户进行核算。因土地增值税属于流转环节缴纳的税种，故主营或兼营房地产开发的企业应缴纳的土地增值税额，记入“税金及附加”账户，一般企业销售已使用过的房地产应缴纳的土地增值税额，记入“固定资产清理”账户。会计分录如下：

借：税金及附加	×××	
固定资产清理	×××	
贷：应交税费——应交土地增值税		×××

（二）土地增值税的会计处理

1. 主营房地产业务企业应纳土地增值税的核算

【例 6－4】 见[例 6－2]，作出相应的会计处理。

计提土地增值税时：

借：税金及附加	71 463 000	
贷：应交税费——应交土地增值税		71 463 000

缴纳土地增值税时：

借：应交税费——应交土地增值税	71 463 000	
贷：银行存款		71 463 000

2. 非房地产业务企业转让现有房地产的核算

【例 6－5】 见[例 6－3]，作出相应的会计处理。

（1）固定资产转入清理时：

借：固定资产清理	2 000 000	
累计折旧	4 000 000	
贷：固定资产		6 000 000

（2）取得转让收入时：

借：银行存款	5 000 000	
贷：固定资产清理		4 761 905
应交税费——简易计税		238 095

(3) 计算税金时：

借：固定资产清理	492 500	
贷：应交税费——应交城市维护建设税		16 666.65
——应交教育费附加		7 142.85
——应交土地增值税		292 857.00

(4) 结转固定资产清理净损益时：

借：固定资产清理	2 445 238.50	
贷：资产处置损益		2 445 238.50

关键术语

土地增值额　超率累进税率　转让国有土地使用权　速算扣除法　应交税费——应交土地增值税　税金及附加　固定资产清理

思维拓展

1. 简述土地增值税的概念及特点。
2. 土地增值税的征税范围包括哪些内容？
3. 如何进行土地增值税的会计核算？
4. 土地增值税的计算方法有几种？简述其计算公式。
5. 计算土地增值税的增值额时，其扣除项目包括哪些？

知识点应用及实践能力训练

单项选择题

1. 下列各项属于房地产开发企业在计算转让新建房土地增值税时，作为“与转让房地产有关的税金”项目扣除的是(　　)。

A. 印花税、城市维护建设税、教育费附加　　B. 城市维护建设税、教育费附加

C. 城市维护建设税、房产税　　D. 城市维护建设税、印花税

2. 下列各项中应征土地增值税的有(　　)。

A. 房地产的继承　　B. 房地产的代建房行为

C. 房地产的交换　　D. 房地产的出租

3. 下列各项中,应当征收土地增值税的是(　　)。

A. 公司与公司之间互换房产　　B. 房地产开发公司为客户代建房产

C. 兼并企业从被兼并企业取得房产　　D. 双方合作建房后按比例分配自用房产

4. 房地产开发企业将开发产品用于下列(　　)项目,不属于视同销售房地产,不征收土地增值税。

A. 开发的部分房地产用于换取其他单位的非货币性资产

B. 开发的部分房地产用于职工福利

C. 开发的部分房地产用于出租

D. 开发的部分房地产用于对外投资

5. 非房地产开发企业销售房地产,其应缴纳的土地增值税在进行账务处理时,应借记(　　)账户。

A. "税金及附加"　　B. "其他业务成本"

C. "营业外支出"　　D. "固定资产清理"

6. 某工业企业 20×1 年转让一幢使用两年的办公楼取得收入 5 000 万元,该办公楼建造成本和相关费用 3 700 万元,经房地产评估机构评定其重置成本是 4 000 万元,成新度七成,缴纳与转让办公楼相关的税金 277.5 万元。该企业应缴纳土地增值税(　　)万元。

A. 696.75　　B. 615.13　　C. 506.75　　D. 507.50

7. 某单位转让一幢 1980 年建造的公寓楼,当时的造价为 1 000 万元。经房地产评估机构评定,该楼的重置成本价为 4 000 万元,成新度折扣率为六成。在计算土地增值税时,其评估价格为(　　)万元。

A. 500　　B. 2 400　　C. 2 000　　D. 1 500

8. 纳税人建造普通标准住宅出售,增值额超过扣除项目金额 20%的,应就其(　　)按规定计算缴纳土地增值税。

A. 超过部分的金额　　B. 全部增值额　　C. 扣除项目金额　　D. 出售金额

9. 对于非房地产开发企业,符合土地增值税纳税申报管理规定的是(　　)。

A. 签订房地产转让合同之日起 10 日内

B. 有关部门办理过户、登记手续之日起 7 日内

C. 签订房地产转让合同之日起 7 日内

D. 有关部门办理过户、登记手续之日起 10 日内

10. 土地增值税的纳税人是法人的,如果转让的房地产坐落地与其机构所在地或经营所在地不一致时,则应在(　　)的税务机关申报纳税。

A. 房地产坐落地所管辖　　B. 机构所在地所管辖

C. 经营所在地所管辖　　D. 房地产转让实现地

多项选择题

1. 土地增值税是对有偿转让国有土地使用权及地上建筑物和其他附着物产权，取得增值收入的单位和个人征收的一种税。其特点表述的正确说法有(　　)。

A. 征税面比较广　　B. 实行价外计税

C. 实行按次征收　　D. 实行超率累进税率

2. 以下属于土地增值税纳税义务人的有(　　)。

A. 外商投资企业　　B. 国家机关　　C. 个人　　D. 国有企业

3. 下列各项中，不属于土地增值税征税范围的有(　　)。

A. 企业与企业之间的房地产交换

B. 以房地产抵押贷款而房地产尚在抵押期间的

C. 房地产的代建房行为

D. 以出地、出资双方合作建房，建成后又转让给其中一方

4. 转让旧房的，以下(　　)可作为土地增值税扣除项目金额。

A. 房屋及建筑物的评估价格　　B. 取得土地使用权支付的地价款

C. 转让时缴纳的税金　　D. 转让时缴纳的费用

5. 下列项目属于房地产开发成本的有(　　)。

A. 土地征用及拆迁补偿费　　B. 建筑安装工程费

C. 公共配套设施费　　D. 前期工程费

6. 纳税人发生下列情形之一的，土地增值税以房地产评估价格为依据计算征收的有(　　)。

A. 隐瞒、虚报房地产成交价格

B. 提供扣除项目金额不实

C. 纳税人新建普通标准住宅出售的

D. 转让房地产成交价格低于评估价格，又无正当理由的

7. 下列应纳入土地增值税的征税范围是(　　)。

A. 存量房地产的买卖

B. 投资、联营企业将已投入的房地产再转让

C. 房地产的出租

D. 个人之间互换自有居住用房地产

8. 在计算土地增值税应纳税额时，纳税人为取得土地使用权支付的地价款准予扣除。这里的地价款是指(　　)。

A. 以协议方式取得土地使用权的，为支付的土地出让金

B. 以转让方式取得土地使用权的，为实际支付的地价款

C. 以拍卖方式取得土地使用权的，为支付的土地出让金

D. 以行政划拨方式取得土地使用权变更为有偿使用的，为补交的土地出让金

9. 关于特殊行为的土地增值税的政策陈述，正确的是（　　）。

A. 工业企业将土地(房地产)作价入股进行投资，将房地产转让到其他工业企业中时，暂免征收土地增值税

B. 以房地产抵债而发生房地产权属转让的，征收土地增值税

C. 房地产的重新评估的增值，应该纳入土地增值税的征收范围

D. 房地产的继承不属于土地增值税的征税范围

10. 企业负担的土地增值税，根据具体情况，分别在（　　）账户中列支。

A.“税金及附加”　　B.“其他业务成本”

C.“营业外支出”　　D.“固定资产清理”

判断题

1. 纳税人建造普通标准住宅出售，增值额超过扣除项目金额20%的，应就其超过部分按规定计征土地增值税。（　　）

2. 将使用过的旧房换取股票不缴纳土地增值税。（　　）

3. 转让房地产坐落地与其机构所在地或经营所在地不一致的，则应在房地产坐落地所管辖的税务机关申报纳税。（　　）

4. 隐瞒、虚报房地产成交价格以房地产评估价格为计税依据，计征土地增值税。（　　）

5. 纳税人建造普通标准住宅出售，增值额未超过扣除项目金额20%的，免征土地增值税。（　　）

6. 土地增值税的纳税人为转让国有土地使用权、地上建筑物及其附着物并取得收入的单位。（　　）

7. 房地产开发企业在转让房地产时缴纳的税金包括营业税、耕地占用税、印花税、城市维护建设税及教育费附加(视同税金)。（　　）

8. 企业负担的土地增值税，根据具体情况，分别在税金及附加及其他业务成本账户中列支。（　　）

9. 土地增值税实行四级超率累进税率。（　　）

10. 房地产的继承应征收土地增值税。（　　）

练　习　题

习　题　一

【目的】练习土地增值税的计算及会计处理。

【资料】某月某房地产开发公司转让新建普通标准住宅一幢，取得转让收入5 000万元，转让环节缴

纳税款以及有关费用合计 275 万元。已知该公司为取得土地使用权而支付的地价款和有关费用为 1 600 万元，房地产开发成本为 900 万元，利息支出 180 万元(能够按房地产项目计算分摊并提供金融机构证明)。另知该公司所在地政府规定的其他房地产开发费用的计算扣除比例为 5%。

【要求】 计算企业应缴土地增值税，并作相应会计处理。

习 题 二

【目的】 练习土地增值税的计算及会计核算。

【资料】 某公司转让一块已开发的土地使用权，取得转让收入 2 800 万元，为取得土地使用权，所支付金额 650 万元，开发土地成本 120 万元，利息支出 8.5 万元(能够按房地产项目计算分摊并提供金融机构证明)，应纳有关税费 154 万元。该公司所在地政府规定的其他房地产开发费用的计算扣除比例为 5%。计算该企业应纳土地增值税。

【要求】 计算公司应纳土地增值税，并作出相应的会计处理。

习 题 三

【目的】 练习土地增值税的计算。

【资料】 位于市区的某生产企业，某年利用厂区空地建造一幢写字楼，其发生的相关业务如下：

(1) 按照国家有关规定补交土地出让金 4 000 万元，缴纳相关税费 160 万元。

(2) 写字楼开发成本 3 000 万元。

(3) 写字楼开发费用中的利息支出为 300 万元(不能提供金融机构证明)。

(4) 写字楼竣工验收，将总建筑面积的 1/2 销售，签订销售合同，取得销售收入 6 500 万元。将另外 1/2 的建筑面积出租，当年取得租金收入 15 万元。

(5) 应扣除的相关税费为 360.75 万元。

(其他相关资料：该企业所在省规定，按《土地增值税暂行条例》规定的高限计算扣除房地产开发费用)

【要求】 根据上述资料，按下列序号计算回答问题，每问需计算出合计数。

(1) 企业计算土地增值税时应扣除的取得土地使用权所支付的金额。

(2) 企业计算土地增值税时应扣除的开发成本的金额。

(3) 企业计算土地增值税时应扣除的开发费用的金额。

(4) 企业计算土地增值税时应扣除的有关税金。

(5) 计算企业应缴纳的土地增值税。

习 题 四

【目的】 练习土地增值税的计算。

【资料】 某市工业企业转让一块土地使用权，取得收入 560 万元。年初取得该土地使用权时支付金额 420 万元，转让时发生相关费用 6 万元。相关税费 2.95 万元。

【要求】计算公司应纳土地增值税。

习　题　五

【目的】练习土地增值税的计算。

【资料】某工业企业某月转让一幢新建办公楼取得收入 5 000 万元，计算土地增值税时可以扣除的取得土地使用权金额、房地产开发成本和房地产开发费用为 3 700 万元，缴纳与转让办公楼相关的税金 277.5 万元(其中印花税 2.5 万元)。

【要求】计算公司应纳土地增值税额。

第七章　企业所得税的核算

重点提示

企业所得税是对在我国境内的企业和其他取得收入的组织(个人独资企业和合伙企业除外)就其生产经营所得和其他所得征收的一种税。通过本章的学习,应掌握的重点问题有:熟练掌握企业所得税的纳税义务人、征税对象、税率、纳税地点、纳税期限及其税收减免规定,全面掌握收入总额及准予扣除项目的内容。

系统学习

本章应系统学习的内容有:企业所得税概述、企业所得税应纳税额的计算、企业所得税的会计核算。

第一节　企业所得税概述

一、企业所得税的概念及特点

(一) 企业所得税的概念

企业所得税是对在我国境内的企业和其他取得收入的组织(个人独资企业和合伙企业除外)就其生产经营所得和其他所得征收的一种税。

中华人民共和国成立后,在较长一段时间内,国家对国有企业不征所得税,而实行国有企业上缴利润的制度。为了理顺国家与企业的分配关系,进一步扩大企业的自主权,通过在各地进行“利改税”试点,于1983年在全国推行第一步“利改税”,征税时间从1983年

1月1日起计算。第一步“利改税”办法规定，对国有大中型企业征收55%的所得税，税后利润根据企业的不同情况分别采取递增包干、固定比例上交，征收调节税、定额上交等办法。在1984年又实行了第二步“利改税”，即对国有大中型企业在缴纳了55%的所得税后的利润统一开征调节税。

1994年税制改革时，取消按企业所有制形式设置所得税的办法，将集体企业所得税与国营企业所得税、私营企业所得税合并，统一征收内资企业所得税，税率为33%。

中华人民共和国第十届全国人民代表大会第五次会议于2007年3月16日通过了《中华人民共和国企业所得税法》(以下简称《企业所得税法》)，2007年11月28日国务院第197次常务会议通过了《中华人民共和国企业所得税法实施条例》(以下简称《实施条例》)，对企业所得税法的有关规定作了进一步细化，并与企业所得税法同步于2008年1月1日起施行。

(二) 企业所得税的特点

我国现行企业所得税法的特点主要表现在四个方面：① 内资和外资企业适用统一的企业所得税法。② 统一和规范了税前扣除的方法和标准。③ 统一并适当降低了企业所得税税率(从33%降低到25%)。④ 统一了税收优惠政策，体现了“产业优惠为主、区域优惠为辅”的主导思想。

二、企业所得税的纳税义务人

《企业所得税法》规定，企业所得税的纳税义务人是在中华人民共和国境内的所有实行独立经济核算的企业或其他组织(以下统称为企业)，它包括以下6类：① 国有企业。② 集体企业。③ 私营企业。④ 联营企业。⑤ 股份制企业。⑥ 有生产经营所得和其他所得的其他组织。

这里的企业是指按国家规定注册、登记的企业。有生产经营所得和其他所得的其他组织，是指经国家有关部门批准，依法注册、登记的，有生产经营所得和其他所得的事业单位、社会团体等组织(可概括为居民企业和非居民企业两大类)。独立经济核算是指同时具备在银行开设结算账户；独立建立账簿，编制财务报表；独立计算盈亏等条件。

《企业所得税法》将纳税义务人分为“居民企业”和“非居民企业”，其中的居民企业是指依法在中国境内成立，或者依照外国的法律成立但实际管理机构在中国境内的企业；非居民企业是指依照外国的法律成立且实际管理机构不在中国境内，但在中国境内设立机构、场所的，或者在中国境内未设立机构、场所，但有来源于中国境内所得的企业。将纳税人划分为居民企业和非居民企业，充分体现了企业与国家之间的人身属性，体现了国家行使税收管辖权的指导思想。

三、企业所得税的征税对象

企业所得税的征税对象是企业取得的生产经营所得和其他所得。

《企业所得税法》规定：居民企业应当就其来源于中国境内和境外的所得缴纳企业所得税。

非居民企业在中国境内设立机构、场所的，应当就其机构或场所取得的来源于中国境内的所得，以及发生在中国境外但与其所设机构、场所有实际联系的所得，缴纳企业所得税。对于非居民企业在中国境内未设立机构、场所的，或者虽然设立有机构和场所但取得的所得与其所设机构、场所没有实际联系的，应当就其来源于中国境内的所得缴纳企业所得税。

四、企业所得税的税率

根据《实施条例》的规定，一般企业所得税的税率为 25%。非居民企业在中国境内未设立机构、场所的，或者虽设立机构、场所但取得的所得与其所设机构、场所没有实际联系的，应当就其来源于中国境内的所得缴纳企业所得税，适用税率为 20%。

根据《中华人民共和国企业所得税法》及其实施条例、《财政部、税务总局关于实施小微企业普惠性税收减免政策的通知》等规定：自 2019 年 1 月 1 日至 2021 年 12 月 31 日，小型微利企业均按 20%的税率征收企业所得税。

其中：小型微利企业是指从事国家非限制和禁止行业，且同时符合年度应纳税所得额不超过 300 万元，从业人数不超 300 人，资产总额不超过 5 000 万元等三个条件的企业。

对国家需要重点扶持的高新技术企业，减按 15%的税率征收企业所得税。

据有关资料显示：目前，在全世界实行企业所得税的国家其平均税率为28.6%，可见，我国新的《所得税法》规定的 25%的税率，在世界范围内处于偏低的水平。

五、企业所得税的税收管理

（一）企业所得税的纳税地点

除国家另有规定者外，企业所得税由纳税人在其所在地（即指纳税人的实际经营管理所在地）主管税务机关就地缴纳。其中居民企业应以企业登记注册地为纳税地点，但登记注册地在境外的，应以实际管理机构所在地为纳税地点；当居民企业在中国境内设立不具有法人资格的营业机构时，应当汇总计算并缴纳企业所得税。

非居民企业在中国境内设立机构、场所的，应当以其机构或场所所在地为纳税地点；非居民企业在中国境内未设立机构、场所的，或者虽设立机构、场所但取得的所得与其所设机构、场所没有实际联系的，应以扣缴义务人（即付款人）所在地为纳税地点（即对其实行源泉扣缴，税款由扣缴义务人在每次支付或者到期应支付时予以扣除）；对非居民企业在中国境内取得的工程价款所得和劳务报酬所得应缴纳的所得税，应以工程价款或者劳务费的支付人为扣缴义务人，如果扣缴义务人未依法扣缴或无法履行扣缴义务时，则其所得税应由纳税人在所得的发生地缴纳，纳税人未依法缴纳时，税务机关有权利以其他方式进行追缴；对非居民企业在中国境内设立两个或两个以上机构、场所的，经主管税务机关审核批准，可以选择由其主要的机构、场所汇总缴纳企业所得税。

（二）企业所得税的纳税期限

《企业所得税法》规定：企业所得税应按纳税年度计算，纳税年度自公历 1 月 1 日起至 12 月 31 日止。如果企业在一个纳税年度中间开业或者终止其经营活动，使该纳税年度的实际经营期不足 12 个月的，则应以其实际经营期为一个纳税年度。企业所得税采取分月或分季预缴的方式，按月份或季度预缴税款的纳税人，应在月份或季度终了后 15 日内向主管税务机关进行纳税申报并预缴税款。其中，第 4 季度的税款也应于季度终了后 15 日内先进行预缴，然后在年度终了后 45 日内进行年度纳税申报，税务机关在年度终了的 5 个月内进行汇算清缴，多退少补。

扣缴义务人每次代扣的税款，应从代扣之日起 7 日内上交国库，并向当地主管税务机关报送扣缴企业所得税报告表。

纳税人在年度中间合并、分立、终止时，应当自停止生产经营之日起 60 日内，向当地主管税务机关办理当期所得税纳税申报并汇算清缴。纳税人进行清算时，应当在办理工商注销登记之前，向当地主管税务机关办理所得税纳税申报，并应就其清算终了后的清算所得，依法缴纳企业所得税。

（三）企业所得税的减免

企业所得税减免是指国家运用税收经济杠杆，为鼓励和扶持企业或某些特殊行业的发展而采取的一项灵活调节措施。企业所得税条例原则规定了两项减免税优惠，一是民族区域自治地方的企业需要照顾和鼓励的，经省级人民政府批准，可以实行定期减税或免税；二是法律、行政法规和国务院有关规定给予减税免税的企业，依照规定执行。《企业所得税法》规定了免征、减征企业所得税的内容，具体表述如下。

1. 企业从事下列项目的所得，免征企业所得税

（1）蔬菜、谷物、薯类、油料、豆类、棉花、麻类、糖料、水果、坚果的种植。

（2）农作物新品种的选育。

（3）中药材的种植。

（4）林木的培育和种植。

（5）牲畜、家禽的饲养。

（6）林产品的采集。

（7）灌溉、农产品初加工、兽医、农技推广、农机作业和维修等农、林、牧、渔服务业项目。

（8）远洋捕捞。

2. 企业从事下列项目的所得，减半征收企业所得税

（1）花卉、茶叶及其他饮料作物和香料作物的种植。

（2）海水养殖、内陆养殖。

（3）企业从事国家限制和禁止发展的项目，不得享受本条规定的企业所得税优惠。

3. 企业从事下列项目的所得，实行免征或减半征收企业所得税

（1）企业从事国家重点扶持的公共基础设施项目（是指《公共基础设施项目企业所得税优惠目录》规定的港口码头、机场、铁路、公路、城市公共交通、电力、水利等项目）的投资经营的所得，自项目取得第一笔生产经营收入所属纳税年度起，第1年至第3年免征企业所得税，第4年至第6年减半征收企业所得税。

但是，企业承包经营、承包建设和内部自建自用上述条款规定的项目，不得享受上述规定的企业所得税优惠。

（2）企业从事符合条件的环境保护、节能节水项目，包括公共污水处理、公共垃圾处理、沼气综合开发利用、节能减排技术改造、海水淡化等项目的所得，自项目取得第一笔生产经营收入所属纳税年度起，第1年至第3年免征企业所得税，第4年至第6年减半征收企业所得税。

（3）技术转让所得免征、减征企业所得税，是指在一个纳税年度内，居民企业技术转让所得不超过500万元的部分，免征企业所得税；超过500万元的部分，减半征收企业所得税。

（4）非居民企业取得的所得（即非居民企业在中国境内未设立机构、场所的，或者虽设立机构、场所但取得的所得与其所设机构、场所没有实际联系的，应当就其来源于中国境内的所得），减按10%的税率征收企业所得税。

但是，对民族自治地方内国家限制和禁止行业的企业，不得减征或者免征企业所得税。

4. 下列所得可以免征企业所得税

(1) 外国政府向中国政府提供贷款取得的利息所得。

(2) 国际金融组织向中国政府和居民企业提供优惠贷款取得的利息所得。

(3) 经国务院批准的其他所得。

5. 小型微利企业的税收减免规定

根据《中华人民共和国企业所得税法》及其实施条例、《财政部、税务总局关于实施小微企业普惠性税收减免政策的通知》等规定:①自 2019 年 1 月 1 日至 2021 年 12 月 31 日,对小型微利企业年应纳税所得额不超过 100 万元的部分,减按 25%计入应纳税所得额,按 20%的税率缴纳企业所得税;②对年应纳税所得额超过 100 万元但不超过 300 万元的部分,减按 50%计入应纳税所得额,按 20%的税率缴纳企业所得税。

小型微利企业无论按查账征收方式或核定征收方式缴纳企业所得税,均享受上述优惠政策。

小型微利企业所得税统一实行按季度预缴。

6. 企业所得税的其他优惠

(1) 企业安置残疾人员所支付的工资的扣除:企业安置残疾人员所支付的工资,在按照支付给残疾职工工资据实扣除的基础上,按照支付给残疾职工工资的 100%加计扣除。残疾人员的范围适用《中华人民共和国残疾人保障法》的有关规定。

(2) 创业投资企业投资额的扣除:创业投资企业采取股权投资方式投资于未上市的中小高新技术企业 2 年以上的,可以按照其投资额的 70%在股权持有满 2 年的当年,抵扣该创业投资企业的应纳税所得额;当年不足抵扣的,可以在以后纳税年度结转抵扣。

第二节 企业所得税应纳税额的计算

企业所得税应纳税额等于应纳税所得额乘以适用的所得税税率;应纳税所得额是指纳税人在每一纳税年度的收入总额减去准予扣除项目的金额后的余额(即收入总额减去不征税收入、免税收入、各项扣除以及允许弥补的以前年度亏损后的余额)。其计算公式为:

应纳税所得额=收入总额-准予扣除项目的金额=收入总额-不征税收入-免税收入-各项扣除以及允许弥补的以前年度亏损

应纳税额=应纳税所得额×适用税率-减免税额-抵免税额

公式中的减免税额和抵免税额，是指依照企业所得税法和国务院的税收优惠规定减征、免征和抵免的应纳税额。

一、收入总额的确定

收入总额是指企业在生产经营活动以及其他活动中取得的各项收入的总称，它包括纳税人来源于中国境内、境外的生产经营收入和其他收入。《企业所得税法》除了规定“收入总额”外，还引入了“免税收入”和“不征税收入”的概念，并对其作出了明确规定。

(一) 收入总额的范围

(1) 销售货物的收入，包括纳税人销售商品产品、半成品、原材料、周转材料及其他货物取得的收入。

(2) 提供劳务收入，包括纳税人提供交通运输、建筑安装、金融保险、仓储、邮政、电信、旅游、旅店、饮食、广告、教育、文化、体育、卫生、技术、法律、会计、咨询、代理和其他劳务活动取得的收入。

(3) 财产转让收入，包括纳税人有偿转让固定资产、无形资产、有价证券、股权以及其他财产而取得的收入。

(4) 利息收入，包括纳税人购买各种债券等有价证券的利息、外单位欠款付给的利息以及其他利息收入，但不包括购买国债的利息收入。如果属于纳税人购买的国家重点建设债券和金融债券取得的利息收入，则应按照规定纳税。

(5) 股息及红利收入，是指纳税人对外进行权益性投资而从被投资方分得的股利、红利和其他利润分配收入。

(6) 租金收入，是指纳税人出租固定资产、包装物及与其他财产而取得的租金收入。

(7) 特许权使用费收入，是指纳税人提供或者依法转让商标权、专利权、非专利技术、著作权以及其他特许权的使用权而取得的收入。

(8) 接受捐赠收入，是指纳税人接受外部捐赠的货币和非货币资产的收入，应全额计入收入总额中。

(9) 国家财政性补贴和其他补贴收入。对纳税人取得的国家财政性补贴和其他补贴收入，除另有规定者外，应全部计入实际收到该项补贴收入年度的应纳税所得额，计征所得税。

(10) 其他收入，是指除上述各项收入以外的一切收入，包括固定资产的盘盈收入、罚款收入、因债权人的缘故确实无法支付的应付账款、现金及其他物资的溢余收入、教育附加费返还款、包装物押金收入、在建工程发生的试运营收入以及其他收入等。

（二）免税收入的范围

免税收入是指属于纳税人的应税所得但是按照税法规定应予以免征所得税的收入。免税收入属于税收优惠，政府可根据经济调控目标，确定某些收入在一定时期免税，而在一定时期又可以恢复征税。《企业所得税法》规定的免税收入有：

（1）国债利息收入。但是，如果属于纳税人购买的国家重点建设债券和金融债券取得的利息收入，则应按照规定纳税。

（2）符合条件的非营利组织的收入。

（3）符合条件的居民企业之间的股息和红利收入等权益性投资收益。

（4）在中国境内设立机构、场所的非居民企业从居民企业取得的与该机构、场所有实际联系的股息和红利收入。

（三）不征税的收入范围

不征税收入是指应永久性将其列为不征税范围的收入。《企业所得税法》规定的不征税收入有：

（1）财政拨款。

（2）依法收取并纳入财政管理的行政事业性收费、政府性基金。

（3）国务院规定的其他不征税收入。

二、准予扣除项目

在计算应纳税所得额时准予从收入总额中扣除的项目，是指纳税人在每一纳税年度发生的与取得收入有关的一切必要和正常的成本、费用、税金、损失和其他支出。

这里的“成本”是指纳税人为生产、销售商品和提供劳务等所发生的各项直接费用和各项间接费用；“费用”是指纳税人为生产、销售商品和提供劳务等所发生的销售费用、管理费用和财务费用；“损失”是指纳税人在生产经营过程中发生的各项营业外支出、经营亏损和投资净损失等。除此以外，在计算企业的应纳税所得额时，对纳税人的财务会计处理和税法规定不一致的，还应按照税法规定予以调整。

企业所得税法定扣除项目除成本、费用和损失外，税法有关规定中还明确了一些需按税法规定进行纳税调整的扣除项目，这些扣除项目主要包括以下内容：

（1）借款利息支出的扣除。纳税人在生产、经营期间，向金融机构借款的利息支出，按照实际发生数扣除；向非金融机构借款的利息支出，不高于按照金融机构同类、同期贷款利率计算的数额以内的部分，准予扣除；但是，为购建固定资产取得的专门借款的利息，在固定资产尚未办理竣工决算投产前，应全部计入该项固定资产原值，不得扣除。

【例 7-1】 某公司 20×6 年度实现会计利润总额 45.36 万元。经某注册税务师审核，“财务费用”账户中列支有两笔利息费用：向银行借入生产用资金 200 万元，借用期限 6 个月，支付借款利息 5 万元；经过批准向本企业职工借入生产用资金 60 万元，借用期限 10 个月，支付借款利息 3.5 万元。计算该公司 20×6 年度的应纳税所得额为多少万元？

【解析】 银行的利率＝(5×2)÷200＝5%

可以税前扣除的职工借款利息＝60×5%÷12×10＝2.5(万元)

超标准扣除额＝3.5－2.5＝1(万元)

应纳税所得额＝45.36＋1＝46.36(万元)

【例 7-2】 某白酒生产企业因扩大生产规模新建厂房，由于自有资金不足 20×6 年 1 月 1 日向银行借入长期借款 1 笔，金额 3 000 万元，贷款年利率是4.2%，20×6 年 4 月 1 日该厂房开始建设，12 月 31 日房屋交付使用，则当年该企业可以在税前直接扣除的该项借款费用是多少？

【解析】 企业为购置、建造固定资产发生的借款，在有关资产购置、建造期间发生的合理的借款费用，应予以资本化，作为资本性支出计入有关资产的成本。因此，厂房建造前发生的借款利息可以在税前直接扣除。

可以扣除的借款费用＝3 000×4.2%÷12×3＝31.5(万元)

(2) 工资、薪金支出的扣除。企业发生的合理的工资薪金支出，准予在税前扣除。凡是符合企业生产经营活动常规而发生的工资薪金支出都可以在税前据实扣除。

(3) 职工工会经费、职工福利费、职工教育经费的扣除。企业发生的职工福利费支出，不超过工资薪金总额 14%的部分，准予扣除；企业拨缴的工会经费，不超过工资薪金总额 2%的部分，准予扣除；除国务院财政、税务主管部门另有规定外，企业发生的职工教育经费支出，不超过工资薪金总额 8%的部分，准予扣除；超过部分，准予在以后纳税年度结转扣除。

【例 7-3】 某居民企业 20×6 年实际支出的工资、薪金总额为 1 500 万元，福利费本期发生 300 万元，拨缴的工会经费 30 万元，已经取得工会拨缴收据，实际发生职工教育经费 145 万元，该企业在计算 20×6 年应纳税所得额时，应调整的应纳税所得额为多少？

【解析】 福利费扣除限额为 1 500×14%＝210(万元)，实际发生 300 万元，准予扣除 210 万元；

工会经费扣除限额＝1 500×2%＝30(万元)，实际发生 30 万元，可以据实扣除；

职工教育经费扣除限额＝1 500×8%＝120(万元)，实际发生 145 万元，准予扣除

120 万元；

调增应纳税所得额＝(300－210)＋(145－120)＝115(万元)

(4) 公益、救济性捐赠的扣除。企业发生的公益性捐赠支出，在年度利润总额 12%以内的部分，准予在计算应纳税所得额时扣除。超过年度利润总额 12%的部分，准予在以后三年内计算应纳税所得额时结转扣除。公益性捐赠是指企业通过公益性社会团体或者县级以上人民政府及其部门，用于《中华人民共和国公益事业捐赠法》规定的公益事业的捐赠，同时明确规定了公益性社会团体的范围和条件。

【例 7－4】 某企业 20×6 年度利润总额为 40 万元，未调整捐赠前的应纳税所得额为 50 万元。当年“营业外支出”账户中列支了通过当地教育部门向农村义务教育的捐赠 5 万元。计算该企业 20×6 年应缴纳的企业所得税为多少？

【解析】 公益捐赠的扣除限额＝利润总额×12%＝40×12%＝4.8(万元)，实际发生的公益救济性捐赠为 5 万元，税前准予扣除的公益性捐赠为 4.8 万元，纳税调整额为 0.2 万元(5－4.8)。

应纳税额＝(50＋0.2)×25%＝12.55(万元)

(5) 业务招待费的扣除。考虑到商业招待和个人消费之间难以区分，为加强管理，同时借鉴国际经验，《实施条例》规定，企业发生的与生产经营活动有关的业务招待费支出，按照发生额的 60%扣除，但最高不得超过当年销售(营业)收入的 5‰。

(6) 职工养老基金、医疗保险基金、待业保险基金等各类保险基金和统筹基金的扣除。职工养老基金、医疗保险基金、待业保险基金及住房公积金，在省级税务部门认可的上交比例和基数内，准予在计算应纳税所得额时扣除。

(7) 残疾人保障基金的扣除。对纳税人按当地政府规定上交的残疾人保障基金，允许在计算应纳税所得额时扣除。

(8) 财产保险费、运输保险费的扣除。纳税人缴纳的财产保险费和运输保险费，允许在计税时扣除。但保险公司给予纳税人的无赔款优待，则应计入企业的应纳税所得额。

(9) 固定资产租赁费的扣除。纳税人以经营租赁方式租入固定资产的租赁费，可以直接在税前扣除；以融资租赁方式租入固定资产的租赁费，则不得直接在税前扣除，但租赁费中的利息支出和手续费等可在支付时直接扣除。

【例 7－5】 某公司 20×6 年 3 月 1 日，以经营租赁方式租入固定资产使用，租期 1 年，按独立纳税人交易原则支付租金 1.2 万元；6 月 1 日以融资租赁方式租入机器设备一台，租期 2 年，当年支付租金 1.5 万元。公司计算当年企业应纳税所得额时应扣除的租赁费用为多少万元?

【解析】 公司计算当年企业应纳税所得额时应扣除的租赁费用＝12 000÷12×10＝1(万元)

(10) 固定资产转让费用的扣除。纳税人转让、变卖固定资产时所发生的清理费用、运输费用等支出准予在计税时扣除。

(11) 资产盘亏、毁损净损失、报废净损失的扣除。纳税人发生的各项资产盘亏、毁损、报废净损失,由纳税人提供清查盘点资料,经主管税务机关审核后,准予扣除(这里所说的净损失,不包括固定资产的变价收入)。

(12) 总机构管理费的扣除。纳税人支付给总机构的与本企业生产经营有关的管理费,应当提供总机构出具的管理费汇集范围、定额、分配依据和方法的证明文件,经主管税务机关审核后,准予扣除。

(13) 广告费和业务宣传费的扣除。除国务院财政、税务主管部门另有规定外,广告费和业务宣传费支出不超过当年销售(营业)收入15%的部分,准予扣除;超过部分,准予在以后纳税年度结转扣除。

(14) 研发费用的扣除。企业研究开发新产品、新技术和新工艺所发生的各项研发费用,未形成无形资产时,应全部计入当期损益,在按照实际发生额据实扣除的基础上,再加计50%扣除;形成无形资产的,应按照无形资产成本的150%进行摊销。

(15) 亏损弥补的扣除。纳税人发生的年度亏损,可以用下一年度的所得弥补,下一纳税年度的所得不足弥补的,可以逐年延续弥补,但最长不得超过5年。超过5年尚未弥补完的亏损,不得在税前扣除。

三、不得扣除的项目

企业发生的支出应当区分收益性支出和资本性支出。收益性支出在发生当期直接扣除;资本性支出应当分期扣除或者计入有关资产成本,不得在发生当期直接扣除。

企业的不征税收入用于支出所形成的费用或者财产,不得扣除或者计算对应的折旧额和摊销额扣除。

除企业所得税法和《实施条例》另有规定外,企业实际发生的成本、费用、税金、损失和其他支出,不得重复扣除。

根据《企业所得税法》的规定,在计算应纳税所得额时,下列支出不得扣除:

(1) 向投资者支付的股息、红利等权益性投资收益款项。

(2) 企业的所得税税款。

(3) 税收滞纳金。

(4) 罚金、罚款和被没收的财物损失。

(5) 所得税法第九条规定以外的捐赠支出。

(6) 赞助支出。

(7) 未经核定的准备金支出。

(8) 与取得收入无关的其他支出。

(9) 除企业依照国家有关规定为特殊工种职工支付的人身安全保险费和国务院财政、税务主管部门规定可以扣除的其他商业保险费外,企业为投资者或者职工支付的商业保险费,不得扣除。

(10) 企业依照法律、行政法规有关规定提取的用于环境保护、生态恢复等方面的专项资金,准予扣除。但是,上述专项资金提取后改变用途的,不得扣除。

(11) 企业之间支付的管理费、企业内营业机构之间支付的租金和特许权使用费,以及非银行企业内营业机构之间支付的利息,不得扣除。

四、应纳税所得额的其他规定

(一) 相关资产的税务处理

1. 固定资产折旧的税务处理

在计算应纳税所得额时,纳税人按照规定计算的固定资产折旧,准予在税前扣除。但是,下列固定资产不得计提折旧在税前扣除:① 房屋、建筑物以外未投入使用的固定资产。② 以融资租赁方式租出的固定资产。③ 以经营租赁方式租入的固定资产。④ 已提足折旧但仍可继续使用的固定资产。⑤ 已单独估价入账的土地。⑥ 其他与经营活动无关的固定资产。

除国务院财政、税务主管部门另有规定外,固定资产计算折旧的最低年限如下:① 房屋、建筑物为 20 年。② 火车、轮船、机器、机械和其他生产设备为 10 年。③ 火车、轮船以外的运输工具以及与生产经营有关的器具、工具、家具等为 5 年。④ 电子设备为 3 年。

2. 无形资产累计摊销的税务处理

在计算应纳税所得额时,纳税人按照规定计提的无形资产累计摊销,准予在税前扣除。但是,下列无形资产不得计提摊销额并在税前扣除:① 其研发支出已经在计算应纳税所得额时予以扣除的无形资产。② 与纳税人的生产经营活动无关的无形资产。③ 其他不得计提累计摊销扣除的无形资产。

3. 长期待摊费用摊销的税务处理

在计算应纳税所得额时，纳税人发生的下列各项支出可以作为长期待摊费用，按照税法规定在一定的受益期限内进行摊销，准予在税前扣除：① 租入固定资产的改良支出。② 固定资产的大修理支出。③ 会计上已提足折旧的固定资产的改建支出。④ 其他应作为长期待摊费用核算的支出。

【例 7-6】 某公司为一家居民企业，属于增值税一般纳税人，适用的增值税税率为13%，主要生产销售洗衣机，假定20××年度有关经营业务如下：

(1) 销售洗衣机取得不含税收入8 600万元，与洗衣机配比的销售成本5 660万元。

(2) 转让技术所有权取得收入700万元，直接与技术所有权转让有关的成本和费用100万元。

(3) 出租设备取得租金收入200万元，开具增值税专用发票上注册的税额26万元，接受原材料捐赠取得增值税专用发票注明材料金额50万元、增值税进项税额6.5万元，取得国债利息收入30万元。

(4) 购进原材料共计3 000万元，取得增值税专用发票注明进项税额390万元；支付购料运输费用共计140万元(不含税)，取得运输企业的增值税专用发票。(运输企业适用的增值税税率为9%)

(5) 销售费用1 650万元，其中广告费1 400万元。

(6) 管理费用850万元，其中业务招待费90万元。

(7) 财务费用80万元，其中含向非金融企业借款500万元所支付的年利息40万元(当年金融企业贷款的年利率为5.8%)。

(8) 计入成本、费用中的实发工资540万元；发生的工会经费15万元、职工福利费82万元、职工教育经费48万元。

(9) 营业外支出300万元，其中包括通过公益性社会团体向贫困山区的捐款150万元。

(其他相关资料：① 上述销售费用、管理费用和财务费用不涉及转让费用。② 取得的相关票据均通过主管税务机关认证。)

要求：根据上述资料，计算下列各项指标：

(1) 企业20××年应缴纳的增值税。

(2) 企业20××年应缴纳的城市维护建设税和教育费附加。

(3) 企业20××年实现的会计利润。

(4) 广告费用应调整的应纳税所得额。

(5) 业务招待费应调整的应纳税所得额。

(6) 财务费用应调整的应纳税所得额。

(7) 职工工会经费、职工福利费、职工教育经费应调整的应纳税所得额。

(8) 公益性捐赠应调整的应纳税所得额。

(9) 企业 20××年度企业所得税的应纳税所得额。

(10) 企业 20××年度应缴纳的企业所得税。

【解析】 根据上述资料，分析计算如下：

(1) 应缴纳的增值税额＝8 600×13％＋26－6.5－390－140×9％＝734.90 (万元)

(2) 应缴纳的城市维护建设税额和教育费附加＝734.90×(7％＋3％)＝73.49(万元)

(3) 会计利润＝8 600－5 660＋700－100＋200＋50＋6.5＋30－1 650－850－80－300－73.49＝871.51(万元)

(4) 销售(营业)收入＝8 600＋200＝8 800(万元)

广告费用应调整的应纳税所得额＝1 400－8 800×15％＝80(万元)

(5) 业务招待费×60％＝90×60％＝54(万元)

销售(营业)收入×0.5％＝8 800×0.5％＝44(万元)

业务招待费应调整的应纳税所得额＝90－44＝46(万元)

(6) 财务费用应调整的应纳税所得额＝40－500×5.8％＝11(万元)

(7) 工会经费扣除限额＝540×2％＝10.8(万元)，调增 15－10.8＝4.2 (万元)

职工福利费扣除限额＝540×14％＝75.6(万元)，调增 82－75.6＝6.4(万元)

职工教育经费＝540×8％＝43.2(万元)，调增 48－43.2＝4.8(万元)

(8) 公益性捐赠应调整的应纳税所得额＝150－871.51×12％＝45.42 (万元)

(9) 企业所得税的应纳税所得额＝871.51＋80＋46＋11＋15.4＋45.42－30＝1 039.33(万元)

(10) 应缴纳的企业所得税额＝(1 039.33－600)×25％＋100×25％×50％＝122.33(万元)

(二) 境外投资所得已纳税款的扣除

所得税法规定的对纳税人来源于境外所得在境外实际缴纳的税款，其扣除限额按照以下公式计算：

$$\text{境外所得税税款扣除限额} = \text{境内、境外所得按税法计算的应纳税总额} \times \text{来源于某外国的所得额} \div \text{境内、境外所得总额}$$

纳税人来源于境外所得在境外实际缴纳的税款，低于按上述公式计算的扣除限额的，可以从应纳税额中据实扣除；超过扣除限额的，其超过部分不得在本年度的应纳税额中扣除，也不得列为费用支出，但可用以后年度税额扣除的余额补扣，补扣期限最长不得超过5年。

【例7-7】 某公司20×6年度应纳税所得额为2 000万元，适用的企业所得税税率为25%。该公司分别在A、B两国设有分支机构（我国与A、B两国已经缔结避免双重征税协定），在A国分支机构的应纳税所得额为1 000万元，A国税率为30%；在B国分支机构的应纳税所得额为600万元，B国税率为20%。

假设该企业在A、B两国所得按我国税法计算的应纳税所得额和按A、B两国税法计算的应纳税所得额是一致的，两个分支机构在A、B两国分别缴纳300万元和120万元的所得税。计算该公司汇总在我国应缴纳的企业所得税额。

【解析】 该公司按我国税法计算的境内、境外所得的应纳税额＝

(2 000＋1 000＋600)×25%＝900(万元)

A国扣除限额＝900×[1 000÷(2 000＋1 000＋600)]＝250(万元)

B国扣除限额＝900×[600÷(2 000＋1 000＋600)]＝150(万元)

分析表明：该公司在A国缴纳的所得税为300万元，高于扣除限额250万元，其超过扣除限额的部分50万元当年不能扣除，也不得列为费用支出，但可以用以后年度税额扣除的余额补扣；在B国缴纳的所得税为120万元，低于扣除限额150万元，可全额扣除；该公司在我国应缴纳的所得税额为530万元(900－250－120)。

第三节 企业所得税的会计核算

一、所得税会计的账户设置

所得税会计核算应设置的账户主要有："应交税费——应交所得税"账户、"所得税费用"账户、"递延所得税资产"账户和"递延所得税负债"账户，这些账户的用途和使用方法分别介绍如下。

"应交税费——应交所得税"账户。该账户属于负债类账户，用来核算企业确认的当期应交未交的所得税及其实际上交情况。该账户的贷方登记企业确认的当期应交未交的所得税；借方登记实际上交的所得税；期末贷方余额表示当期实际未交的所得税。

“所得税费用”账户。该账户属于损益类账户，用来核算企业按规定应从本期损益中扣除的所得税。该账户的借方登记企业应计入本期损益的所得税费用；贷方登记期末转入“本年利润”的所得税费用；该账户期末结转后无余额。

“递延所得税资产”账户。该账户属于资产类账户，用来核算企业根据可抵扣暂时性差异所确认的所得税资产及其在以后期间的转回情况。该账户的借方登记企业应予以确认的递延所得税资产；贷方登记企业递延所得税资产的减少额，期末借方余额则反映递延所得税资产的实际余额。

“递延所得税负债”账户。该账户属于负债类账户，用来核算企业根据应纳税暂时性差异所确认的所得税负债及其在以后期间的转回情况。该账户的贷方登记企业应予以确认的递延所得税负债；借方登记企业递延所得税负债的减少额；期末贷方余额则反映递延所得税负债的实际余额。

二、所得税会计处理方法

企业的会计核算和税收处理分别遵循不同的原则，服务于不同的目的。在我国，会计的确认、计量、报告应当遵循《企业会计准则》的规定，其目的在于真实、全面、系统地反映企业的财务状况、经营成果和现金流量等方面的信息，为投资者、债权人、政府机构以及其他会计信息使用者提供对其决策有用的会计信息。而税法则是以课税为目的，根据国家有关税收法律、法规的规定，确定一定时期内纳税人应交纳的税额。从所得税的角度来讲，主要是确定企业的应纳税所得额，以对企业的经营所得征税。

可见，所得税会计的形成和发展是所得税法规和《企业会计准则》规定相互分离的必然结果。《企业会计准则——所得税》(以下简称《所得税准则》)是从资产负债表出发，通过比较资产负债表上列示的资产、负债按照《企业会计准则》规定确定的账面价值与按照税法规定确定的计税基础，将两者之间的差异分别确认为应纳税暂时性差异与可抵扣暂时性差异，据以确认相关的递延所得税负债与递延所得税资产，并在此基础上确定每一会计期间利润表中的所得税费用。

(一) 资产负债表债务法

所得税会计是会计与税收规定之间的差异在所得税会计核算中的具体体现。《所得税准则》要求企业采用资产负债表债务法核算所得税。

资产负债表债务法较为完全地体现了资产负债观，在所得税的会计核算方面贯彻了资产、负债的界定。从资产负债表角度考虑，资产的账面价值代表的是企业在持续持有及最终处置某项资产的一定期间内，该项资产为企业带来的未来经济利益，而其计税基础代表的是在这一期间内，就该项资产按照税法规定可以税前扣除的金额。如果一项资产的账面价值小于其计税基础，则表明该项资产在未来期间产生的经济利益流入低于按照税法规定允许税前扣除的金额，从而产生可抵减未来期间应纳税所得额的因素，减少未来期间以应交所得税的方式流出企业的经济利益，从其产生的时点来看，应确认为企业的资产（即递延所得税资产）。反之，如果一项资产的账面价值大于其计税基础，则两者之间的差额将会在未来期间产生应税金额，增加未来期间的应纳税所得额及应交所得税，形成经济利益流出企业的义务，因而应确认为企业的负债（即递延所得税负债）。

（二）所得税会计核算的一般程序

企业在采用资产负债表债务法核算所得税的情况下，一般应于每一资产负债表日进行所得税的核算。当发生特殊交易或事项（如企业合并），在确认因交易或事项取得的资产、负债时即应确认相关的所得税影响。所得税会计核算一般应遵循以下程序。

（1）按照相关会计准则规定，确定资产负债表中除递延所得税资产和递延所得税负债以外的其他资产和负债项目的账面价值。其中资产、负债的账面价值，是指企业按照相关会计准则的规定进行核算后在资产负债表中列示的金额。

（2）按照《企业会计准则》中对于资产和负债计税基础的确定方法，以适用的税收法规为基础，确定资产负债表中有关资产、负债项目的计税基础。

（3）比较资产、负债的账面价值与其计税基础，对于两者之间存在差异的，分析其性质，除《企业会计准则》中规定的特殊情况外，分别应纳税暂时性差异与可抵扣暂时性差异并乘以所得税税率，确定资产负债表日递延所得税负债和递延所得税资产的应有金额，并与期初递延所得税负债和递延所得税资产的余额进行比较，以确定当期应予进一步确认的递延所得税负债和递延所得税资产的金额或应予转销的金额，并将其作为构成利润表中所得税费用的一个组成部分——递延所得税。

（4）按照适用的税法规定计算确定当期应纳税所得额，并将应纳税所得额与适用的所得税税率相乘计算的结果确认为当期应交所得税，作为利润表中应予确认的所得税费用的另外一个组成部分——当期所得税。

（5）确定利润表中的所得税费用。利润表中的所得税费用包括当期所得税和递延所得税两个组成部分，企业在计算确定了当期所得税和递延所得税后，两者之和（或之差），就是利润表中的所得税费用。

（三）资产、负债的计税基础及暂时性差异

综上所述，确定资产、负债的计税基础是所得税会计的关键问题。在确定资产、负债的计税基础时，应严格遵循税收法规中关于资产的税务处理以及可在税前扣除的费用项目等规定进行。

1. 资产的计税基础

资产的计税基础，是指企业在收回资产账面价值的过程中，计算应纳税所得额时按照税法规定可以从应税经济利益中抵扣的金额，即某一项资产在未来期间实现收益后计税时按照税法规定可以税前扣除的金额。

资产在初始确认时，其计税基础一般为取得成本，也就是说，企业为取得某项资产支付的成本，是税法认定的在未来期间准予税前扣除的金额。在资产的持续持有过程中，其计税基础是指资产的取得成本减去以前期间按照税法规定已经税前扣除的金额后的余额，该余额代表的是按照税法规定，就涉及的资产在未来期间计税时仍然可以税前扣除的金额。如固定资产、无形资产等长期资产，在某一资产负债表日的计税基础是指其成本扣除按照税法规定已经在以前期间税前扣除的累计折旧额或累计摊销额后的余额。

在通常情况下，资产在后续计量过程中，可能会因为企业会计准则与税收法规的规定存在差异，从而导致资产的账面价值与其计税基础之间产生差异。下面就对资产负债表中部分资产项目计税基础的确定予以简单介绍(需要说明的是：如果因国家税收法规规定发生变化，导致对有关资产、费用等的税务处理作出变更的，则应以新的税收法规规定为基础计算确定计税基础)。

(1) 固定资产项目。以各种方式取得的固定资产，初始确认时按照会计准则规定确定的入账价值基本上是被税法认可的，即取得时其账面价值一般等于计税基础；但是，固定资产在持有期间进行后续计量时，《企业会计准则》规定，按照“成本－累计折旧－固定资产减值准备”进行计量，而税收法规则规定，按照“成本－按照税法规定已在以前期间税前扣除的折旧额”进行计量。由于《企业会计准则》与税收处理规定的不同，因而产生了固定资产的账面价值与其计税基础的差异，这种差异主要产生于固定资产折旧方法、折旧年限的不同以及固定资产减值准备的提取等方面。

折旧方法的差异：《企业会计准则》规定，企业应当根据与固定资产有关的经济利益的预期实现方式合理选择折旧方法，如企业可以采用直线法和工作量法计提折旧，也可以采用双倍余额递减法和年数总和法等计提折旧，前提是有关折旧方法的选择应该与固定资产为企业带来经济利益的消耗情况密切相关。而税法一般会规定固定资产的折旧方法，除某些特殊行业的固定资产可以按照规定采用加速折旧法计提折旧以外，企业基本上可以在税前扣除的均是按照直线法计提的折旧。

折旧年限的差异：税法还就每一类固定资产的折旧年限作出了明确规定，而会计处理时，是由企业根据固定资产的性质和使用情况按照《企业会计准则》规定确定的折旧年限进行的。由于会计处理时确定的折旧年限与税法规定的折旧年限不同，也会产生固定资产持有期间的账面价值与其计税基础的差异。

计提固定资产减值准备产生的差异：企业在持有固定资产的期间内，对固定资产计提了减值准备以后，会使企业固定资产的账面价值减少。但是税法规定，企业按照《企业会计准则》规定计提的各项资产减值准备，在资产发生实质性损失前不允许税前扣除，从而产生固定资产的账面价值与其计税基础的差异。

【例 7-8】 某公司在 20×4 年 12 月以 4 000 万元购入一项生产经营用固定资产，按照该项固定资产的预计使用情况估计其使用寿命为 20 年，按照直线法计提折旧，预计净残值为 0。假定税法规定的折旧年限、折旧方法及净残值与会计规定相同。20×6 年 12 月 31 日，该公司估计该项固定资产的可收回金额为3 300 万元，则 20×6 年 12 月 31 日的具体分析计算如下：

【解析】 该项固定资产的账面价值＝4 000－4 000÷20×2－300

＝3 300 (万元)

该项固定资产的计税基础＝4 000－4 000÷20×2＝3 600(万元)

该项固定资产的账面价值与其计税基础之间的差额＝3 300－3 600＝－300(万元)

分析表明：该项固定资产的账面价值 3 300 万元小于其计税基础 3 600 万元，它们之间产生的 300 万元的差额，在未来期间会减少企业的应纳税所得额和应交所得税，应确认为可抵扣暂时性差异。

【例 7-9】 如[例 7-8]，假定该公司的相关资料不变，而税法规定的该固定资产在计税时应采用双倍余额递减法计提折旧，并规定其折旧年限为 10 年，净残值与会计规定相同，则 20×6 年 12 月 31 日的具体分析计算如下：

【解析】 该项固定资产的账面价值＝4 000－4 000÷20×2－300

＝3 300 (万元)

该项固定资产的计税基础＝4 000－(4 000×20％)－(4 000－800)×20％

＝2 560(万元)

该项固定资产的账面价值与其计税基础之间的差额＝3 300－2 560＝740(万元)

分析表明：该项固定资产的账面价值 3 300 万元大于其计税基础 2 560 万元，它们之间产生的 740 万元的差额，在未来期间会增加企业的应纳税所得额和应交所得税，应确认为应纳税暂时性差异。

(2) 无形资产项目。除内部研究开发形成的无形资产以外，企业以其他方式取得的无形资产，在初始确认时按照会计准则规定确定的入账价值与其按照税法规定确定的成本之间一般不存在差异。也就是说，无形资产的账面价值与其计税基础之间的差异主要产生于内部研究开发形成的无形资产以及使用寿命不确定的无形资产。

对内部研究开发形成的无形资产，《企业会计准则》规定：研究阶段的支出应当费用化计入当期损益，开发阶段符合资本化条件以后至达到预定用途前发生的支出，应当资本化计入无形资产的成本；而税法规定：企业发生的研究开发支出，未形成无形资产的，应全部计入当期损益，在据实扣除的基础上，再加计扣除 50%；形成无形资产的，在其使用期内按照无形资产成本的 150%摊销。

内部研究开发形成的无形资产在初始确认时，按照《企业会计准则》规定，其成本为符合资本化条件以后至达到预定用途前发生的支出总额，按照税法规定该部分支出可在以后期间按照 150%进行摊销，所形成的无形资产在以后期间可税前扣除的金额为其成本的 150%，即该项无形资产的计税基础为其成本的 150%，从而造成该项无形资产的账面价值与其计税基础的差异。

无形资产在后续计量时，会计与税收的差异主要产生于对无形资产是否需要摊销及无形资产减值准备的提取方面。《企业会计准则》规定：无形资产在取得以后，应根据其使用寿命情况，区分为使用寿命有限的无形资产和使用寿命不确定的无形资产。对于使用寿命不确定的无形资产，不要求进行摊销，但在其持有期间每年年末应进行减值测试。而税法规定：企业取得的无形资产成本，应在一定期限内进行摊销，即税法中并没有界定使用寿命不确定的无形资产。也就是说，按照税法规定所有的无形资产成本均应在一定期间内进行摊销。

可见，对于使用寿命不确定的无形资产，在会计处理时不予摊销，但在计税时其按照税法规定确定的摊销额则允许税前扣除，从而造成该类无形资产的账面价值与其计税基础的差异。

企业在对无形资产计提减值准备的情况下，因税法规定对按照《企业会计准则》规定计提的无形资产减值准备，在未形成实质性损失前不允许税前扣除，即无形资产的计税基础不会随减值准备的提取发生变化，但其账面价值却会因无形资产减值准备的提取而下降，从而造成无形资产的账面价值与其计税基础的差异。

【例 7－10】 某企业 20×2 年年初取得一项无形资产，其取得的成本为 500 万元，预计使用年限为 10 年。按照直线法进行摊销，预计净残值为 0，假定税法规定的摊销方法、使用年限等均与会计规定相同。20×4 年年末，该企业估计该项无形资产的可收回金额为 300 万元。具体分析计算如下：

【解析】 该公司采用直线法对该项无形资产的价值进行摊销，每年摊销 50 万元，至 20×4 年年末累计摊销为 150 万元，当年年末企业计提无形资产减值准备 50 万元（500－150－300）；而税法规定企业计提的各项资产减值准备在未发生实质性损失之前是不允许税前扣除的，因而该无形资产 20×4 年年末的计税基础为 350 万元（500－150），该无形资产的账面价值 300 万元（500－150－50）小于计税基础 350 万元。

分析表明：该项无形资产的账面价值 300 万元小于其计税基础 350 万元，两者之间的差额 50 万元将于在以后期间减少企业的应纳税所得额，导致应交所得税的减少，应确认为可抵扣暂时性差异。

（3）以公允价值计量且其变动计入当期损益的金融资产项目。按照《企业会计准则——金融工具确认和计量》的规定，对于以公允价值计量且其变动计入当期损益的金融资产，在某一会计期末的账面价值即为该时点的公允价值；如果税法规定资产在持有期间市价变动损益在计税时不予考虑，即有关金融资产在某一会计期末的计税基础为其取得成本，从而会造成在公允价值变动的情况下该类金融资产的账面价值与其计税基础之间的差异。

对企业持有的可供出售金融资产计税基础的确定，与以公允价值计量且其变动计入当期损益的金融资产类似，可比照上述方法处理。

【例 7－11】 20×6 年 10 月 28 日，某公司从公开市场取得一项权益性投资，共支付价款 2 700 万元，作为交易性金融资产核算。20×6 年 12 月 31 日，该项权益性投资的市价为 2 850 万元。假定税法规定对于交易性金融资产，持有期间公允价值的变动不计入应纳税所得额，待出售时一并计算应计入应纳税所得额的金额。具体分析计算如下：

【解析】 该项交易性金融资产的期末市价为 2 850 万元，按照会计准则规定进行核算，在 20×6 年 12 月 31 日该项交易性金融资产的账面价值为 2 850 万元。

因税法规定交易性金融资产在持有期间的公允价值变动不计入应纳税所得额，则其在 20×6 年 12 月 31 日的计税基础应为原取得的成本，即 2 700 万元。

分析表明：该项交易性金融资产的账面价值 2 850 万元与其计税基础 2 700 万元之间产生了 150 万元的应纳税暂时性差异，该暂时性差异在未来期间转回时会增加未来期间企业的应纳税所得额，从而导致企业应交所得税的增加。

（4）其他资产项目。除上述资产外，企业持有的其他资产，也可能造成其账面价值与计税基础之间存在差异，比如采用公允价值模式计量的投资性房地产以及其他计提了资产减值准备的各项资产，如应收账款、存货、长期股权投资等等。

【例 7-12】 某公司在 20×6 年年初购入原材料数批，成本共计为 8 800 万元，因产品质量问题造成部分生产线停工，当年未领用任何该原材料。20×6 年资产负债表日，考虑到该原材料的市价及用其生产的产品市价情况，估计其可变现净值为 8 600 万元（假定该原材料在 20×6 年年初的期初余额为 0）。具体分析计算如下。

【解析】 因该项原材料的期末可变现净值低于其成本，所以，应计提存货跌价准备，其金额为 200 万元（8 800－8 600），在计提了存货跌价准备后，该项原材料的账面价值变为 8 600 万元。

在计算缴纳所得税时，按照税法规定计提的资产减值准备不允许税前扣除，即该项原材料的计税基础并不会因存货跌价准备的提取而发生任何变化，其计税基础仍为原取得时的成本 8 800 万元。

分析表明：该存货的账面价值为 8 600 万元，其计税基础为 8 800 万元，两者之间产生了 200 万元的可抵扣暂时性差异，该差异会减少企业在未来期间的应纳税所得额和应交所得税。

2. 负债的计税基础

负债的计税基础，是指负债的账面价值减去未来期间计算应纳税所得额时按照税法规定可予抵扣的金额。可用公式表示如下：

负债的计税基础＝负债的账面价值－未来期间按照税法规定可予税前扣除的金额

在通常情况下，负债的确认与偿还一般不会影响企业的损益，也不会影响其应纳税所得额，即在未来期间计算应纳税所得额时按照税法规定可予抵扣的金额为 0，计税基础即为账面价值。例如，企业的短期借款、应付账款等。但是，某些情况下，负债的确认可能会影响企业的损益，进而影响不同期间的应纳税所得额，从而使其计税基础与账面价值之间产生差额，如按照《企业会计准则》规定确认的某些预计负债等。

（1）企业因销售商品产品提供售后服务等原因确认的预计负债项目。按照《企业会计准则——或有事项》规定，企业对于提供售后服务预计将发生的支出，在满足有关确认条件时，在销售当期即应确认为费用，同时确认预计负债。而税法规定，与销售产品相关的支出应在实际发生时税前扣除。因该类事项产生的预计负债在期末的计税基础为其账面价值与未来期间可税前扣除的金额之间的差额，而有关的支出在未来实际发生时可全部税前扣除，所以其计税基础为 0。

企业因其他事项而确认的预计负债，也应按照税法规定的计税原则确定其计税基础。在某些情况下，因为有些事项而确认的预计负债，税法规定其支出无论是否实际发生均不允许税前扣除，即未来期间按照税法规定可予抵扣的金额为 0，也就说账面价值等于其计税基础。

【例 7－13】 某公司在20×6年年初对其销售的产品承诺提供3年的保修服务，并在当年度利润表中确认了300万元的销售费用，同时确认为当年的预计负债，当年度未发生任何保修支出。假定按照税法规定，与产品售后服务相关的费用在实际发生时允许税前扣除。具体分析计算如下。

【解析】 20×6年12月31日资产负债表中，该公司预计负债的账面价值为300万元。

因税法规定与产品保修相关的支出在未来期间实际发生时允许税前扣除，则该项负债的计税基础＝账面价值－未来期间计算应纳税所得额时按照税法规定可予抵扣的金额，而在未来期间计算应纳税所得额时按照税法规定可予抵扣的金额为300万元，所以，该项负债的计税基础为0(300－300)。

分析表明：该项负债的账面价值300万元与其计税基础0之间产生了300万元的可抵扣暂时性差异。

(2) 应付职工薪酬项目。《企业会计准则》规定，企业为获得职工提供的服务给予的各种形式的报酬以及其他相关支出均应作为企业的成本费用，在未支付之前确认为负债。《企业所得税法》中对于职工工资、薪金支出则规定：凡是符合企业的生产经营常规而发生的工资和薪金支出，均可以在税前予以扣除，即未来期间计税时可予以税前扣除的金额为0，因而该项负债的计税基础为其账面价值，两者之间不产生暂时性差异。

【例 7－14】 某公司20×6年12月20日分配计入各项成本费用的职工工资、薪金总额为1 800万元，至20×6年12月31日尚未支付，但已列示为资产负债表中的负债"应付职工薪酬"项目。按照适用的《企业所得税法》规定，该公司当期计入成本费用的1 800万元工资薪金支出中，可予以税前扣除的金额为1 800万元。具体分析计算如下。

【解析】 按照《企业会计准则》规定，20×6年12月31日，该公司应付职工薪酬的账面价值应为1 800万元。

按照《企业所得税法》规定，企业当期实际发生的工资薪金支出1 800万元允许税前全部扣除，未来期间计税时可予以税前扣除的金额为0，即该项负债的计税基础等于其账面价值1 800万元。

分析表明：该项负债的账面价值1 800万元与其计税基础1 800万元相同，因而不形成暂时性差异(即对未来期间的应纳税所得额和应交所得税不造成影响)。

(3) 其他负债项目。除上述负债以外，企业的其他负债项目，如应交的罚款、违约金和滞纳金等，在尚未支付之前按照《企业会计准则》规定应确认为当期的费用，同时作为负债反映。而《企业所得税法》规定，罚款和滞纳金均不能在税前扣除，即该部分费用无论是在发生当期还是在以后期间均不允许税前扣除（即未来期间计税时可予税前扣除的金额为0），因而该负债的计税基础就等于其账面价值，两者之间不产生暂时性差异。

企业因其他交易或事项产生的负债，其计税基础也应当按照适用的《企业所得税法》的相关规定确定。

【例7-15】 某公司于20×6年12月因违反税收法规的规定，接到主管税务部门的处罚通知，要求其支付罚款120万元。税法规定，企业因违反国家有关法律、法规规定支付的罚款和滞纳金，在计算应纳税所得额时不允许税前扣除。至20×6年12月31日，该项罚款尚未支付。具体分析计算如下。

【解析】 按照《企业会计准则》规定，该公司应将120万元的罚款计入20×6年度的利润表，同时将其确认为资产负债表中的流动负债。

按照税法规定，企业因违反国家有关法律、法规规定支付的罚款和滞纳金不允许税前扣除，即与该项负债相关的支出在未来期间计税时按照税法规定准予税前扣除的金额为0，其计税基础为120万元（120－0）。

分析表明：该项负债的账面价值120万元与其计税基础120万元相同，不形成暂时性差异。

3. 暂时性差异

暂时性差异是指资产、负债的账面价值与其计税基础不同产生的差额。由于资产、负债的账面价值与其计税基础不同，产生了在未来收回资产或清偿负债的期间内，应纳税所得额的增加或减少、并导致未来期间应交所得税增加或减少的情况，形成企业的递延所得税资产和递延所得税负债。（需要说明的是：除因资产、负债的账面价值与其计税基础不同产生的暂时性差异以外，按照税法规定可以结转以后年度的未弥补亏损和税款抵减，也视同可抵扣暂时性差异进行处理）

根据暂时性差异对未来期间应纳税所得额的影响程度不同，可将其分为应纳税暂时性差异和可抵扣暂时性差异两种类型，下面将分别对其进行阐述。

（1）应纳税暂时性差异。应纳税暂时性差异，是指在确定未来收回资产或清偿负债期间的应纳税所得额时，将导致产生应税金额的暂时性差异，该差异在未来期间转回时，会增加转回期间的应纳税所得额，即在未来期间不考虑该事项影响的应纳税所得额的基础上，由于该暂时性差异的转回，会进一步增加转回期间的应纳税所得额和应交所得税金额。在应纳税暂时性差异产生的当期，应当确认相关的递延所得税负债。

应纳税暂时性差异通常产生于以下两种情况：

第一，资产的账面价值大于其计税基础。某资产的账面价值是指企业在持续使用或最终出售该项资产时将取得的经济利益的总额，而计税基础是指某项资产在未来期间计税时可予以税前扣除的金额。如果某项资产的账面价值大于其计税基础，则说明该项资产在未来期间产生的经济利益将不能全部在税前抵扣，两者之间的差额需要缴纳所得税，因而产生应纳税暂时性差异。例如，某固定资产的账面价值为 300 万元，如果其计税基础为 240 万元，两者之间的差额就会造成未来期间应纳税所得额和应交所得税的增加。因而，在符合确认条件的情况下，应在其产生的当期确认相关的递延所得税负债。

第二，负债的账面价值小于其计税基础。一项负债的账面价值是指企业预计在未来期间清偿该项负债时的经济利益流出，而其计税基础是指负债的账面价值在扣除税法规定未来期间允许税前扣除的金额之后的差额。因负债的账面价值与其计税基础不同产生的暂时性差异，本质上就是税法规定就该项负债在未来期间可以在税前扣除的金额(即与该项负债相关的费用支出在未来期间可予税前扣除的金额)。如果负债的账面价值小于其计税基础，则意味着就该项负债在未来期间可以税前抵扣的金额为负数，即应在未来期间应纳税所得额的基础上调整增加应纳税所得额和应交所得税金额，从而产生应纳税暂时性差异。因而，在符合确认条件的情况下，应在其产生的当期确认相关的递延所得税负债。

(2) 可抵扣暂时性差异。可抵扣暂时性差异，是指在确定未来收回资产或清偿负债期间的应纳税所得额时，将导致产生可抵扣金额的暂时性差异。该差异在未来期间转回时会减少转回期间的应纳税所得额，减少未来期间的应交所得税。因而在可抵扣暂时性差异产生的当期，应当确认相关的递延所得税资产。

可抵扣暂时性差异一般产生于以下情况。

第一，资产的账面价值小于其计税基础。从经济含义来看，就是说资产在未来期间产生的经济利益少，而按照税法规定允许在税前扣除的金额多。这时，资产的账面价值与其计税基础之间的差额，将会减少企业在未来期间的应纳税所得额并减少应交所得税，在符合有关条件时，应当确认相关的递延所得税资产。例如，某项资产的账面价值为 400 万元，计税基础为 560 万元，则说明在未来期间就该项资产可以在其自身取得经济利益的基础上多扣除 160 万元。从整体上来看，未来期间应纳税所得额会减少 160 万元，应交所得税也会相应地减少，从而形成可抵扣暂时性差异，在符合确认条件时，应确认相关的递延所得税资产。

第二，负债的账面价值大于其计税基础。负债产生的暂时性差异实质上是税法规定就该项负债可以在未来期间税前扣除的金额，即：

负债产生的暂时性差异＝账面价值－计税基础＝

账面价值－(账面价值－未来期间计税时按照税法规定可予税前扣除的金额)＝

未来期间计税时按照税法规定可予税前扣除的金额

如果一项负债的账面价值大于其计税基础，意味着未来期间按照税法规定与该项负债相关的全部或部分支出可以从未来应税经济利益中扣除，从而减少未来期间的应纳税所得额和应交所得税。例如，企业对将发生的产品保修费用在销售当期确认预计负债30万元，但税法规定有关费用支出只有在实际发生时才能够税前扣除，其计税基础为0(30－30)。

企业确认预计负债的当期相关费用不允许税前扣除，但在以后期间有关费用实际发生时允许税前扣除，从而使得未来期间的应纳税所得额和应交所得税减少，从而产生可抵扣暂时性差异，在符合有关确认条件时，应确认相关的递延所得税资产。

(3) 特殊项目产生的暂时性差异。对于按照税法规定可以结转到以后年度的未弥补亏损及税款抵减，在本质上与可抵扣暂时性差异具有同样的作用，均能够减少未来期间企业的应纳税所得额和应交所得税，因而也应视为可抵扣暂时性差异，在符合确认条件的情况下，应确认与其相关的递延所得税资产。

【例7-16】 某公司于20×6年度，因政策性原因发生经营亏损700万元，按照税法规定，该亏损可用于抵减以后5个年度的应纳税所得额。该公司预计其在未来5年期间能够产生足够的应纳税所得额利用该经营亏损。

因为该经营亏损从其性质上来讲，可以减少未来期间的应纳税所得额和应交所得税，则可视同为产生了可抵扣暂时性差异700万元，即在企业预计未来期间能够产生足够的应纳税所得额利用该可抵扣亏损时，应确认相关的递延所得税资产。

(四) 递延所得税负债及递延所得税资产

企业在计算确定了应纳税暂时性差异与可抵扣暂时性差异后，应当按照所得税准则规定的原则，确认与应纳税暂时性差异相关的递延所得税负债以及与可抵扣暂时性差异相关的递延所得税资产。

1. 递延所得税负债的确认和计量

递延所得税负债产生于应纳税暂时性差异。因应纳税暂时性差异在转回期间将增加企业的应纳税所得额和应交所得税，在其发生的当期构成了企业应付税款的义务，应作为负债予以确认。

(1) 递延所得税负债的确认。从谨慎性原则出发，为了充分反映有关的交易或事项发生后对未来期间的计税影响，除特殊情况可以不确认相关的递延所得税负债以外，企业应尽可能地确认与应纳税暂时性差异相关的递延所得税负债。

【例 7-17】 20×6 年 10 月 28 日，某公司从公开市场取得一项权益性投资，共支付价款 2 700 万元，作为交易性金融资产核算。20×6 年 12 月 31 日，该项权益性投资的市价为 2 900 万元。假定税法规定对于交易性金融资产，持有期间公允价值的变动不计入应纳税所得额，待出售时一并计算应计入应纳税所得额的金额。假定某公司除了该项交易性金融资产外，当期发生的交易和事项均不存在其他会计与税收差异。具体分析计算如下。

【解析】 该项交易性金融资产的期末市价为 2 900 万元，按照《企业会计准则》规定进行核算，在 20×6 年 12 月 31 日该项交易性金融资产的账面价值为2 900 万元；

因税法规定交易性金融资产在持有期间的公允价值变动不计入应纳税所得额，其在 20×6 年 12 月 31 日的计税基础为原取得的成本，即为 2 700 万元。

分析表明：该项交易性金融资产的账面价值 2 900 万元与其计税基础 2 700 万元之间产生了 200 万元的应纳税暂时性差异，该暂时性差异在未来期间转回时会增加未来期间企业的应纳税所得额，从而导致企业应交所得税的增加，因此，该公司在当期应确认相关的递延所得税负债。

（2）递延所得税负债的计量。《所得税准则》规定，资产负债表日，对于递延所得税负债，应当根据适用的税法规定，按照预期清偿该负债期间的适用税率计量，即递延所得税负债应在相关应纳税暂时性差异转回期间按照税法规定适用的所得税税率计量。

在我国，除享受优惠政策的情况以外，企业适用的所得税税率在不同年度之间一般不会发生变化，企业在确认递延所得税负债时，可以现行适用税率为基础计算确定。对于享受优惠政策的企业，如经国家批准的经济技术开发区内的企业，享受一定期间的税率优惠，则所产生的暂时性差异应以预计其转回期间的适用所得税税率为基础计量。

值得注意的是：无论应纳税暂时性差异的转回期间如何，《企业会计准则》中规定递延所得税负债不要求折现。这是因为如果对递延所得税负债进行折现，企业就需要对相关的应纳税暂时性差异进行详细的分析，确定其具体的转回时间表，并在此基础上，按照一定的利率折现后确定递延所得税负债的金额。在会计实务中进行类似的分析工作量较大，而且很多情况下无法合理确定暂时性差异的具体转回时间，因而《企业会计准则》中规定对递延所得税负债不予以折现。

2. 递延所得税资产的确认和计量

（1）递延所得税资产的确认。递延所得税资产产生于可抵扣暂时性差异。因资产、负债的账面价值与其计税基础不同产生可抵扣暂时性差异的，在估计未来期间能够取得足够的应纳税所得额用以利用该可抵扣暂时性差异时，应当以很可能取得用来抵扣可抵扣暂时性差异的应纳税所得额为限，确认相关的递延所得税资产。

确认递延所得税资产时，应当注意以下问题：

第一，递延所得税资产的确认，应以未来期间很可能取得的用来抵扣可抵扣暂时性差异的应纳税所得额为限。在可抵扣暂时性差异转回的未来期间内，企业无法产生足够的应纳税所得额用于利用可抵扣暂时性差异的影响，使得与可抵扣暂时性差异相关的经济利益无法实现的，则不应确认递延所得税资产；企业有明确的证据表明其于可抵扣暂时性差异转回的未来期间能够产生足够的应纳税所得额，进而利用可抵扣暂时性差异的，则应以很可能取得的应纳税所得额为限，确认相关的递延所得税资产。

第二，对于按照税法规定可以结转以后年度的未弥补亏损（可抵扣亏损）和税款抵减，应视同可抵扣暂时性差异处理。在预计可利用可弥补亏损或税款抵减的未来期间内很可能取得足够的应纳税所得额时，应当以很可能取得的应纳税所得额为限，确认相应的递延所得税资产，同时减少确认当期的所得税费用。

应予说明的是，可抵扣亏损是指企业按照税法规定计算确定准予用以后年度的应纳税所得额弥补的亏损。在确定可抵扣亏损时，一般应以适当方式与税务部门沟通，取得税务部门的认可。

（2）递延所得税资产的计量。与递延所得税负债的计量原则相一致，确认递延所得税资产时，应当以预期收回该资产期间的适用所得税税率为基础计算确定。另外，无论相关的可抵扣暂时性差异转回期间如何，递延所得税资产均不要求折现。

另外，《所得税准则》规定，资产负债表日，企业应当对递延所得税资产的账面价值进行复核。如果企业在确认了递延所得税资产以后，因各方面情况变化，导致按照新的情况估计，在有关可抵扣暂时性差异转回的期间内，无法产生足够的应纳税所得额用以利用可抵扣暂时性差异，使得与递延所得税资产相关的经济利益无法全部实现的，对于预期无法实现的部分，应当减记递延所得税资产的账面价值。除原确认时计入所有者权益的递延所得税资产，其减记金额亦应计入所有者权益外，其他情况还应增加登记当期的所得税费用。

但是，对因无法取得足够的应纳税所得额利用可抵扣暂时性差异而减记递延所得税资产账面价值的，以后期间根据新的环境和情况判断能够产生足够的应纳税所得额利用可抵扣暂时性差异，使得递延所得税资产包含的经济利益能够实现时，则应相应恢复递延所得税资产的账面价值。

（五）所得税费用的确认和计量

企业核算所得税，主要是为确定当期应交所得税以及利润表中应确认的所得税费用。在采用资产负债表债务法核算所得税的情况下，利润表中的所得税费用由两个部分组成：即当期所得税和递延所得税。

1. 当期所得税

当期所得税是指企业根据当期发生的交易和事项，按照税法规定计算确定的应缴纳给税务部门的所得税金额，即应交所得税，当期所得税应以适用的税收法规为基础计算确定。

企业在确定当期所得税时，对于当期发生的交易或事项，如果会计处理与税收处理不同时，则应在会计利润的基础上，按照适用的税收法规规定进行调整，计算出当期应纳税所得额，按照应纳税所得额与适用的所得税税率计算确定当期应交所得税。

通常情况下，应纳税所得额是在会计利润的基础上，考虑会计与税收之间的差异，按照下列公式计算确定：

应纳税所得额＝会计利润＋按照《企业会计准则》规定计入利润表但计税时不允许税前扣除的费用＋(/－)计入利润表的费用与按照税法规定可予税前抵扣的费用金额之间的差额＋(/－)计入利润表的收入与按照税法规定应计入应纳税所得额的收入之间的差额－税法规定的不征税收入＋(/－)其他需要调整的因素

当期所得税＝当期应交所得税＝应纳税所得额×适用的所得税税率

2. 递延所得税

递延所得税是指按照《所得税准则》规定应予确认的递延所得税资产和递延所得税负债在期末应有的金额相对于原已确认金额之间的差额，即递延所得税资产及递延所得税负债当期发生额的综合结果。可用公式表示为：

$$\text{递延所得税}=\left(\text{期末递延所得税负债}-\text{期初递延所得税负债}\right)-\left(\text{期末递延所得税资产}-\text{期初递延所得税资产}\right)$$

这里应注意的是：企业因确认递延所得税资产和递延所得税负债产生的递延所得税，一般应当计入所得税费用，但以下两种情况除外：① 某项交易或事项按照《企业会计准则》规定应计入所有者权益的，由该交易或事项产生的递延所得税资产或递延所得税负债及其变化也应计入所有者权益，不构成利润表中的递延所得税费用(或收益)。② 在企业合并中取得的资产、负债，因其账面价值与计税基础不同，应确认相关递延所得税的，该递延所得税的确认影响合并中产生的商誉或是记入合并当期损益的金额，而不影响所得税费用。

【例 7-18】 某公司 20×6 年度持有的某项可供出售金融资产，成本为 300 万元，假定会计期末其公允价值为 350 万元，该公司适用的所得税税率为 25%。除该事项外，该企业不存在其他会计与税收之间的差异，且递延所得税资产和递延所得税负债不存在期初余额。则相关的会计处理如下：

(1) 会计期末确认 50 万元的公允价值变动时：

借：可供出售金融资产　　500 000

　　贷：资本公积——其他资本公积　　500 000

(2) 确认应纳税暂时性差异的所得税影响 125 000 元(500 000×25%)时：

借：资本公积——其他资本公积　　125 000

　　贷：递延所得税负债　　125 000

3. 所得税费用

利润表中应予确认的所得税费用应为当期所得税及递延所得税的合计数，用公式表示为：

所得税费用＝当期所得税＋递延所得税

【例 7-19】 某公司在 20×5 年度利润表中利润总额为 3 800 万元，该公司适用的所得税税率为 25%。递延所得税资产及递延所得税负债不存在期初余额。与所得税核算相关的资料如下：

20×5 年该公司发生的有关交易和事项中，会计处理与税收处理存在差异的有：

(1) 20×5 年 1 月开始计提折旧的一项固定资产，成本为 1 000 万元，使用年限为 10 年，净残值为 0，会计处理按双倍余额递减法计提折旧，税收法规则要求按直线法计提折旧。假定税法规定的使用年限及净残值与会计规定相同。

(2) 20×5 年 3 月，向关联企业捐赠现金 400 万元。假定按照税法规定，企业向关联方的捐赠不允许税前扣除。

(3) 20×5 年 7 月，购入某公司股票 200 万股，总计金额 1 000 万元，作为交易性金融资产核算；假定 20×5 年 12 月 31 日该股票的公允价值为 1 700 万元。

(4) 20×5 年 10 月，因违反环保规定应支付罚款 200 万元，《企业所得税法》规定不得在税前扣除。

(5) 20×5 年年末，对持有的存货计提了 60 万元的存货跌价准备，《企业所得税法》规定不得在税前扣除。

【解析】 具体的分析计算如下。

(1) 20×5 年度应纳税所得额和应交所得税额的计算。

应纳税所得额＝3 800＋(200－100)＋400－700＋200＋60＝3 860(万元)

应交所得税额＝3 860×25%＝965(万元)

(2) 20×5 年度递延所得税的计算。

某公司 20×5 年年末资产负债表相关项目金额及其计税基础如表 7-1 所示。

表 7-1 某公司 20×5 年年末资产负债表相关项目金额及其计税基础

金额单位：万元

项目	账面价值	计税基础	差异	
			应纳税暂时性差异	可抵扣暂时性差异
存货	1 500	1 560		60
固定资产：				
固定资产原价	1 000	1 000		
减：累计折旧	200	100		
减：固定资产减值准备	0	0		
固定资产账面价值	800	900		100
交易性金融资产	1 700	1 000	700	
其他应付款	200	200		
总计			700	160

递延所得税资产＝160×25%＝40(万元)

递延所得税负债＝700×25%＝175(万元)

递延所得税额＝175－40＝135(万元)

(3) 利润表中应确认的所得税费用的计算。

所得税费用＝965＋135＝1 100(万元)

会计分录如下：

借：所得税费用　　11 000 000

　　递延所得税资产　　400 000

　贷：应交税费——应交所得税　　9 650 000

　　　递延所得税负债　　1 750 000

【例 7-20】 沿用[例 7-19]中有关资料，假定该公司 20×6 年当期应交所得税为 880 万元。资产负债表中有关资产、负债的账面价值与其计税基础相关资料如表 7-2 所示，除所列项目外，其他资产、负债项目不存在会计和税收的差异。

表 7-2 某公司 20×6 年年末资产负债表相关项目金额及其计税基础

金额单位：万元

项目	账面价值	计税基础	差异	
			应纳税暂时性差异	可抵扣暂时性差异
存货	3 000	3 200		200
固定资产：				
固定资产原价	1 000	1 000		
减：累计折旧	360	200		
减：固定资产减值准备	80	0		
固定资产账面价值	560	800		240
交易性金融资产	1 850	1 000	850	
预计负债	210	0		210
总计			850	650

【解析】 具体分析计算如下：

1）当期所得税额＝当期应交所得税＝880(万元)

2）递延所得税。

(1) 期末递延所得税负债(850×25%)　　212.50 万元

期初递延所得税负债　　175 万元

递延所得税负债增加　　37.50 万元

(2) 期末递延所得税资产(650×25%)　　162.50 万元

期初递延所得税资产　　40 万元

递延所得税资产增加　　122.50 万元

递延所得税额＝37.5－122.50＝－85(万元)(收益)

3）所得税费用。

所得税费用＝880－85＝795(万元)

会计分录如下：

借：所得税费用　　7 950 000
　　递延所得税资产　　1 225 000
　贷：应交税费——应交所得税　　8 800 000
　　　递延所得税负债　　375 000

关键术语

企业所得税　居民企业　非居民企业　应纳税所得额　收入总额　免税收入　不征税收入　准予扣除项目　不得扣除项目　资产负债表债务法　资产的计税基础　负债的计税基础　应纳税暂时性差异　可抵扣暂时性差异　递延所得税资产　递延所得税负债　当期所得税　递延所得税　所得税费用

思维拓展

1. 什么是企业所得税？企业所得税的纳税人包括哪些？
2. 企业所得税的征税对象是什么？对不同的纳税人有什么具体规定？
3. 企业所得税的税收抵免包括哪些内容？有什么特点？
4. 企业所得税应如何征收和缴纳？
5. 企业在每一纳税年度的收入总额应包括哪些内容？
6. 什么是不征税收入？具体包括哪些内容？
7. 什么是免税收入？具体包括哪些内容？
8. 什么是准予扣除项目？具体包括哪些内容？
9. 什么是不允许扣除项目？具体包括哪些内容？
10. 企业的应纳税所得额和应纳税额是如何计算的？
11. 简述资产负债表债务法的含义及其核算程序。
12. 简述资产、负债的计税基础及暂时性差异。
13. 递延所得税资产应如何进行确认和计量？
14. 递延所得税负债应如何进行确认和计量？
15. 所得税费用应如何进行确认和计量？

知识点应用及实践能力训练

单项选择题

1. 国务院批准的高新技术产业开发区的高新技术企业，企业所得税的税率为(　　)。

A. 25%　　B. 20%　　C. 33%　　D. 15%

2. 在计算应纳税所得额时，(　　)不计入纳税人的收入总额。

A. 国库券的利息收入　　B. 工程价款结算收入

C. 固定资产盘盈收入　　D. 有价证券转让收入

3. 纳税人在生产经营期间，向非金融机构借款的利息支出，应该(　　)。

A. 按实际发生额扣除

B. 不得扣除

C. 按不高于金融机构同类、同期贷款利率计算的数额以内的部分扣除

D. 按应纳税所得额5%以内的额度扣除

4. 某企业2010年度实现利润总额100万元，本年度已在营业外支出中列支的用于公益、救济性捐款额为5万元。该企业2010年度准予从应纳税所得额中扣除的用于公益、救济性捐款的数额是(　　)万元。

A. 5　　B. 3　　C. 12　　D. 7

5. 某企业在某一纳税年度发生与生产经营有关的业务招待费15万元。企业该年度全部营业收入为2 000万元，则该企业准予在所得税前扣除的业务招待费是(　　)万元。

A. 15　　B. 9　　C. 10　　D. 6

6. 按规定，纳税人每一纳税年度发生的广告费支出不超过销售(营业)收入(　　)的，可据实扣除。

A. 5%　　B. 14%　　C. 2%　　D. 15%

7. 在计算应纳税所得额时，企业的下列各项支出，准予从收入总额中直接扣除的是(　　)。

A. 对外投资的支出

B. 转让固定资产发生的费用

C. 生产经营中因违反国家法律、法规和规章，被执法机关处以的罚款

D. 以融资租赁方式租入固定资产而发生的租赁费

8. 某纳税人在2010年度发生年度亏损，可以用下一纳税年度的所得弥补，下一纳税年度的所得不足弥补的，可以逐年延续弥补，但是延续弥补最长不得超过(　　)年。

A. 5　　B. 3　　C. 8　　D. 10

9. 企业发生的下列税前会计利润与应纳税所得额之间的差异，属于永久性差异的是(　　)。

A. 税法规定采用直线法提取折旧，而会计制度规定采用加速折旧法，从而产生的差异

B. 当年新产品研究开发费用的费用化部分，加计扣除50%的费用而产生的差异

C. 因税法和会计制度规定的摊销期限不同，而产生的差异

D. 营业税纳税人采用预收款方式转让土地使用权或不动产的，应在收到预收款的当天确认的收入

10. 企业发生的下列税前会计利润与应纳税所得额之间的差异，属于暂时性差异的是（　　）。

A. 企业购买的国债利息收入，按税法规定不计入应纳税所得额

B. 超标准列支的业务招待费支出

C. 税法规定不得税前列支的与取得收入无关的各项支出

D. 企业取得某项无形资产，税法规定按8年摊销，会计制度规定按5年摊销

多项选择题

1. 企业所得税与其他税种相比较具有（　　）特点。

A. 以所得额为课税对象，税源大小受企业经济效益的影响

B. 征税以量能负担为原则

C. 税法对税基的约束力强

D. 实行按年计算，分期预缴的征收办法

2. 下列企业或组织属于企业所得税纳税义务人的有（　　）。

A. 私营企业　　B. 联营企业　　C. 股份制企业　　D. 中外合资企业

3. 企业计算应纳税所得额时，其收入总额包括（　　）。

A. 营业收入　　B. 转让固定资产取得的收入

C. 外单位欠款付给的利息　　D. 现金的溢余收入

4. 在计算应纳税所得额时，下列支出按实际发生数扣除的有（　　）。

A. 纳税人在生产、经营期间向金融机构借款的利息

B. 纳税人支付给职工的工资、福利费

C. 纳税人用于公益、救济性质的捐赠

D. 纳税人按照规定支付给保险公司的职工养老保险金

5. 在计算应纳税所得额时，准予扣除的税金包括（　　）。

A. 印花税　　B. 增值税　　C. 消费税　　D. 土地增值税

6. 在计算应纳税所得额时，不得从收入额中扣除的项目有（　　）。

A. 对外投资支出　　B. 购置无形资产支出

C. 待业保险基金　　D. 滞纳金、罚金

7. 下列情况中，将产生应纳税暂时性差异的有（　　）。

A. 资产的账面价值大于其计税基础　　B. 负债的账面价值小于其计税基础

C. 资产的账面价值小于其计税基础　　D. 负债的账面价值大于其计税基础

8. 利润表中的所得税费用由以下内容组成(　　)。

A. 当期所得税　　B. 应纳税所得额　　C. 递延所得税　　D. 利润总额

9.《企业所得税法》规定的不征税收入有(　　)。

A. 财政拨款

B. 依法收取并纳入财政管理的行政事业性收费、政府性基金

C. 国债利息收入

D. 国务院规定的其他不征税收入

10. 下列所得,免征企业所得税的有(　　)。

A. 农作物新品种的选育　　B. 中药材的种植

C. 林产品的采集　　D. 远洋捕捞

判断题

1. 企业所得税是对企业的生产经营所得征收的一种税。(　　)
2. 企业在预交所得税时,只能按实际数预交,而不能采用其他方法。(　　)
3. 在中国境内设立机构、场所且取得所得与其机构、场所有实际联系的非居民企业的企业所得税适用25%的税率。(　　)
4. 企业在建工程发生的试运行收入,应并入收入总额予以征税。(　　)
5. 在计算企业的纳税所得额时,企业的不征税收入用于支出所形成的费用或者财产,不得扣除。(　　)
6. 因债权人缘故确实无法支付的应付款项,应该纳入收入总额,计算缴纳企业所得税。(　　)
7. 企业收入总额中的利息收入,是指购买各种有价证券取得的利息,不包括外单位欠款付给的利息。(　　)
8. 准予从收入总额中扣除的税金,是指企业按规定缴纳的增值税、消费税、营业税、城市维护建设税、资源税、土地增值税,以及教育费附加。(　　)
9. 纳税人在生产、经营期间的借款利息支出作为费用,在计算应纳税所得额时,可以根据实际发生数扣除。(　　)
10. 企业发生年度亏损,应以企业财务报表中反映的亏损额,按税法规定的亏损弥补期限,在以后纳税年度的所得中予以弥补。(　　)

练　习　题

习　题　一

【目的】练习资产账面价值和计税基础的确认,并分析其差异的性质。

【资料】某公司于20×6年年末以500万元购入一项生产用固定资产，按照该项固定资产的预计使用情况，估计其使用寿命为10年，按照直线法计提折旧，预计净残值为0。假定税法规定的折旧年限、折旧方法及净残值与会计规定相同。20×8年12月31日，该公司估计该项固定资产的可收回金额为380万元。

【要求】计算该公司该项固定资产在20×8年12月31日的账面价值、计税基础及暂时性差异的金额分别是多少，并分析该差异的性质。

习题二

【目的】练习资产账面价值和计税基础的确认，并分析其差异的性质。

【资料】某公司在20×8年度发生研究开发支出共计4 000万元，其中研究阶段支出800万元，开发阶段符合资本化条件前发生的支出为800万元，符合资本化条件后至达到预定用途前发生的支出为2 400万元。假定开发形成的无形资产在当年年末已达到预定用途(尚未开始摊销)。

【要求】计算天宇公司该项无形资产在20×8年12月31日的账面价值、计税基础及暂时性差异的金额分别是多少，并分析该差异的性质。

习题三

【目的】练习资产账面价值和计税基础的确认，并分析其差异的性质。

【资料】某公司20×8年12月31日应收账款余额为5 000万元，该公司期末对应收账款计提了500万元的坏账准备。适用税法规定，按照应收账款期末余额的5‰计提的坏账准备允许税前扣除。假定该公司期初应收账款及坏账准备的余额均为0。

【要求】计算天宇公司应收账款在20×8年12月31日的账面价值、计税基础及暂时性差异的金额分别是多少，并分析该差异的性质。

习题四

【目的】练习负债账面价值和计税基础的确认，并分析其差异的性质。

【资料】某公司于20×8年12月20日向某客户收到一笔合同预付款，金额为300万元，因不符合收入确认条件，将其作为预收账款核算。假定按照适用税法规定，该款项应计入取得当期的应纳税所得额计算缴纳所得税。

【要求】分别计算该公司在20×8年12月31日预收账款的账面价值、计税基础及暂时性差异的金额，并分析该差异的性质。

习题五

【目的】练习负债账面价值和计税基础的确认，并分析其差异的性质。

【资料】某公司 20×8 年 12 月因违反当地有关环保法规的规定，接到环保部门的处罚通知，要求其支付罚款 50 万元。税法规定，企业因违反国家有关法律法规规定支付的罚款和滞纳金，在计算应纳税所得额时不允许税前扣除。至 20×8 年 12 月 31 日，该项罚款尚未支付。

【要求】分别计算该公司在 20×8 年 12 月 31 日有关负债的账面价值、计税基础及暂时性差异的金额，并分析该差异的性质。

习 题 六

【目的】练习应交所得税的计算。

【资料】某企业 20×8 年度利润总额为 100 万元，未调整捐赠前的应纳税所得额为 80 万元。当年"营业外支出"账户中列支了通过当地教育部门向农村义务教育的捐赠 15 万元。

【要求】计算该企业 20×8 年应缴纳的企业所得税。

习 题 七

【目的】练习应交所得税的计算。

【资料】某公司 20×9 年 6 月上旬接受某企业捐赠商品一批，取得捐赠企业开具的增值税专用发票，注明商品价款 50 万元、增值税额 6.5 万元。当月下旬，公司将该批商品销售，向购买方开具了增值税税专用发票，注明商品价款 65 万元、增值税额 8.45 万元。不考虑城市维护建设税和教育费附加。

【要求】问甲公司该项业务应缴纳的企业所得税为多少万元？（不考虑城市维护建设税和教育费附加）

习 题 八

【目的】练习应纳税所得额的调整。

【资料】某居民企业 20×9 年实际支出的工资、薪金总额为 2 000 万元，福利费本期发生额 300 万元，拨交的工会经费 40 万元，已经取得工会拨交收据，实际发生职工教育经费 175 万元。

【要求】计算该企业 20×9 年度应调整的应纳税所得额。

习 题 九

【目的】练习税前扣除项目的计算。

【资料】20×9 年度，某企业财务资料显示，当年开具增值税专用发票取得收入 3 500 万元，另外从事运输服务取得收入 500 万元，与收入对应的销售成本和运输成本合计为 2 850 万元，期间费用为 120 万元，营业外支出 200 万元（其中 160 万元为公益性捐赠支出），上年度企业自行计算亏损为 80 万元，经税务机关核定的亏损为 50 万元。

【要求】计算企业在所得税前可以扣除的捐赠支出。

习 题 十

【目的】 练习应交所得税、递延所得税和所得税费用的确认及其相关的账务处理。

【资料】 天宇公司20×8年度利润表中的利润总额为2 600万元，该公司适用的所得税税率为25%。递延所得税资产及递延所得税负债不存在期初余额。与所得税核算有关的情况如下：

1. 20×8年发生的有关交易和事项中，会计处理与税收处理存在着差异。

(1) 20×8年1月开始计提折旧的一项固定资产，成本为1 200万元，使用年限为10年，净残值为0，会计处理按双倍余额递减法计提折旧，税收处理按直线法计提折旧。假定税法规定的使用年限及净残值与会计规定相同。

(2) 20×8年4月，向关联企业捐赠现金300万元。假定按照税法规定，企业向关联方的捐赠不允许税前扣除。

(3) 20×8年8月，购入某公司股票800万股，共支付价款2 000万元，作为交易性金融资产核算，假定20×8年12月31日，该股票的公允价值为2 500万元。

(4) 20×8年11月，因违反环保法规的规定应支付罚款100万元。

(5) 20×8年年末，对持有的存货计提了80万元的存货跌价准备。

2. 该公司20×8年资产负债表相关项目金额及其计税基础如表7-3所示。

表7-3 某公司20×8年年末资产负债表相关项目金额及其计税基础 金额单位：元

项 目	账面价值	计税基础	差 异	
			应纳税暂时性差异	可抵扣暂时性差异
存货	16 000 000	16 800 000		800 000
固定资产：				
固定资产原价	12 000 000	12 000 000		
减：累计折旧	2 400 000	1 200 000		
减：固定资产减值准备	0	0		
固定资产账面价值	9 600 000	10 800 000		1 200 000
交易性金融资产	25 000 000	20 000 000	5 000 000	
其他应付款	1 000 000	1 000 000		
总计			5 000 000	2 000 000

【要求】 分别计算该公司20×8年度的应纳税所得额、应交所得税、递延所得税和利润表中的所得税费用，并进行相关的账务处理。

习 题 十 一

【目的】 练习当期应交所得税、递延所得税和所得税费用的确认及其相关的账务处理。

【资料】沿用练习题十中有关某公司资料，假定该公司 20×9 年当期应交所得税为 900 万元。资产负债表中有关资产、负债的账面价值与其计税基础的相关资料如表 7－4 所示，除所列项目外，其他资产、负债项目不存在会计和税收的差异。

表 7－4　某公司 20×9 年年末资产负债表相关项目金额及其计税基础　金额单位：元

项　　目	账面价值	计税基础	差　　异	
			应纳税暂时性差异	可抵扣暂时性差异
存货	30 000 000	33 000 000		3 000 000
固定资产：				
固定资产原价	12 000 000	12 000 000		
减：累计折旧	4 320 000	2 400 000		
减：固定资产减值准备	600 000	0		
固定资产账面价值	7 080 000	9 600 000		2 520 000
交易性金融资产	23 500 000	20 000 000	3 500 000	
预计负债	2 500 000	0		2 500 000
总计			3 500 000	8 020 000

【要求】分别计算某公司 20×9 年度的应交所得税、递延所得税和利润表中的所得税费用，并进行相关的账务处理。

第八章　个人所得税的核算

重点提示

个人所得税是以自然人取得的各类应税所得为征税对象而征收的一种所得税，是政府利用税收对个人收入进行调节的一种手段。本章应掌握的重点问题主要有：个人所得税的概念和特点、个人所得税的纳税义务人、征税范围、税目及税率、个人所得税税收管理的相关内容，个人所得税应纳税额的确认与计量以及个人所得税的会计核算。

系统学习

本章应系统学习的内容有：个人所得税概述、个人所得税应纳税额的计算以及账务处理。

第一节　个人所得税概述

一、个人所得税的概念和特点

（一）个人所得税的概念

个人所得税是以自然人取得的各类应税所得为征税对象而征收的一种所得税，是政府利用税收对个人收入进行调节的一种手段。个人所得税的纳税人不仅包括个人，还包括具有自然人性质的企业。

《个人所得税法》是指国家制定的用以调整个人所得税征收与缴纳之间权利及义务

关系的法律规范。目前适用的是根据 2018 年 8 月 31 日第十三届全国人民代表大会常务委员会第五次会议《关于修改〈中华人民共和国个人所得税法〉的决定》第七次修正后的《个人所得税法》，于 2019 年 1 月 1 日开始执行。

个人所得税是世界各国普遍开征的税种，在许多国家的财政收入中，占有重要地位。个人所得税来源渠道多样，性质各异，理论上有分类征收、综合征收和混合征收。个人所得税的立法原则是：调节收入分配，体现社会公平，增强全民纳税意识。

（二）个人所得税的特点

我国 2018 年 12 月新修正后的个人所得税仍然采用分类所得税制，将个人的各种所得分为工资、薪金所得、劳务报酬所得、稿酬所得、特许权使用费所得、经营所得、利息、股息、红利所得、财产租赁所得、财产转让所得、偶然所得等九项，分别适用不同的费用扣除规定、不同的税率、不同的期限，采用不同的计税方法。

1. 累进税率和比例税率并用

我国个人所得税采取累进税率和比例税率两种税率政策，以体现公平并兼顾效率。居民个人取得的工资、薪金所得、劳务报酬所得、稿酬所得、特许权使用费所得（以下称"综合所得"），按纳税年度合并计算个人所得税；非居民个人取得的工资、薪金所得、劳务报酬所得、稿酬所得、特许权使用费所得，按月或者按次分项计算个人所得税，适用 3%～45%的七级超额累进税率。纳税人取得的经营所得、利息、股息、红利所得、财产租赁所得、财产转让所得、偶然所得，依照我国《个人所得税法》规定，分别计算个人所得税，其中经营所得适用 5%～35%的五级超额累进税率，其余四项所得适用 20%的比例税率。

2. 费用扣除额的范围宽广

我国 2018 年 12 月新修订的《个人所得税法》规定的费用扣除采取定额、定率和专项扣除三种办法，对综合所得除了规定每月定额扣除费用 5 000 元和各种专项扣除以外，对于符合专项附加扣除条件的部分还可以进行六项专项附加扣除（是指《个人所得税法》规定的子女教育、继续教育、大病医疗、住房贷款利息或者住房租金、赡养老人等六项专项附加扣除）；劳务报酬、稿酬等所得，每次收入不超过 4 000 元的，定额扣除费用 800 元，每次收入在 4 000 元以上的，定率扣除费用 20%。

3. 计算比较简单

我国个人所得税的费用扣除采取总额扣除法，免去了按个人实际生活支出项目逐项计算的麻烦，扣除项目及方法易于掌握，计算比较简单，体现了税制要求。

4. 采取源泉扣缴和自行申报两种征税方法

纳税人的应纳税额一般由支付单位在支付报酬环节代扣。无扣缴义务人以及个人在两处以上取得综合所得的，由纳税人自行申报纳税。我国目前实行个人所得支付单位代扣代缴为主，以纳税人自行申报为辅的两种征税方法。

二、个人所得税的纳税义务人

个人所得税以所得人为纳税人，以支付所得的单位或者个人为扣缴义务人。

纳税人有中国居民身份证号码的，以中国居民身份证号码为纳税人识别号；纳税人没有中国居民身份证号码的，由税务机关赋予其纳税人识别号。扣缴义务人扣缴税款时，纳税人应当向扣缴义务人提供纳税人识别号。

个人所得税的纳税义务人是指在中国境内有住所，或者虽无住所但在中国境内居住满 1 年，以及无住所又不居住或居住不满 1 年但有来源于中国境内所得的个人，包括中国公民、个体工商业户、外籍人员（包括无国籍人）和中国香港、澳门、台湾同胞。

我国个人所得税的纳税义务人根据住所和居住时间不同，可以分为居民纳税人（居民个人）和非居民纳税人（非居民个人），分别承担不同的纳税义务。

（一）居民纳税人

居民纳税人，是指在中国境内有住所或者无住所而在中国境内居住满 1 年的个人。所谓在中国境内有住所的个人，是指因户籍、家庭、经济利益关系，而在中国境内习惯性居住的个人。居民纳税人负有无限纳税义务，就其来源于中国境内和中国境外任何地方的应纳税所得，都要在中国缴纳个人所得税。

（二）非居民纳税人

非居民纳税人，是指在中国境内无住所又不居住，或者无住所且居住不满 1 年的个人。

非居民纳税人承担有限纳税义务，仅就其来源于中国境内的所得，向中国缴纳个人所得税。

三、个人所得税的征税范围

下列九项个人所得，应纳个人所得税。

（一）工资、薪金所得

工资、薪金所得，是指个人因任职或受雇而取得的工资、薪金、奖金、年终加薪、劳动分红、津贴、补贴以及与任职或受雇有关的其他所得。一般来讲，工资、薪金所得是属于非独立个人劳动所得。

目前我国个人所得税的构成情况，《个人所得税法》规定，对于一些不属于工资、薪金性质的补贴、津贴或者不属于纳税人本人的工资、薪金所得项目的收入，不予征税。比如，独生子女补贴、执行公务员制度未纳入基本工资总额的补贴、托儿补助费、差旅费津贴、符合条件的误餐补贴等。

（二）劳务报酬所得

劳务报酬所得，是指个人从事设计、装潢、安装、制图、化验、测试、医疗、法律、会计、咨询、讲学、新闻、广播、翻译、审稿、书画、雕刻、影视、录音、录像、演出、表演、广告、展览、技术服务、介绍服务、经济服务、代办服务以及其他劳务取得的所得。

（三）稿酬所得

稿酬所得，是指个人因其作品以图书、报纸形式出版、发表而取得的所得。个人取得遗作稿酬，也应按稿酬所得项目计税。

（四）特许权使用费所得

特许权使用费所得，是指个人因提供专利权、商标权、著作权、非专利技术以及其他特许权的使用权取得的所得（但提供著作权的使用权取得的所得，不包括稿酬所得）。作者将自己的文字作品手稿原件或复印件公开拍卖（竞价）取得的所得，应按特许权使用费所得项目计税。

（五）经营所得

个体工商户业主、个人独资企业投资者、合伙企业个人合伙人、承包承租经营者个人以及其他从事生产、经营活动的个人取得的经营所得，包括以下情形。

(1) 个体工商户从事生产、经营活动取得的所得，个人独资企业投资人、合伙企业的个人、合伙人来源于境内注册的个人独资企业、合伙企业生产、经营的所得。

(2) 个人依法从事办学、医疗、咨询以及其他有偿服务活动取得的所得。

(3) 个人对企业、事业单位承包经营、承租经营以及转包、转租取得的所得。

(4) 个人从事其他生产、经营活动取得的所得。

（六）利息、股息、红利所得

利息、股息、红利所得，是指个人因拥有债权、股权而取得的利息、股息、红利所得。利息是指个人的存款利息、贷款利息和购买各种债券的利息（我国从 2008 年 10 月 9 日起，已暂停对储蓄存款利息所得征收个人所得税）。股息，是指股票持有人根据股份制公司章程规定，凭股票定期从股份公司取得的投资利益。红利，是指股份公司或企业根据应分配的利润按股份分配超过股息部分的利润。

股份制企业以股票形式向股东个人支付股息、红利即派发红股，应以派发的股票面额为收入额计税。

（七）财产租赁所得

财产租赁所得，是指个人出租建筑物、土地使用权、机器设备、车船以及其他财产取得的所得（这里的财产包括动产和不动产）。

（八）财产转让所得

财产转让所得，是指个人因转让有价证券、股权、建筑物、土地使用权、机器设备、车船以及其他自有财产给他人或其他单位而取得的所得，包括转让不动产和动产而取得的所得。对股票转让所得暂不征收个人所得税。

（九）偶然所得

偶然所得，是指个人取得的所得是非经常性的，属于各种机遇性所得，包括得奖、中奖、中彩以及其他偶然性质的所得（含奖金、实物和有价证券）。

四、个人所得税的税目及税率

（一）个人所得税的税目

我国现行个人所得税共设置了九个税目，具体见上述征税范围的内容，这里不再重复。

（二）个人所得税的税率

我国对个人所得税根据不同的征税项目，分别规定了三种不同的税率。

1. 工资、薪金所得，劳务报酬所得，稿酬所得，特许权使用费所得，适用七级超额累进税率

根据 2019 年 1 月 1 日实施的《个人所得税法》的规定，对纳税人的综合所得均采用七级超额累进税率，具体税率如表 8-1、表 8-2 所示。

表 8-1　个人所得税税率表（综合所得适用）

级　数	全年应纳税所得额	税率	速算扣除数(元)
1	不超过 36 000 元的部分	3%	0
2	超过 36 000 元至 144 000 元的部分	10%	2 520
3	超过 144 000 元至 300 000 元的部分	20%	16 920
4	超过 300 000 元至 420 000 元的部分	25%	31 920
5	超过 420 000 元至 660 000 元的部分	30%	52 920
6	超过 660 000 元至 960 000 元的部分	35%	85 920
7	超过 960 000 元的部分	45%	181 920

(1) 表 8-1 所称的全年应纳税所得额是指依照《个人所得税法》第六条的规定，居民个人取得的综合所得以每一纳税年度收入额减去费用 60 000 元以及专项扣除、专项附加扣除和依法规定的其他扣除后的余额。

(2) 非居民个人取得的工资、薪金所得，劳务报酬所得，稿酬所得，特许权使用费所得，依照表 8-1 按月换算后计算应纳税额，包括按月预扣税款的情况。税率如表 8-2 所示。

表 8-2　个人所得税税率表(综合所得适用、按月计算)

级数	月度应纳税所得额	税率	速算扣除数(元)
1	不超过 3 000 元的部分	3%	0
2	超过 3 000 元至 12 000 元的部分	10%	210
3	超过 12 000 元至 25 000 元的部分	20%	1 410
4	超过 25 000 元至 35 000 元的部分	25%	2 660
5	超过 35 000 元至 55 000 元的部分	30%	4 410
6	超过 55 000 元至 80 000 元的部分	35%	7 160
7	超过 80 000 元的部分	45%	15 160

2. 经营所得，适用五级超额累进税率

个体工商户的生产、经营所得，适用五级超额累进税率。对个体工商户的生产、经营所得和对企事业单位的承包经营、承租经营的全年应纳税所得额划分级距，最低一级为 5%，最高一级为 35%，共五级，具体税率如表 8-3 所示。

表 8-3　个人所得税税率表(经营所得适用)

级　数	全年应纳税所得额	税率	速算扣除数(元)
1	不超过 30 000 元的部分	5%	0
2	超过 30 000 元至 90 000 元的部分	10%	1 500
3	超过 90 000 元至 300 000 元的部分	20%	10 500
4	超过 300 000 元至 500 000 元的部分	30%	40 500
5	超过 500 000 元的部分	35%	65 500

注：本表所称全年应纳税所得额是指按照《个人所得税法》第六条规定，以每一纳税年度的收入总额减除成本费用以及损失后的余额。

3. 利息、股息、红利所得,财产租赁所得,财产转让所得,偶然所得

利息、股息、红利所得,财产租赁所得,财产转让所得,偶然所得,适用 20%的比例税率。

五、个人所得税的税收管理

(一) 个人所得税的计征办法

我国个人所得税的征收方式实行源泉扣缴与自行申报并用法,注重源泉扣缴。

个人所得税的征收方式可分为按月计征和按年计征。其中,对经营所得、居民个人取得的综合所得,实行按年计征应纳税额;对其他所得,实行按月计征应纳税额。

1. 源泉扣缴

源泉扣缴,是指按税法规定负有扣缴义务的单位或者个人,在向个人支付应纳税所得时,计算应纳税额,从其所得中扣除并缴入国库,同时向税务机关报送扣缴个人所得税报告表。这种方法有利于控制税源,防止漏税和逃税。

(1) 扣缴义务人。个人所得税以支付个人应纳税所得的企业(公司)、事业单位、机关、社会团体、军队、驻华机构(不包括外国驻华使领馆和联合国及其他依法享有外交特权和豁免的国际组织驻华机构)、个体户等单位或者个人为个人所得税的扣缴义务人。

(2) 代扣代缴范围。与个人所得税的纳税范围相同,扣缴义务人向个人支付应纳税所得时,不论纳税人是否属于本单位人员,均应代扣代缴个人所得税税款。

(3) 扣缴义务人的法律责任。扣缴义务人在代扣税款时,必须向纳税人开具由税务机关统一印制的代扣代收税款凭证,并详细注明纳税人姓名、工作单位、家庭住址和居民身份证或护照号码(无上述证件的,可用其他能有效证明身份的证件)等个人情况。

对于有些因纳税人人数众多、不便于逐一开具代扣代收税款凭证的,经主管税务机关同意,也可不开具代扣代收税款凭证,但事后应告知纳税人已扣缴税款。若纳税人向扣缴义务人索取代扣代收税款凭证时,扣缴义务人不得拒绝,非正式扣税凭证,纳税人可以拒收。同时,在扣缴义务人依法履行代扣代缴税款义务时,纳税人也不得拒绝。纳税人拒绝的,扣缴义务人应及时报告税务机关处理,并暂时停止支付其应纳税所得,否则,纳税人应缴纳的税款由扣缴义务人负担。扣缴义务人按规定扣缴税款后,税务机关按其扣缴税款的金额支付 2%的手续费。

2. 自行申报纳税

自行申报纳税,是指纳税人在税法规定的纳税期限内向税务机关申报取得的应纳税所得项目和数额,如实填写个人所得税纳税申报表,并按税法规定计算应纳税额,据以缴

纳个人所得税的一种方法。

凡在中国境内负有个人所得税纳税义务的纳税人，具有以下情形之一的，应当按照规定自行向税务机关办理 纳税申报。①取得综合所得需要办理汇算清缴的，且综合所得年收入额减除专项扣除后的余额超过6万元。②非居民纳税人从中国境内两处或两处以上取得工资、薪金所得的。③从中国境外取得所得的。④取得应纳税所得，没有扣缴义务人的。⑤取得应税所得，扣缴义务人未扣缴税款。⑥因移居境外注销中国户籍。⑦国务院规定的其他情形。

扣缴义务人应当按照国家规定办理全员全额扣缴申报，并向纳税人提供其个人所得和已扣缴税款等信息。

（二）个人所得税的纳税地点

个人所得税的纳税地点一般为收入来源地的主管税务机关。纳税人从两处或两处以上取得工资、薪金所得的，可选择并固定在其中一地的税务机关申报纳税；从境外取得所得的，应向境内户籍所在地或经常居住地税务机关申报纳税。纳税人要求变更申报纳税地点的，须经原主管税务机关批准。扣缴义务人应当向其所在地的主管税务机关申报纳税。

（三）个人所得税的纳税期限

(1) 居民个人取得综合所得，按年计算个人所得税；有扣缴义务人的，由扣缴义务人按月或者按次预扣预缴税款；需要办理汇算清缴的，应当在取得所得的次年3月1日至6月30日内办理汇算清缴。预扣预缴办法由国务院税务主管部门制定。

居民个人向扣缴义务人提供专项附加扣除信息的，扣缴义务人按月预扣预缴税款时应当按照规定予以扣除，不得拒绝。

(2) 非居民个人取得工资、薪金所得，劳务报酬所得，稿酬所得和特许权使用费所得，有扣缴义务人的，由扣缴义务人按月或者按次代扣代缴税款，不办理汇算清缴。

(3) 纳税人取得经营所得，按年计算个人所得税，由纳税人在月度或者季度终了后15日内向税务机关报送纳税申报表，并预缴税款；在取得所得的次年3月31日前办理汇算清缴。

(4) 纳税人取得利息、股息、红利所得，财产租赁所得，财产转让所得和偶然所得，按月或者按次计算个人所得税，有扣缴义务人的，由扣缴义务人按月或者按次代扣代缴税款。

(5) 纳税人取得应税所得没有扣缴义务人的，应当在取得所得的次月15日内向税务机关报送纳税申报表，并缴纳税款。

(6) 纳税人取得应税所得，扣缴义务人未扣缴税款的，纳税人应当在取得所得的次年6月30日前，缴纳税款；税务机关通知限期缴纳的，纳税人应当按照期限缴纳税款。

(7) 居民个人从中国境外取得所得的，应当在取得所得的次年3月1日至6月30日内申报纳税。

(8) 非居民个人在中国境内从两处以上取得工资、薪金所得的，应当在取得所得的次月15日内申报纳税。

(9) 纳税人因移居境外注销中国户籍的，应当在注销中国户籍前办理税款清算。

(10) 扣缴义务人每月或者每次预扣、代扣的税款，应当在次月15日内缴入国库，并向税务机关报送扣缴个人所得税申报表。

(11) 纳税人办理汇算清缴退税或者扣缴义务人为纳税人办理汇算清缴退税的，税务机关审核后，按照国库管理的有关规定办理退税。

(四) 个人所得税的税收减免

1. 个人所得税的免税规定

《个人所得税法》规定，下列各项所得，免征个人所得税。①省级人民政府、国务院各部门、军队军以上单位，以及外国组织、国际组织颁发的科学、教育、技术、文化、卫生、体育、环境保护等方面的奖金。②储蓄存款利息，财政部发行的债券和经国务院批准发行的金融债券利息。③按照国务院规定发给的政府特殊津贴和国务院规定免税的补贴、津贴。④福利费、抚恤金、救济金。⑤保险赔款。⑥军人的转业费、复员费。⑦按照国家统一规定发给干部、职工的安家费、退职费、退休工资。⑧按照规定提存、领取的医疗保险金和基本养老保险金。⑨按照中国有关法律规定应当免税的各国驻华使馆、领事馆的外交代表、领事官员和其他人员的所得。⑩中国政府参加的国际公约、签订的协议中规定免税的所得，可以免税。

2. 个人所得税的减税规定

有下列情形之一的，可以减征个人所得税。

(1) 残疾、孤老人员和烈属的所得。

(2) 因自然灾害遭受重大损失的。

国务院可以规定其他减税情形，报全国人民代表大会常务委员会备案。上述减征的具体幅度和期限，由省、自治区、直辖市人民政府规定，并报同级人民代表大会常务委员会备案。

(五) 个人所得税的纳税申报表

个人所得税的纳税申报表，因具体纳税人不同有所不同，具体内容和填报方法参照《个人所得税法》相关规定。

第二节　个人所得税应纳税额的计算

由于所得项目的性质不同，个人所得税的适用税率、费用扣除标准及计税方法也有所不同。

按照新修改的《中华人民共和国个人所得税法》(以下简称“新《个人所得税法》”)的规定，全面实施新《个人所得税法》后扣缴义务人对居民个人工资、薪金所得，劳务报酬所得，稿酬所得，特许权使用费所得采用预扣预缴个人所得税的计算方法，对非居民个人上述四项所得也采用扣缴个人所得税的计算方法。

一、居民个人预扣预缴方法

计税依据：居民个人的综合所得，以每一纳税年度的收入额减除费用 6 万元以及专项扣除、专项附加扣除和依法确定的其他扣除后的余额，为应纳税所得额。

计税方法：扣缴义务人向居民个人支付工资、薪金所得，劳务报酬所得，稿酬所得，特许权使用费所得时，按以下方法预扣预缴个人所得税，并向主管税务机关报送《个人所得税扣缴申报表》。年度预扣预缴税额与年度应纳税额不一致的，由居民个人于次年 3 月 1 日至 6 月 30 日向主管税务机关办理综合所得年度汇算清缴，税款多退少补。

(一) 扣缴义务人向居民个人支付工资、薪金所得

应当按照累计预扣法计算预扣税款，并按月办理全员全额扣缴申报。具体计算公式如下：

$$\text{本期应预扣预缴税额}=\left(\text{累计预扣预缴应纳税所得额}\times\text{预扣率}-\text{速算扣除数}\right)-\text{累计减免税额}-\text{累计已预扣预缴税额}$$

$$\text{累计预扣预缴应纳税所得额}=\text{累计收入}-\text{累计免税收入}-\text{累计减除费用}-\text{累计专项扣除}-\text{累计专项附加扣除}-\text{累计依法确定的其他扣除}$$

(1) 累计减除费用，按照 5 000 元/月乘以纳税人当年截至本月在本单位的任职受雇月份数计算。

(2) 新《个人所得税法》规定的专项扣除，包括居民个人按照国家规定的范围和标准缴纳的基本养老保险、基本医疗保险、失业保险等社会保险费和住房公积金等。

(3) 专项附加扣除，是指新《个人所得税法》规定的子女教育、继续教育、大病医疗、住房贷款利息或者住房租金、赡养老人等六项专项附加扣除。具体扣除标准及方法如表 8-4 所示。

表 8-4 具体扣除标准及方法

<table>
<tr><th>扣除项目</th><th colspan="2">扣除范围</th><th>每年扣除标准</th><th>每月扣除标准</th><th colspan="2">扣除方式</th></tr>
<tr><td rowspan="3">子女教育</td><td>学前教育</td><td>3 岁至小学前</td><td rowspan="3">1.2 万元/子女</td><td rowspan="3">0.1 万元/子女</td><td rowspan="3">父母分别扣 50%</td><td rowspan="3">父母约定一方全扣</td></tr>
<tr><td rowspan="2">学历教育</td><td>小学中学</td></tr>
<tr><td>专本硕博</td></tr>
<tr><td rowspan="2">继续教育</td><td>学历教育</td><td>教育期间（本科以下可选择）</td><td>0.48 万元</td><td>0.04 万元</td><td>父母扣</td><td>本人扣</td></tr>
<tr><td>职业技能</td><td>取得证书年度</td><td>0.36 万元</td><td>×</td><td colspan="2">本人扣</td></tr>
<tr><td rowspan="2">赡养老人</td><td rowspan="2">60 岁以上父母及祖辈</td><td>独生子女</td><td>2.4 万元</td><td>0.2 万元</td><td colspan="2">一人承担</td></tr>
<tr><td>非独生子女</td><td>1.2 万元</td><td>0.1 万元</td><td colspan="2">平均/指定/约定承担</td></tr>
<tr><td>大病医疗</td><td colspan="2">个人负担超 1.5 万元医药费的部分</td><td>8 万元</td><td>×</td><td colspan="2">本人或配偶扣除</td></tr>
<tr><td>房贷利息</td><td colspan="2">首套住房贷款利息</td><td>1.2 万元</td><td>0.1 万元</td><td colspan="2">夫妻约定一方扣除；婚前买房可一方扣除或各扣 50%</td></tr>
<tr><td rowspan="3">住房租金</td><td colspan="2">直辖市、省会、计划单列市等</td><td>1.8 万元</td><td>0.15 万元</td><td colspan="2" rowspan="3">夫妻同城，一方扣除夫妻不同城，各自扣</td></tr>
<tr><td colspan="2">人口超过 100 万城市</td><td>1.32 万元</td><td>0.11 万元</td></tr>
<tr><td colspan="2">人口不超过 100 万城市</td><td>0.96 万元</td><td>0.08 万元</td></tr>
</table>

上述公式中，计算居民个人工资、薪金所得预扣预缴税额的税率、速算扣除数，按《个人所得税税率表》(参见表 8-1)执行。

(4) 其他扣除，是指除上述扣除项目外按照税法规定可以在税前扣除的项目，如公益慈善性捐赠等。

【例 8-1】 假定在某外资企业就职的陈先生 2019 年全年的工资薪金所得为 40 万元，按照有关规定养老、医疗和住房公积金等专项扣除为 80 000 元，可以享受的专项附加扣除有两项：子女教育年扣除额 12 000 元、赡养父母年扣除额24 000 元，除上述项目外无其他扣除项目。假定当年 1～11 月已累计预扣个人所得税 15 000 元。根据上述资料，计算企业当年 12 月应预扣预缴陈某的个人所得税。

【解析】 根据上述资料分析计算如下：

$$\text{陈某当年的应纳税所得额} = 400\,000 - 5\,000 \times 12 - 80\,000 - 12\,000 - 24\,000 = 224\,000(\text{元})$$

$$\text{企业当年 12 月应预扣预缴陈某的个人所得税} = 224\,000 \times 20\% - 16\,920 - 15\,000 = 27\,880 - 15\,000 = 12\,880(\text{元})$$

（二）扣缴义务人向居民个人支付劳务报酬所得、稿酬所得、特许权使用费所得应按次或者按月预扣预缴个人所得税。具体预扣预缴方法如下。

1. 应纳税所得额的确定

劳务报酬所得、稿酬所得、特许权使用费所得以收入减除费用后的余额为收入额。其中，稿酬所得的收入额减按70%计算。

减除费用，是指劳务报酬所得、稿酬所得、特许权使用费所得每次收入不超过4 000元的，减除费用按800元计算；每次收入4 000元以上的，减除费用按20%计算。

2. 应纳税额的计算

劳务报酬所得、稿酬所得、特许权使用费所得应预扣预缴税额＝应纳税所得额×适用税率－速算扣除数。

3. 有关稿酬所得纳税的特殊规定

1）稿酬所得，应以每次出版和发表取得的收入为一次所得。具体又可细分如下。

（1）对同一作品再版取得的所得，应视作另一次稿酬所得计征个人所得税款。

（2）对同一作品在报刊上连载取得收入的，以连载完毕后取得的全部收入合并为一次所得，计征个人所得税款。

（3）对同一作品先在报刊上连载，然后再出版；或者先出版，再在报刊上连载的，应视为两次稿酬所得分别计征个人所得税款。

（4）对同一作品在出版、发表后，因增加印数而追加稿酬的，应与以前出版、发表时取得的稿酬合并计算为一次所得计征个人所得税款。

（5）对同一作品在出版和发表时，以预付稿酬或分次支付稿酬等方式取得的稿酬收入，应合并计算为一次所得计征个人所得税款。

2）电影文学剧本以图书、报刊形式出版、发表而取得的所得，按稿酬所得计征个人所得税款。

3）对取得作者遗作稿酬的个人，应按稿酬所得征收个人所得税款。

【例8-2】 2019年3月，内地小品明星张某到西安演出，一次性取得劳务报酬收入350 000元，计算张某应缴的个人所得税。

【解析】 根据上述资料分析计算如下：

应纳税所得额＝350 000×(1－20%)＝280 000(元)

应交所得税额＝280 000×20%－16 920＝39 080(元)

【例8-3】 2019年2月，李某和黄某共同出版了一部著作，共取得稿酬300 000元，其中李某分得 180 000 元，黄某分得 120 000 元，分别计算李某和黄某应纳的个人所得税。

【解析】 根据上述资料分析计算如下：

李某的稿酬应纳税所得额＝180 000×(1－20％)×(1－30％)＝100 800(元)

李某应交所得税额＝100 800×10％－2 520＝7 560(元)

黄某的稿酬应纳税所得额＝120 000×(1－20％)×(1－30％)＝67 200(元)

黄某应交所得税额＝67 200×10％－2 520＝4 200(元)

（三）关于全年一次性奖金、中央企业负责人年度绩效薪金延期兑现收入和任期奖励的扣税办法

(1) 居民个人取得全年一次性奖金，符合《国家税务总局关于调整个人取得全年一次性奖金等计算征收个人所得税方法问题的通知》(国税发〔2005〕9 号)规定的，在 2021 年 12 月 31 日前，不并入当年综合所得，以全年一次性奖金收入除以 12 个月得到的数额，按照本通知所附按月换算后的综合所得税率表(月度税率表)，确定适用税率和速算扣除数，单独计算纳税。计算公式如下：

应纳税额＝全年一次性奖金收入×适用税率－速算扣除数

居民个人取得全年一次性奖金，也可以选择并入当年综合所得计算纳税。

自 2022 年 1 月 1 日起，居民个人取得全年一次性奖金，应并入当年综合所得计算缴纳个人所得税。

【例 8-4】 假定在某公司工作的王某在 2019 年 12 月取得全年一次性奖金 96 000 元，计算应缴的个人所得税。

【解析】 根据上述资料分析计算如下：

王某取得的年终奖＝96 000÷12＝8 000(元)

查月度税率表可知适用税率为 10％，速算扣除数为 210 元，则

王某应缴的个人所得税＝96 000×10％－210＝9 390(元)

(2) 中央企业负责人取得年度绩效薪金延期兑现收入和任期奖励，符合《国家税务总局关于中央企业负责人年度绩效薪金延期兑现收入和任期奖励征收个人所得税问题的通知》(国税发〔2007〕118 号)规定的，在 2021 年 12 月 31 日前，参照上述办法执行；2022 年 1 月 1 日之后的政策另行明确。

（四）关于上市公司股权激励的扣税政策

(1) 居民个人取得股票期权、股票增值权、限制性股票、股权奖励等股权激励(以下简

称“股权激励”)，符合《财政部 国家税务总局关于个人股票期权所得征收个人所得税问题的通知》(财税〔2005〕35号)、《财政部国家税务总局关于股票增值权所得和限制性股票所得征收个人所得税有关问题的通知》(财税〔2009〕5号)、《财政部 国家税务总局关于将国家自主创新示范区有关税收试点政策推广到全国范围实施的通知》(财税〔2015〕116号)第四条、《财政部国家税务总局关于完善股权激励和技术入股有关所得税政策的通知》(财税〔2016〕101号)第四条第(一)项规定的相关条件的，在2021年12月31日前，不并入当年综合所得，全额单独适用综合所得税率表，计算纳税。计算公式如下：

应纳税额＝股权激励收入×适用税率－速算扣除数

(2) 居民个人一个纳税年度内取得两次以上(含两次)股权激励的，应合并按上述第(1)项规定计算纳税。

(3) 2022年1月1日之后的股权激励政策另行明确。

二、非居民个人扣缴方法

扣缴义务人向非居民个人支付工资、薪金所得，劳务报酬所得，稿酬所得和特许权使用费所得时，应当按以下方法按月或者按次代扣代缴个人所得税。

(一) 应纳税所得额的确定

(1) 非居民个人的工资、薪金所得，以每月收入额减除费用5 000元后的余额为应纳税所得额。

(2) 劳务报酬所得、稿酬所得、特许权使用费所得，以每次收入额为应纳税所得额，适用按月换算后的非居民个人月度税率表(见表8-2《个人所得税税率表》)计算应纳税额。其中，劳务报酬所得、稿酬所得、特许权使用费所得以收入减除20%的费用后的余额为收入额。稿酬所得的收入额减按70%计算。

(二) 应纳税额的计算

非居民个人工资、薪金所得，劳务报酬所得，稿酬所得，特许权使用费所得应纳税额的计算如下：

应纳税额＝应纳税所得额×税率－速算扣除数

【例8-5】 乔治·约翰逊是美国公民，长期在中国境内某企业工作，假定其每月工资为65 000元人民币，计算其每月应缴的个人所得税。

【解析】 根据上述资料分析计算如下：

$$\text{乔治·约翰逊每月应缴的个人所得税}=(65\ 000-5\ 000)\times35\%-7\ 160=13\ 840(\text{元})$$

【例 8-6】 英国人查尔斯将其一项发明专利转让给中国境内的某公司,一次性取得转让收入为 1 600 000 元人民币,计算查尔斯应缴的个人所得税。

【解析】 根据上述资料分析计算如下:

$$\text{个人所得税应纳税所得额}=1\ 600\ 000\times(1-20\%)=1\ 280\ 000(\text{元})$$

$$1\ 280\ 000\div12=106\ 666.67(\text{元})$$

适用查尔斯的税率为 45%,速算扣除数为 15 160 元,则

$$\text{查尔斯应缴的个人所得税}=1\ 280\ 000\times45\%-15\ 160=560\ 840(\text{元})$$

【例 8-7】 假定英国人查尔斯从中国境内某影视公司一次性取得稿酬收入 300 000 元人民币,计算其应缴的个人所得税。

【解析】 根据上述资料分析计算如下:

$$\text{稿酬收入的应纳税所得额}=300\ 000\times(1-20\%)\times(1-30\%)=168\ 000(\text{元})$$

$$168\ 000\div12=14\ 000(\text{元})$$

适用查尔斯的税率为 20%,速算扣除数为 1 410 元,则

$$\text{查尔斯应缴的个人所得税}=168\ 000\times20\%-1\ 410=32\ 190(\text{元})$$

三、经营所得应纳税额的计算

(一) 经营所得应纳税所得额的确定

个体工商户的生产、经营所得,以每一纳税年度的收入总额,减除成本、费用、税金、损失、其他支出以及允许弥补的以前年度亏损后的余额为应纳税所得额。

这里的"成本""费用",是指纳税人从事生产、经营所发生的各项直接费用和间接费用以及期间费用;这里的"损失"是指纳税人在生产、经营过程中发生的各项营业外支出。如果从事生产、经营的纳税人未能提供完整、准确的纳税资料,不能正确计算应纳税所得额时,应由税务机关核定其应纳税所得额。计算公式为:

$$\text{应纳税所得额}=\text{全年收入总额}-(\text{成本}+\text{费用}+\text{损失}+\text{准予扣除的税金})$$

(二) 经营所得应纳税额的计算

个体工商户的生产、经营所得应纳税额的计算公式为:

应纳税额＝应纳税所得额×适用税率－速算扣除数

【例 8-8】 某小型食品公司系个体工商户，账证健全，12 月取得营业额为 220 000 元，准许扣除的当月成本、费用及相关税金共计 170 600 元。1～11 月累计应纳税所得额 68 400 元，1～11 月累计已预缴个人所得税 1 800 元。根据上述资料，计算该年度应补缴的个人所得税。

【解析】 根据上述资料分析计算如下：

(1) 全年应纳税所得额＝220 000－170 600＋68 400－5 000×12＝57 800(元)

(2) 全年应缴纳个人所得税＝57 800×10%－1 500＝4 280(元)

(3) 该年度应补缴的个人所得税＝4 280－1 800＝2 480(元)

(三) 计算个体工商户应纳税款时应注意的问题

对个体工商户和从事生产、经营的个人，取得与生产经营活动无关的各项应税所得，应分别按适用的各应税项目的规定计算个人所得税。

对个体工商户从联营企业分得的利润，应按照利息、股息和红利所得项目计算个人所得税。

(四) 合伙企业应纳税额的计算要求

合伙企业生产经营所得和其他所得采取“先分后税”的原则，应纳税所得额的计算按照有关规定执行。

生产经营所得和其他所得包括合伙企业分配给所有合伙人的所得和企业当年留存的所得(利润)。

合伙企业的合伙人按照下列原则确定应纳税所得额：合伙企业的合伙人以合伙企业的生产经营所得和其他所得，按照合伙协议约定的分配比例确定应纳税所得额；合伙协议未约定或者不明确的，以全部生产经营所得和其他所得，按照合伙人协商决定的分配比例确定应纳税所得额；协商不成的，以全部生产经营所得和其他所得，按照合伙人实缴出资比例确定应纳税所得额；无法确定出资比例的，以全部生产经营所得和其他所得，按照合伙人数量平均计算每个合伙人的应纳税所得额；合伙协议不得约定将全部利润分配给部分合伙人。

具体的计算步骤与个体工商户相同。

(五) 对企事业单位承包经营、承租经营所得应纳税额的计算

1. 应纳税所得额的确定

对企事业单位承包经营、承租经营所得，是以每一纳税年度的收入总额，减除必要费

用后的余额为应纳税所得额。其中每一纳税年度的收入总额，是指纳税人按照承包经营、承租经营合同规定分得的经营利润和工资、薪金性质的所得；减除必要费用，是指按月减除5 000元的固定费用，实际减除的是相当于个人的生计及其他费用。其计算公式为：

应纳税所得额＝个人承包、承租经营的年度收入总额－5 000×12

2. 应纳税额的计算

对企事业单位承包经营、承租经营所得应纳税额的计算公式为：

应纳税额＝应纳税所得额×适用税率－速算扣除数
＝(纳税年度收入总额－必要费用)×适用税率－速算扣除数

【例 8-9】 2019年1月1日，个体户张某与某事业单位签订了承包合同，经营招待所，承包期为3年。当年招待所实现承包经营利润150 000元(未扣除承包人工资报酬)。按合同规定，承包人每年应从承包经营利润中上缴承包费30 000元。根据上述资料，计算承包人张某应纳个人所得税额。

【解析】 根据上述资料分析计算如下：

应纳税所得额＝150 000－30 000－5 000×12＝60 000(元)
应纳税额＝60 000×10%－1 500＝4 500(元)

3. 计算应纳税款时应注意的问题

对承包经营和承租经营所得，应按年计算，如果在一个纳税年度内，承包经营、承租经营期限不满12个月的，则应以实际承包期、承租期为一个纳税年度。

如果承包人、承租人对企业经营成果不拥有所有权，仅仅是按合同或协议规定取得一定所得的，对其所得按照工资、薪金项目所得计税。

如果承包人、承租人按合同或协议规定只向发包方、出租方缴纳一定费用后，剩余经营成果归其所有的，则应按照承包经营、承租经营项目所得计税。

如果纳税人在1年内分次取得承包经营、承租经营所得的，应分次预缴税款、年终汇算清缴，多退少补。

四、财产租赁所得应纳税额的计算

(一) 应纳税所得额的确定

财产租赁所得一般以个人每次取得的收入，定额或定率减除规定费用后的余额为应纳税所得额。每次收入不超过4 000元的，定额减除费用800元；每次收入在4 000元以上的，定率减除20％的费用，其余额为应纳税所得额。财产租赁所得以1个月内取得的收入为一次。其计算公式如下所述。

每月（次）收入不超过4 000元的：

应纳税所得额＝每次（月）收入额－准予扣除项目－修缮费用（800元为限）－800

每月（次）收入超过4 000元的：

应纳税所得额＝［每次（月）收入额－准予扣除项目－修缮费用（800元为限）］×（1－20％）

（二）应纳税额的计算

财产租赁所得适用20％的比例税率。但对个人按市场价格出租的居民住房取得的所得，自2001年1月1日起暂减按10％的税率征收个人所得税。

应纳税额＝应纳税所得额×适用税率

（三）有关财产租赁所得纳税的特殊规定

(1) 财产租赁所得，以1个月内取得的收入为一次。

(2) 纳税人在出租财产过程中已经缴纳的税金及附加，可持有关完税或缴款凭证，从其财产租赁收入中扣除。

(3) 纳税人在出租财产过程中，发生的由出租方负担的修缮费用，可据实予以扣除。允许扣除的修缮费用，以每次800元为限，一次扣除不完的，准予在下一次继续扣除，直至扣完为止。

【例8-10】　××××年1月，刘某将其自有的面积为160平方米的公寓按市场价格出租给王某居住。刘某每月取得租金收入3 500元。2月，因下水道堵塞找人修理，发生修理费用1 000元，有维修部门的正式收据。根据上述资料，分别计算刘某1月、2月和3月应缴纳的个人所得税额。

【解析】　根据上述资料分析计算如下。

1月：

应纳税所得额＝3 500－800 ＝2 700（元）

应纳税额＝2 700×10％＝270（元）

2月：

应纳税所得额＝3 500－800－800 ＝1 900（元）

应纳税额＝1 900×10％＝190（元）

3月：

应纳税所得额＝3 500－200－800 ＝2 500(元)

应纳税额＝2 500×10％＝250(元)

五、财产转让所得应纳税额的计算

(一) 应纳税所得额的确定

财产转让所得，应以个人每次转让财产取得的收入额减除财产原值和合理费用后的余额为应纳税所得额。其计算公式为：

应纳税所得额＝收入总额－财产原值－合理费用

(二) 应纳税额的计算

应纳税额＝应纳税所得额×适用税率

＝(收入总额－财产原值－合理费用)×20％

【例8-11】 ××××年3月，张某建房一幢，造价360 000元，支付其他费用为40 000元，建成后将房屋出售，售价为650 000元，在售房过程中按规定支付的交易费用等相关税费35 000元。根据上述资料，计算汪某应缴纳的个人所得税额。

【解析】 根据上述资料分析计算如下：

应纳税所得额＝650 000－360 000－40 000－35 000＝215 000(元)

应纳税额＝215 000×20％＝43 000(元)

六、利息、股息、红利所得、偶然所得应纳税额的计算

(一) 利息、股息、红利所得应纳税额的计算

1. 应纳税所得额的确定

利息、股息、红利所得缴纳的个人所得税计算比较特殊，它是以没有任何扣除项目的利息、股息、红利的收入额为应纳税所得额。

2. 应纳税额的计算

应纳税额＝应纳税所得额×适用税率＝每次收入额×20％

3. 有关利息、股息、红利所得纳税的特殊规定

(1) 股份制企业以股票形式向股东个人支付应得的股息、红利(即派发红股)，应以派

发红股的股票票面金额为收入额计算所得税款。

(2) 个人购买社会福利有奖募捐奖券一次中奖收入不超过10 000元的，免征个人所得税。

(二) 偶然所得应纳税额的计算

1. 应纳税所得额的确定

偶然所得应以个人每次取得的收入额为应纳税所得额，不得从收入中扣除任何费用。除有特殊规定以外，每次收入额就是应纳税所得额，以每次的收入额为依据计算个人所得税。

2. 应纳税额的计算

应纳税额＝应纳税所得额(每次收入额)×适用税率

【例8-12】 陈某参加某商场的有奖销售过程中，中奖所得共计价值36 000元，他直接将6 000元通过教育部门捐给希望工程。根据上述资料，计算陈某应纳税额和实际可得的中奖金额。

【解析】 根据上述资料分析计算如下：

根据税法有关规定，陈某的捐赠额可以全部从应纳税所得额中扣除(因为6 000÷36 000＝16.67%，小于捐赠扣除比例30%)。

应纳税所得额＝偶然所得－捐赠额＝36 000－6 000＝30 000(元)

应纳税额＝应纳税所得额×适用税率＝30 000×20%＝6 000(元)

实际可得金额＝36 000－6 000－6 000＝24 000(元)

七、境外所得已纳税额的扣除

个人所得税是对纳税人来源于境内、境外的全部所得征税。为了避免重复征税，对纳税人从中国境外取得的所得，在计算应纳税款时，按规定准予其在应纳税额中扣除已在境外缴纳的个人所得税税款。但扣除额不得超过该纳税人的境外所得按照我国税法规定计算的应纳税额。

如果纳税人在中国境外实际已经缴纳的个人所得税额，低于按照上述规定计算出的扣除限额时，则应当在中国境内补缴少缴的税款(应纳税额的差额部分)；反之，如果纳税人在中国境外实际已经缴纳的个人所得税额，高于按照上述规定计算出的扣除限额时，其超过部分的税款不得在本纳税年度的应纳税额中扣除，但是可以在以后纳税年度中的扣除限额的余额中继续扣除，补扣期限最长不得超过5年。

【例 8-13】 赵教授某纳税年度在韩国讲学取得收入 400 000 元，在日本从事书画展卖取得收入 180 000 元，已分别按收入来源国税法规定缴纳了个人所得税 40 000 元和 18 000 元。根据上述资料，计算赵教授应缴纳的个人所得税额。

【解析】 根据上述资料分析计算如下：

（1）韩国收入：

按我国税法规定计算的应纳税额（即抵扣限额）
＝400 000×（1－20％）×25％－31 920＝48 080（元）

计算表明：在韩国实际缴纳的税款 40 000 元低于抵扣限额 48 080 元，因此，可全额抵扣，并需在我国补缴个人所得税 8 080 元（48 080－40 000）。

（2）日本收入：

按我国税法规定计算的应纳税额（即抵扣限额）
＝180 000×（1－20％）×10％－2 520＝11 880（元）

计算表明：在日本实际缴纳的税款 18 000 元超出了抵扣限额 118 80 元，超过限额部分不得在本年度内的应纳税额中扣除。

八、个人所得税综合计算

【例 8-14】 孙某为西安一文工团演员，某纳税年度他从中国境内取得工资、薪金收入共计 272 000 元（人民币，下同），按照规定应税前扣除的保险及住房公积金为 35 000 元，可扣除的专项附加为 36 000 元，其中子女教育费 12 000 元，赡养父母费用 24 000 元。取得劳务收入 35 000 元；在 A 国讲学一次，取得收入50 000 元（已按 A 国规定缴纳个人所得税 1 000 元）；在 B 国出版自传作品一部，取得稿酬所得 160 000 元（已按 B 国规定缴纳个人所得税 6 000 元）。根据上述资料，计算孙某应缴纳的个人所得税额。

【解析】 根据上述资料分析计算如下。

（1）境内工资、薪金收入应纳税额。

年应纳税所得额＝272 000－5 000×12－35 000－36 000＝14 1 000（元）
年工资、薪金收入应纳税额＝141 000×10％－2 520＝11 580（元）

（2）劳务收入应纳税额。

劳务收入应纳税所得额＝35 000×（1－20％）＝28 000（元）
劳务收入应纳税额＝28 000×3％＝8 400（元）

(3) A 国收入按我国税法规定计算的应纳税额(抵扣限额)为 1 480 元[50 000×(1－20%)×10%－2 520]。

计算表明:孙某在 A 国实际缴纳的税款 1 000 元,低于抵扣限额 1 480 元,应补缴个人所得税 480 元(1 480－1 000)。

(4) B 国收入按我国税法规定计算的应纳税额(抵扣限额)为 6 440 元{[160 000×(1－20%)×(1－30%)]×10%－2 520}。

计算表明:孙某在 B 国实际缴纳的税款 6 000 元,低于抵扣限额 6 440 元,应补缴个人所得税 440 元(6 440－6 000)。

(5) 孙某应缴纳的个人所得税款为 20 900 元(11 580＋8 400＋480＋440)。

【例 8-15】 某研究所专家张某在纳税年度 1～12 月个人所得情况如下:

(1) 每月取得固定的工资收入 15 500 元,按照有关规定每月可以扣除的专项扣除项目金额为 3 200 元,全年符合规定的专项附加扣除项目为 36 000 元,除此之外无其他扣除项目。

(2) 个人出租经营性商铺,每月取得租金收入 3 000 元(不考虑其他税费)。

(3) 7 月,取得省政府颁发的科技发明奖 100 000 元。

(4) 9 月,在参加某商场有奖销售活动中,中奖所得共计价值 30 000 元。将其中 10 000 元通过市教育局用于公益性捐赠。

(5) 11 月,将自有的一项非职务专利技术提供给境外某公司使用,一次性取得特许权使用费收入 160 000 元,该项收入已在境外缴纳个人所得税 7 800 元。

根据上述资料,按照下列序号计算回答问题,每问需计算出合计数。

(1) 计算 1～12 月工资收入应缴纳的个人所得税。

(2) 计算出租商铺所得应缴纳的个人所得税。

(3) 计算从省政府获得的奖金应缴纳的个人所得税。

(4) 计算中奖所得应缴纳的个人所得税。

(5) 计算从境外取得的特许权使用费在我国缴纳个人所得税时可以扣除的税收限额。

(6) 计算从境外取得的特许权使用费在我国实际应缴纳的个人所得税。

【解析】 根据上述资料分析计算如下:

(1) 1～12 月工薪收入应缴纳的个人所得税＝[(15 500×12)－(5 000×12)－(3 200×12)－36 000]×10%－2 520＝2 640(元)。

(2) 出租商铺所得应缴纳的个人所得税＝(3 000－800)×20%×12＝5 280(元)。

(3) 省政府颁发的科技发明奖免征个人所得税。

(4) 公益捐赠的扣除限额＝30 000×30%＝9 000(元)。

中奖所得应缴纳的个人所得税＝(30 000－9 000)×20%＝4 200(元)。

(5) 从境外取得的特许权使用费在我国缴纳个人所得税时可以扣除的税收限额＝160 000×(1－20%)×10%－2 520＝10 280(元)。

(6) 从境外取得的特许权使用费在我国实际应缴纳的个人所得税＝10 280－7 800＝2 480(元)。

【例 8-16】 中国公民王某为某上市公司的部门经理并兼任本公司董事，某纳税年度取得下列收入。

(1) 每月工资 18 000 元，个人需负担社保及住房公积金 3 000 元，假定其没有符合规定的专项附加扣除项目，12 月末一次性取得年终奖 85 800 元。

(2) 转让限售股取得收入 800 000 元，不能提供限售股原值凭证。

(3) 取得某商场支付的中奖收入 38 000 元。

(4) 拍卖自己的文字作品手稿原件取得收入 8 000 元，拍卖收藏多年的文物取得收入 32 000 元，不能准确提供该文物原值。

根据上述资料回答下列问题，每问需计算出合计数。

(1) 计算工资薪金所得应缴纳的个人所得税。

(2) 计算 12 月年终奖应缴纳的个人所得税。

(3) 计算转让限售股应缴纳的个人所得税。

(4) 计算取得中奖收入应缴纳的个人所得税。

(5) 计算拍卖自己的文字作品手稿原件和文物应缴纳的个人所得税。

(6) 王某当年应缴纳的个人所得税。

【解析】 根据上述资料分析计算如下：

(1) 工资薪金所得应纳税额＝(18 000×12－3 000×12－5 000×12)×10%－2 520＝9 480(元)。

(2) 年终奖应纳税额＝85 800×10%－210＝8 370(元)。

(3) 纳税人转让限售股，不能准确计算限售股原值的，主管税务机关一律按限售股转让收入的 15%核定限售股原值及合理税费。

应纳税额＝800 000×(1－15%)×20%＝136 000(元)

(4) 中奖所得的应纳税额＝38 000×20%＝7 600(元)。

(5) 拍卖自己的文字作品手稿原件按照特许权使用费计税。

应纳税额＝8 000×(1－20%)×3%＝192(元)

拍卖收藏多年的文物按照财产转让所得计税，无法确定原值的，按照3%的征收率计税。

应纳税额＝32 000×3%＝960(元)

(6) 王某当年应缴纳的个人所得税＝9 480＋8 370＋136 000＋7 600＋192＋960＝162 602(元)。

第三节　个人所得税的会计核算

一、个人所得税的账户设置

个人所得税的会计核算应设置“应交税费”账户进行核算，计算出应缴纳的个人所得税款时，记入该账户的贷方；实际缴纳个人所得税款时，记入该账户的借方，该账户下可设置“应交代扣代缴个人所得税”“应交个人所得税”等明细账户进行明细分类核算。

个人所得税的会计核算包括两种类型：一是扣缴义务人代扣代缴个人所得税的会计核算；二是建账建制的个体工商户及个人独资企业、合伙企业的投资者缴纳个人所得税的会计核算。

二、个人所得税的会计处理方法

(一) 扣缴义务人代扣代缴个人所得税的会计处理方法

1. 支付工资、薪金所得时代扣代缴税款的会计处理方法

个人所得税的扣缴，必须由支付单位在支付所得时同时进行。因企业代扣的税款与实际上缴税款之间仍有一定的时间间隔，因此，扣缴义务人在代扣代缴个人所得税时，应通过在“应交税费”账户下设置“应交代扣代缴个人所得税”明细账户进行核算。各单位应在计算支付应付工资、薪金的同时，按照有关规定提取应代扣代缴的个人所得税，借记“应付职工薪酬”账户，贷记“应交税费——应交代扣代缴个人所得税”账户；实际缴纳入库时，借记“应交税费——应交代扣代缴个人所得税”账户，贷记“银行存款”账户。

【例8-17】 某公司每月给吴某发工资8 200元，合同约定，吴某自己承担个人所得税660元。

有关会计处理如下：

(1) 支付职工薪酬并代扣个人所得税时：

借：应付职工薪酬　　8 200

　　贷：库存现金　　7 540

　　　　应交税费——应交代扣代缴个人所得税　　660

(2) 实际缴纳税款时：

借：应交税费——应交代扣代缴个人所得税　　660

　　贷：银行存款　　660

2. 支付劳务报酬所得、财产租赁所得时代扣代缴税款的会计处理方法

【例 8-18】 某年 4 月某公司聘请设计人员李某为其设计广告条幅，支付设计费 40 000 元。

有关计算及会计处理如下。

$$代扣代缴个人所得税款=40\ 000\times(1-20\%)\times3\%=960(元)$$

该公司的会计处理如下。

(1) 支付设计费并代扣个人所得税时：

借：销售费用　　40 000

　　贷：应交税费——应交代扣代缴个人所得税　　960

　　　　库存现金　　39 040

(2) 实际缴纳税款时：

借：应交税费——应交代扣代缴个人所得税　　960

　　贷：银行存款　　960

3. 支付稿酬所得时代扣代缴税款的会计处理方法

【例 8-19】 西安某杂志社因小说连载，3 月支付给作家王某稿酬费用200 000 元。

有关计算及会计处理如下。

$$\begin{aligned}代扣代缴个人所得税额&=200\ 000\times(1-20\%)\times(1-30\%)\times10\%-2\ 520\\&=8\ 680(元)\end{aligned}$$

(1) 杂志社支付稿费并代扣个人所得税。

借：管理费用　　200 000

　　贷：应交税费——应交代扣代缴个人所得税　　8 680

　　　　库存现金　　191 320

（2）实际缴纳税款。

借：应交税费——应交代扣代缴个人所得税　　8 680

　　贷：银行存款　　8 680

4. 支付利息、股息、红利所得的会计处理方法

【例 8-20】 经有关部门审核批准，某年 1 月，某公司向内部员工集资共 2 000 000 元，用于本公司的改扩建工程，合同约定的利率为 12%。该年年末，该公司按规定向员工支付集资款的利息 240 000 元(现行规定利息收入免税)。

有关会计处理如下：

借：财务费用　　240 000

　　贷：银行存款　　240 000

5. 扣缴义务人未按税法规定履行扣缴义务被处以罚款的会计处理方法

如果扣缴义务人未按税法规定履行扣缴义务而被处以罚款的，在上缴罚款时，应借记“营业外支出——税收罚款”账户，贷记“银行存款”账户。

（二）个体工商户及个人独资企业、合伙企业的投资者应缴个人所得税的会计处理方法

1. 个体工商户应缴个人所得税的会计处理方法

个体工商户不同于个人所得税的其他纳税人，个体工商业户一般应当建立账册，正确核算盈亏，并按规定向当地税务机关进行纳税申报。但是由于个体工商户的经营行业复杂，规模大小不一，核算水平差异较大，人员素质高低不齐，要求其建立系统规范的账册并采用统一的核算程序和方法是不符合实际的。因此，根据国家税务总局制定的《关于加强个体私营经济税收征管强化查账征收工作的意见》，考虑个体工商业户建账的实际情况，要求个体、私营业户可根据其行业特点和经营规模自行建账，也可以聘请民间的会计中介机构代理建账。

但是，对于经营规模小，确无建账能力的个体工商业户，经县以上税务机关批准，可暂不建账或不设置账簿。

（1）建账建制的范围。主要包括以下几方面。①个人租赁、承包经营企业。②有固定经营场所的个体、私营经济业户。③名为国有或集体实为个体、私营经济业户。

（2）复式账建账建制的基本要求。主要包括以下几方面。①2 人以上合伙经营且注册资金达到 100 000 元以上。②请帮工 5 人(含 5 人)以上。③从事应税劳务月营业额在 15 000 元以上或者月销售收入在 30 000 元以上。④经省级税务机关确定的应设置复式账的其他情形。

凡建立有复式账的个体工商户，应按国家税务总局关于《个体工商户会计制度（试行）》的规定设置相关的总分类账簿、明细分类账簿和日记账簿等，如实记载各项财产物资的增减变化情况、各项成本费用的发生情况和各项收入的取得情况，以正确计算盈亏。同时，要求其现金日记账、银行存款日记账和总分类账，必须按规定使用订本式账簿，其他账簿可根据业务的实际发生情况选用活页账簿及卡片账簿；要求其严格执行成本、费用的列支标准，按照《企业财务通则》和《企业会计准则》的相关规定进行会计核算。

（3）简易账建账建制的基本要求。主要包括以下几方面。①请帮工在2人以上5人以下。②应税劳务月营业额在5 000～15 000元，或者月销售收入在10 000～30 000元。③经省级税务机关确定应建立简易账的其他情形。

建立简易账的个体工商户应建立货币资金收支账、经营收入账、成本费用账、商品物资购进账和销售账、商品物资盘点表、利润表等，以收付方式记录和反映其经营情况并进行简易的会计核算。

（4）所得税的会计处理方法。个体工商户的生产、经营所得，应通过“留存收益”和“应交税费”账户进行核算。在计算其应缴纳的个人所得税税款时，借记“留存收益”账户，贷记“应交税费——应交个人所得税”账户；实际缴纳时，借记“应交税费——应交个人所得税”账户，贷记“银行存款”账户。

【例8-21】 某个体企业经过主管税务机关核定，每月预缴个人所得税12 000元，年末根据实际经营情况汇算时，其应缴的全年所得税为168 000元。

有关会计处理如下。

（1）每月预缴所得税时。

借：应交税费——应交个人所得税　　12 000

　　贷：银行存款　　12 000

（2）年终汇算时。

借：留存收益　　168 000

　　贷：应交税费——应交个人所得税　　168 000

（3）补缴税款时。

借：应交税费——应交个人所得税　　24 000

　　贷：银行存款　　24 000

2. 实行查账征收的个人独资企业、合伙企业投资者个人所得税的会计处理方法

实行查账征收的个人独资企业、合伙企业投资者个人应缴个人所得税的会计核算，可

以比照上述相关方法进行。但是，按照有关规定，企业可以向地方税务机关申请退还代扣个人所得税的手续费（即为代扣个人所得税的2%）。

有关会计处理如下。

（1）由企业代扣从业者或投资者个人所得税时：

借：留存收益　　×××

　　贷：应交税费——应交个人所得税　　×××

（2）实际上缴个人所得税时：

借：应交税费——应交个人所得税　　×××

　　贷：银行存款　　×××

（3）收到税务机关退还的代扣个人所得税手续费时：

借：银行存款　　×××

　　贷：其他应收款　　×××

（三）其他各项所得应缴个人所得税的会计处理方法

1. 对企事业单位的承包经营、承租经营所得的会计处理方法

对企事业单位的承包经营、承租经营所得，是承包人、承租人对被承包、被承租企业经营成果参与分配的一种方式。因而要求被承包、承租企业应有比较健全和完善的会计制度和会计核算体系，以便正确计算和反映其经营成果，提供真实可靠的会计信息。企业在计算承包人、承租人应取得的收入时，借记"利润分配——应付股利"账户，贷记"应付股利"账户；在支付承包经营、承租经营所得并代扣所得税时，借记"应付股利"账户，贷记"应交税费——应交个人所得税""库存现金"等账户。

【例8-22】 1月，蔡某承包了某高校的教工食堂，双方签订的承包合同规定，当年盈利不得少于80 000元，如有超出，超出部分全部归承包人所有。假定当年实现税后盈利200 000元。

有关会计处理如下：

（1）食堂在分配利润时：

借：利润分配——应付股利　　120 000

　　贷：应付股利——应付承包人利润　　120 000

（2）实际支付利润并代扣税款时：

应纳个人所得税＝[(200 000－80 000)－5 000×12]×10%－1 500

＝4 500(元)

借：应付股利——应付承包人利润　　120 000

　　贷：应交税费——应交个人所得税　　4 500

　　　　库存现金　　115 500

（3）实际缴纳税款时：

借：应交税费——应交个人所得税　　4 500

　　贷：银行存款　　4 500

2. 特许权使用费所得的会计处理方法

企业支付给个人的特许权使用费，由支付单位在向纳税人支付时代扣代缴个人所得税税款，并计入该企业的有关期间费用账户，即企业在支付上述各项所得时，借记“管理费用”“财务费用”“销售费用”等账户，贷记“应交税费”和“库存现金”等账户。

【例 8-23】 工程师刘某向某企业提供一项专利使用权，一次取得收入50 000元。有关计算及会计处理如下。

应纳税额＝50 000×(1－20％)×10％－2 520＝1 480(元)

借：管理费用　　50 000

　　贷：应交税费——应交个人所得税　　1 480

　　　　库存现金　　48 520

实际上缴个人所得税时：

借：应交税费——应交个人所得税　　1 480

　　贷：银行存款　　1 480

3. 财产转让所得的会计处理方法

按照财务会计制度的规定，企业向个人购买房产时支付的税金应作为企业购建固定资产的成本，即在购买个人的财产时，按应支付的全部价款，借记“固定资产”账户；按应扣缴的个人所得税税款，贷记“应交税费”账户；按应支付的全部价款减除个人所得税税款后的余额，贷记“库存现金”等账户。

借：固定资产

　　贷：库存现金等

　　　　应交税费——应交个人所得税

4. 偶然所得的会计处理方法

企业在向个人支付偶然所得时，应记入有关的“成本、费用”账户或“营业外支出”账户，即借记“财务费用”“营业外支出”等账户，贷记“其他应付款”账户；支付上述款项并代扣代缴个人所得税税款时，借记“其他应付款”账户，贷记“应交税费”和“库存现金”等账户。

关键术语

个人所得税　居民个人　非居民个人　工资、薪金所得　劳务报酬所得　稿酬所得　特许权使用费所得　利息、股息、红利所得　财产租赁所得　财产转让所得　偶然所得　经营所得　定率扣除　定额扣除　超额累进税率　比例税率

思维拓展

1. 个人所得税有哪些特点？
2. 个人所得税的纳税义务人有哪些？如何判定居民纳税人和非居民纳税人？
3. 个人所得税的征税范围包括哪些？
4. 个人所得税的税率是如何规定的？
5. 个人所得税有哪些税收减免项目？
6. 个人所得税的应纳税额应如何计算？
7. 应如何进行个人所得税的会计处理？

知识点应用及实践能力训练

单项选择题

1. 下列应税项目在计算应纳所得税额时，不采用定额费用扣除费用的有（　　）。

A. 财产转让所得　　B. 承包所得（不拥有所有权的承包方式）

C. 设计费　　D. 工资

2. 下列属于减税项目的是（　　）。

A. 国债和国家发行的金融债券利息

B. 因严重自然灾害造成重大损失的

C. 按照国家统一规定发给干部、职工的退休工资、离休工资、离休生活补助费

D. 军人的转业费、复员费

3. 下列所得项目中，不采用代扣代缴方式征收个人所得税的是（　　）。

A. 工资、薪金所得
B. 劳务报酬所得
C. 偶然所得
D. 个体工商户的生产经营所得

4. 按照《个人所得税法》的有关规定，下列表述不正确的是(　　)。

A. 若个人发表一篇作品，出版单位分三次支付稿酬的，则这三次稿酬应合并为一次征税
B. 若个人在两处出版同一作品而分别取得稿酬的，则应分别单独纳税
C. 个人的同一作品连载之后又出书取得稿酬的收入同再版稿酬分别征税
D. 若因作品加印而获得稿酬的，应就此次稿酬单独纳税

5. 提供著作权的使用权取得的所得，属于(　　)所得。

A. 劳务报酬所得
B. 稿酬所得
C. 偶然所得
D. 特许权使用费所得

6. 个人得奖、中奖、中彩以及其他偶然取得的所得为(　　)。

A. 劳务报酬所得
B. 偶然所得
C. 特许使用费所得
D. 工资、薪金所得

7. 个人取得的所得，难以界定应纳税所得项目的，由(　　)。

A. 扣缴义务人确定
B. 纳税人自行确定
C. 主管税务机关确定
D. 纳税人与主管税务机关协商确定

8.《个人所得税法》中提及的劳务报酬所得一次收入畸高，是指个人一次取得劳务报酬，其应纳税所得额超过(　　)元。

A. 10 000
B. 20 000
C. 30 000
D. 40 000

9. 下列项目中，计征个人所得税时允许在税前扣除一部分费用的是(　　)。

A. 分得的股息所得
B. 存款利息所得
C. 有奖销售中奖所得
D. 财产租赁所得

10. 个人将其所得用于对教育事业和其他公益事业的捐赠，其捐赠额未超过应纳税所得额(　　)的部分，可在税前扣除。

A. 15%
B. 10%
C. 20%
D. 30%

多项选择题

1. 以下各项所得适用累进税率形式的有(　　)。

A. 工资、薪金所得
B. 个体工商户的生产经营所得
C. 财产转让所得
D. 承包承租经营所得

2. 下列关于自行申报纳税的申报地点，说法正确的有(　　)。

A. 在中国境内有任职、受雇单位的，向任职、受雇单位所在地主管税务机关申报
B. 在中国境内有两处或者两处以上任职、受雇单位的，选择并固定向其中一处单位所在地主管税务

机关申报

C. 在中国境内无任职、受雇单位,年所得项目中无生产、经营所得的,向户籍所在地主管税务机关申报

D. 个体工商户向实际经营所在地主管税务机关申报

3. 个人取得的应纳税所得,包括(　　)。

A. 现金　　B. 实物　　C. 有价证券　　D. 其他经济利益

4. 根据个人所得税的有关规定,下列各项准予定额或定率扣除费用的是(　　)。

A. 工资薪金所得　　B. 财产转让所得

C. 中奖所得　　D. 特许权使用费所得

5. 年所得 60 000 元以上的纳税人,在纳税年度终了后,应当填写《个人所得税纳税申报表(适用于年所得 60 000 元以上的纳税人申报)》,并在办理纳税申报时报送主管税务机关,同时报送个人有效身份证件复印件,以及其他有关资料。有效身份证件包括(　　)。

A. 纳税人的身份证　　B. 护照　　C. 回乡证　　D. 军人身份证件

6. 下列收入中,可以直接视为个人所得税应纳税所得额的有(　　)。

A. 外币存款利息　　B. 企业债券利息

C. 出租房屋的租金　　D. 超过 10 000 元的体育彩票中奖所得

7. 下列所得应按特许权使用费所得,征收个人所得税的是(　　)。

A. 专利权　　B. 著作权　　C. 稿酬　　D. 非专利技术

8. 下列项目中,属于劳务报酬所得的是(　　)。

A. 发表论文取得的报酬

B. 到某高校讲学取得的报酬

C. 将国外的作品翻译出版取得的报酬

D. 高校教师受出版社委托进行审稿取得的报酬

9. 如果个体工商业户发生年度经营亏损,则(　　)。

A. 允许用下一年度的经营所得弥补

B. 不允许弥补

C. 可以无限制弥补

D. 允许弥补,若下一年度所得不足弥补的,允许逐年延续弥补,但最长不得超过 5 年

10. 下列所得实行按年计征,分期预缴的有(　　)。

A. 个体工商业户的生产经营所得

B. 特许权使用费所得

C. 实行年薪制的企业经营者取得的工资、薪金所得

D. 个人独资企业和合伙企业所得

判断题

1. 个人所得税是对居民个人和非居民个人(自然人)取得的各项应税所得征收的一种税。 (　)
2. 个人所得税的纳税人,依据住所和居住时间划分为居民个人和非居民个人。 (　)
3. 《个人所得税法》规定的应税项目有 10 个。 (　)
4. "工资、薪金所得"适用 3%～45%的七级超额累进税率。 (　)
5. 个人购买国库券取得的利息不用缴纳个人所得税。 (　)
6. 居民个人的工资薪金所得应纳税所得额等于全年的工资薪金所得扣除 60 000 元的固定费用后的余额。 (　)
7. 一位中国公民同时在两个单位任职,从 A 单位每月取得工薪收入 8 000 元,从 B 单位每月取得工薪收入 3 500 元。根据《个人所得税法》规定,其应纳个人所得税已由单位负责扣缴,个人不需申报缴纳。 (　)
8. 个人取得不同项目劳务报酬所得的,应当合并为一次所得计算缴纳个人所得税。 (　)
9. 居民纳税人从中国境内和境外取得的所得,应当分别计算应纳税额。 (　)
10. 我国某作家李某所著一本小说于 2 月通过一英国出版社出版,并获得该出版机构汇来的稿酬 2 000 英镑。因杨某为中国居民,则这笔所得应作为来源于中国境内的所得。 (　)

练　习　题

习　题　一

【目的】练习工资薪金所得应纳税额的计算。

【资料】纳税人王某在某纳税年度扣除"三险一金"后的工资收入是 168 000 元,符合规定的专项附加扣除项目金额为 36 000 元。

【要求】计算王某当年应纳的个人所得税额。

习　题　二

【目的】练习工资薪金、稿酬、特许权使用费所得应纳税额的计算。

【资料】某高校梁教授每月工资收入为 9 500 元,按照规定应扣除的"三险一金"为 3 000 元,假定除上述项目外没有其他扣除项目。在某纳税年度,梁教授向一公司提供一项专利技术,一次性取得特许权使用费 120 000 元;将旅游见闻向晚报和某杂志投稿,分别取得稿酬收入 600 元和 1 800 元;接受一家电影公司委托，对一部电影剧本进行专业审核，取得审稿收入 15 000 元；利用业余时间兼职，12 月从兼职单位取得兼职收入 3 000 元，从中拿出 500 元通过国家机关捐给希望工程。

【要求】计算梁教授当年度应纳的个人所得税额。

习　题　三

【目的】练习财产转让所得应纳税额的计算及会计处理。

【资料】居民张某将自有房屋一栋转让给某公司，经双方协商转让价格为 800 000 元，该房屋的原值为 550 000 元，居住期间发生修缮费用 20 000 元，转让过程中发生转让费用8 000 元。

【要求】计算某公司应代扣代缴的个人所得税并进行会计处理。

习　题　四

【目的】练习劳务报酬所得应纳税额的计算。

【资料】某小品演员在沈阳演出 2 天，共获演出收入 300 000 元；当月为某公司拍广告，取得收入 150 000 元。

【要求】计算其当月应纳的个人所得税额。

习　题　五

【目的】练习特许权使用费所得应纳税额的计算。

【资料】赵工程师向一家公司提供一项专利使用权，一次性取得收入 150 000 元。

【要求】计算其当月应纳的个人所得税额。

习　题　六

【目的】练习个人所得税的会计处理。

【资料】某个体企业经过主管税务机关核定，每月预缴个人所得税 50 000 元，年终，汇算清缴全年个人所得税，确定本年度生产经营活动应缴个人所得税为 800 000 元。

【要求】作出该个体企业每月预缴、年终汇算清缴及补交所得税的会计处理。

第九章　其他税种的核算

重点提示

在学习了增值税、消费税、所得税等基本税种的基础上，我们还需要学习与企业生产经营管理相关的城市维护建设税、城镇土地使用税、房产税、车船税、车辆购置税、印花税、耕地占用税、契税等其他重要税种。通过本章的学习，要求熟悉各税种的基本内容，掌握各税种应纳税额的计算，熟练运用各税种的会计处理。

系统学习

本章应系统学习的内容主要有：城市维护建设税、城镇土地使用税、房产税、车船税、车辆购置税、印花税、耕地占用税、契税等相关知识。

第一节　城市维护建设税及教育费附加的核算

一、城市维护建设税的概述

城市维护建设税是国家对缴纳增值税、消费税的单位和个人，以实际缴纳的税额为依据征收的一种税。我国现行城市维护建设税的法律规范是1985年1月国务院颁布并实施的《中华人民共和国城市维护建设税暂行条例》。城市维护建设税是国家为加强城市的维护建设，扩大和稳定城市维护建设资金的来源而采取的一项税收措施。

二、城市维护建设税的纳税义务人

城市维护建设税的纳税人，是指负有缴纳“两税”义务的单位和个人，包括国有企业、集体企业、私营企业、股份制企业、行政事业单位、军事单位、社会团体、个体工商户及其他个人，包括外商投资企业、外国企业和外籍人员。

三、城市维护建设税的征税范围

城市维护建设税的征税范围具体包括城市、县城、建制镇，以及税法规定征收“两税”的其他地区。城市、县城、建制镇的范围，应以行政区划为标准，不能随意扩大或缩小各行政区域的管辖范围。

四、城市维护建设税的税率

城市维护建设税实行地区差别比例税率，不同地区的纳税人，使用不同档次的税率。按照纳税人所在地区的不同，税率分别规定为7%、5%、1%三个档次。具体适用范围规定如下：

(1) 纳税人所在地在城市市区的，税率为7%。

(2) 纳税人所在地在县城、建制镇的，税率为5%。

(3) 纳税人所在地不在城市市区、县城、建制镇的，税率为1%。

城市维护建设税的适用税率，一般规定按纳税人所在地的适用税率执行。县政府设在城市市区，其在市区办的企业，按照市区的规定税率计算纳税；纳税人所在地为工矿区的，应根据行政区划分别按照7%、5%和1%的税率缴纳城市维护建设税。但对以下两种情况，可按纳税人缴纳“两税”所在地的规定税率就地缴纳城市维护建设税：① 由受托方代收代扣“两税”的单位和个人。② 流动经营等无固定纳税地点的单位和个人。

五、城市维护建设税的税收优惠

(1) 城市维护建设税随“两税”的减免而减免。

(2) 城市维护建设税随“两税”的退库而退库。

(3) 海关对进口产品代征的增值税、消费税，不征收城市维护建设税；对出口产品退还增值税、消费税的，不退还已缴纳的城市维护建设税。

六、城市维护建设税的应纳税额的计算

(一) 计税依据

城市维护建设税的计税依据是纳税人实际缴纳的增值税、消费税额。纳税人违反"两税"有关规定而加收的滞纳金和罚款,是税务机关对纳税人违反行为的经济制裁,不作为城市维护建设税的计税依据。但纳税人在被查补"两税"和被处以罚款时,应同时对其偷漏的城市维护建设税进行补税,征收滞纳金和罚款。

(二) 应纳税额的计算

城市维护建设税的应纳税额计算公式如下:

应纳税额=实际缴纳(增值税+消费税)×适用税率

【例 9-1】 某公司(设在城区)某月缴纳增值税 20 万元,消费税 56 万元,补交上月应纳消费税 8 万元,取得出口退还增值税 20 万元,缴纳进口关税 6 万元,进口增值税 60 万元,进口消费税 40 万元。计算该公司应缴纳的城市维护建设税。

【解析】 应交城市维护建设税额=(200 000+560 000+80 000)×7%

=58 800(元)

七、教育费附加

(一) 概念

教育费附加是对缴纳"两税"的单位和个人,就其实际缴纳的"两税"税额为计算依据而征收的一种附加费。

(二) 基本内容

1. 征收范围及计征依据

教育费附加的征收范围及计征依据与城市维护建设税一致。

2. 教育费附加的计征比率

现行征收比率为 3%。

3. 教育费附加的计算

应纳教育费附加=(实纳增值税+消费税)×征收比率

4. 教育费附加的减免规定

(1) 对海关进口的产品征收的增值税、消费税,不征收教育费附加。

(2) 对由于减免增值税、消费税而发生退税的,可同时退还教育费附加。但对出口产

品退还增值税、消费税的，不退还已征的教育费附加。

八、城市维护建设税及教育费附加的会计核算

（一）城市维护建设税的会计核算

城市维护建设税通过“应交税费——应交城市维护建设税”账户核算。计提城市维护建设税时，应借记“税金及附加”账户，贷记“应交税费——应交城市维护建设税”账户；缴纳城市维护建设税时，应借记“应交税费——应交城市维护建设税”账户，贷记“银行存款”账户。本账户期末贷方余额反映企业应交而未交的城市维护建设税。

【例 9－2】 某公司（设在城区）某月缴纳增值税 40 000 元，消费税 10 000 元。计算城市维护建设税并作出相应的会计处理。

【解析】

1）计算应缴纳的城市维护建设税。

$$应交城建税额=(40\ 000+10\ 000)\times 7\%=3\ 500(元)$$

2）进行会计处理。

（1）计提税金：

借：税金及附加　　3 500

　　贷：应交税费——应交城市维护建设税　　3 500

（2）缴纳税金：

借：应交税费——应交城市维护建设税　　3 500

　　贷：银行存款　　3 500

（二）教育费附加的会计核算

1. 教育费附加会计账户的设置

为了核算教育费附加的应交及已交等情况，企业应设置“应交税费——应交教育费附加”账户，贷方登记应交的教育费附加；借方登记已交纳的教育费附加；期末贷方余额为应交未交的教育费附加。

2. 教育费附加的会计处理

（1）计算出应纳税额。教育费附加是以单位和个人实际缴纳的增值税、消费税的税额为计征依据征收的一种专门用于教育事业的款项。因此，企业计算应缴纳的教育费附加时，应以其缴纳的增值税、消费税的税额总和为计征依据。

借：税金及附加

　　贷：应交税费——应交教育费附加

（2）实际缴纳税款。

借：应交税费——应交教育费附加

　　贷：银行存款

【例 9-3】 某公司(设在城区)某月缴纳增值税 40 000 元，消费税 10 000 元。计算应纳教育费附加并作出相应的会计处理。

【解析】

1）计算应缴纳的教育费附加。

$$应纳教育费附加=(40\,000+10\,000)\times 3\%=1\,500(元)$$

2）进行会计处理。

（1）计提税金：

借：税金及附加　　1 500

　　贷：应交税费——应交教育费附加　　1 500

（2）缴纳税金：

借：应交税费——应交教育费附加　　1 500

　　贷：银行存款　　1 500

九、城市维护建设税的税收管理

（一）纳税地点

城市维护建设税以纳税人实际缴纳的增值税额、消费税额为计税依据，所以，纳税人缴纳增值税、消费税的地点，就是该纳税人缴纳城市维护建设税的地点。但是，属于下列情况的除外。

（1）代扣代缴、代收代缴增值税、消费税的单位和个人，同时也是城市维护建设税的代扣代缴、代收代缴义务人，其城市维护建设税的纳税地点在代扣代收地。

（2）对流动经营等无固定纳税地点的单位和个人，应随同增值税、消费税在其经营地缴纳。

（二）纳税期限

城市维护建设税的纳税期限与增值税、消费税的纳税期限一致。根据增值税法的和消费税法的规定，增值税、消费税的纳税期限均分别为 1 日、3 日、5 日、10 日、15 日或者

1 个月；增值税、消费税的具体纳税期限，由主管税务机关根据纳税人应纳税额大小分别核定；不能按照固定期限纳税的，可以按次纳税。

第二节　城镇土地使用税的核算

一、城镇土地使用税概述

城镇土地使用税是以我国境内的城市、县城、建制镇、工矿区范围内使用土地的单位和个人为纳税人，对其实际占用的土地面积为计税依据的一种税。我国现行的城镇土地使用税法律规范是国务院 1988 年 9 月颁布、2006 年 12 月 31 日修订、2013 年 12 月国务院第 32 次常务会议作了部分修改于 2013 年 12 月 7 日实施的《中华人民共和国城镇土地使用税暂行条例》。城镇土地使用税的征收，一方面是为了促使纳税人合理利用城镇土地；另一方面也是为了调节不同地区、不同地段之间的土地级差收入，提高土地使用效益，以及加强有关部门对土地的管理。

二、城镇土地使用税的纳税义务人

凡是城市、县城、建制镇、工矿区范围内占用土地的单位和个人，为城镇土地使用税的纳税义务人。具体规定如下所述。

(1) 城镇土地使用税由拥有土地使用权的单位或个人缴纳。

(2) 拥有土地使用权的单位和个人不在土地所在地的，其土地的实际使用人和代管人为纳税人。

(3) 土地使用权未确定或权属纠纷未解决的，由实际使用人纳税。

(4) 土地使用权共有的，由共有各方分别纳税。

三、城镇土地使用税的征税范围

城镇土地使用税的征税范围为城市、县城、建制镇和工矿区。

(一) 城市

这是指经国务院批准设立的市，其征税范围包括市区和郊区。

(二) 县城

这是指县人民政府所在地，其征税范围为县人民政府所在地的城镇。

（三）建制镇

这是指经省、自治区、直辖市人民政府批准设立的，符合国务院规定的镇建制标准的镇，其征税范围为镇人民政府所在地。

（四）工矿区

这是指工商业比较发达，人口比较集中的大中型工矿企业所在地，工矿区的设立必须经省、自治区、直辖市人民政府批准。

国家税务总局在《关于土地使用税若干具体问题的解释和暂行规定》中确定城市、县城、建制镇、工矿区的具体征税范围，由各省、自治区、直辖市人民政府划定。

四、城镇土地使用税的税率

城镇土地使用税采用定额税率，以纳税人实际占用的土地面积为计税依据；土地面积的计量标准为每平方米，每平方米应税土地的年税额如下：

（1）大城市 1.50～30 元。

（2）中等城市 1.20～24 元。

（3）小城市 0.90～18 元。

（4）县城、建制镇、工矿区 0.60～12 元。

但为了调节土地的级差收入，对不同城镇或者对同一城镇的不同地段，各省、自治区、直辖市人民政府，可以在规定的税额幅度内，根据市政建设状况、经济繁荣程度等条例，确定所辖地区的适用税额幅度。经济落后地区土地使用税的适用税额标准可以适当降低。但降低额不得超过本条例第四条规定最低税额的 30%。经济发达地区土地使用税的适用税额标准可以适当提高，但须报经财政部批准。

五、城镇土地使用税的税收优惠

下列土地免交城镇土地使用税：

（1）国家机关、人民团体、军队自用的土地。

（2）由国家财政部门拨付事业经费的单位自用的土地。

（3）宗教寺庙、公园、名胜古迹自用的土地。

（4）市政街道、广场、绿化地带等公共用地。

（5）直接用于农、林、牧、渔业的生产用地。

（6）经批准开山填海整治的土地和改造的废弃土地，从使用的月份起免缴土地使用税 5～10 年。

（7）由财政部另行规定免税的能源、交通、水利设施用地和其他用地。

六、城镇土地使用税的计算

（一）计税依据

城镇土地使用税以纳税人实际占用的土地面积为计税依据，土地面积计量的标准为每平方米。纳税人实际占用的土地面积按下列办法确定：

（1）凡是由省、自治区、直辖市人民政府确定的单位组织测定土地面积的，以测定的面积为准。

（2）尚未组织测量，但纳税人持有政府部门核发的土地使用证书的，以证书确认的土地面积为准。

（3）尚未核发土地使用证书的，应由纳税人申报土地面积，据以纳税，待核发土地使用证以后再作调整。

（二）应纳税额的计算

城镇土地使用税依据纳税人实际占用的土地面积和适用的单位税额计算应纳税额。其计算公式为：

应纳税额＝计税土地面积（平方米）×适用税额

土地使用权由几方共存的，由共存各方按照各自实际使用的土地面积占总面积的比例，分别计算缴纳城镇土地使用税。

【例 9－4】 某商场坐落在该市一等地段，商场土地使用证书记载占用土地的面积为 8 000 平方米，该商场另设两个统一核算的分店均坐落在市区三等地段，共占地 5 000 平方米，一座仓库在该市五等地段，占地面积为 3 000 平方米。该市一等地段年纳税额 24 元/平方米，三等地段年纳税额 18 元/平方米，五等地段年纳税额 12 元/平方米，计算该商场应纳城镇土地使用税。

【解析】

商场占地应纳税额＝8 000×24＝192 000（元）

分店占地应纳税额＝5 000×18＝90 000（元）

仓库占地应纳税额＝3 000×12＝36 000（元）

该商场全年应纳城镇土地使用税额＝192 000＋90 000＋36 000

＝318 000（元）

七、城镇土地使用税的会计核算

为了核算和监督城镇土地使用税的计算与缴纳，城镇土地使用税纳税人应在“应交税费”账户下设置“应交城镇土地使用税”明细账户。该账户贷方反映企业应缴纳的城镇土地使用税额；借方反映企业已经缴纳的城镇土地使用税额；贷方余额反映企业应缴而未缴的城镇土地使用税额。

城镇土地使用税按年计算、分期缴纳。在每期计提城镇土地使用税时，借记“税金及附加”账户，贷记“应交税费——应交土地使用税”账户；分期缴纳城镇土地使用税时，借记“应交税费——应交土地使用税”账户，贷记“银行存款”账户。

【例 9-5】 承[例 9-4]，对该公司进行会计处理。

【解析】

(1) 计提应交城镇土地使用税：

应纳城镇土地使用税额＝318 000(元)

借：税金及附加　　318 000

　　贷：应交税费——应交城镇土地使用税　　318 000

(2) 缴纳城镇土地使用税：

借：应交税费——应交城镇土地使用税　　318 000

　　贷：银行存款　　318 000

八、城镇土地使用税的税收管理

（一）纳税期限

城镇土地使用税实行按年计算，分期缴纳的征收的方法，具体纳税期限由自治区、直辖市人民政府确定。

（二）纳税义务发生时间

(1) 纳税人购置新建商品房，自房屋交付使用之次月起，缴纳城镇土地使用税。

(2) 纳税人购置存量房，自房屋权属转移、变更登记手续，房地产权属登记机关签发权属证书之次月起，缴纳城镇土地使用税。

(3) 纳税人出租、出借房产，自交付出租、出借房产之次月起，缴纳城镇土地使用税。

(4) 以出让或转让方式有偿取得土地使用权的，应由受让方从合同约定交付土地时间的次月起缴纳城镇土地使用税；合同未约定交付时间的，由受让方从合同签订的次月起缴纳城镇土地使用税。

(5) 纳税人新征用的耕地，自批准征用之日起满1年时开始缴纳土地使用税。

(6) 纳税人新征用的非耕地，自批准征用次月起缴纳土地使用税。

（三）纳税地点和征收机构

城镇土地使用税在土地所在地缴纳。

纳税人使用的土地不属于同一省、自治区、直辖市管辖的，由纳税人分别向土地所在地的税务机关缴纳土地使用税；在同一省、自治区、直辖市管辖范围内，纳税人跨地区使用的土地，其纳税地点由各省、自治区、直辖市地方税务确定。

第三节　房产税的核算

一、房产税概述

房产税是以房产为征税对象，依据房产价格或房产租金收入向房产所有人或经营人征收的一种税。我国现行的房产税的法律规范是1986年9月15日，国务院发布的《中华人民共和国房产税暂行条例》(以下简称《房产税暂行条例》)，从当年10月1日开始施行，各省、自治区、直辖市政府根据条例规定，先后制定了实施细则。征收房产税可以为地方财政筹建一部分市政建设资金，缓解地方财力不足的矛盾；可以调节单位、居民之间的财富分配；还有利于加强对房屋的管理，提高房屋的使用效益。

二、房产税的纳税义务人

房产税以征税范围内的房屋产权所有人为纳税义务人。具体包括：

(1) 产权属国家所有的，由经营管理单位纳税；产权属集体和个人所有的，由集体单位和个人纳税。

(2) 产权出典的，由承典人纳税。所谓产权出典，是指产权所有人将房屋、生产资料等的产权，在一定期限内典当给他人使用，而取得资金的一种融资业务。这种业务大多发生于出典人急需用款，但又想保留产权回赎权的情况。由于在房屋出典期间，产权所有人无权支配房屋，因此，税法规定由房屋具有支配权的承典人为纳税人。

(3) 产权所有人、承典人不在房屋所在地的，由房产代管人或者使用人纳税。

(4) 产权未确定及租典纠纷未解决的，由房产代管人或者使用人纳税。

（5）纳税单位和个人无租使用房产管理部门、免税单位及纳税单位的房产，应由使用人代为缴纳房产税。

三、房产税的征税范围

房产税的房产，是指以房屋形态表现的财产。房屋则是指有屋面和围护结构（有墙或两边有柱），能够遮风避雨，可供人们在其中生产、工作、学习、娱乐、居住或储藏物资的场所。《房产税暂行条例》规定，房产税在城市、县城、建制镇和工矿区征收。

四、房产税的税率

（1）以房屋原值，以价计征的，税率为1.2%。

（2）以房屋租金，以租计征的，税率为12%。

五、房产税的税收优惠

（1）国家机关、人民团体、军队自用的房产。

（2）由国家财政部门拨付事业经费的单位自用的房产。

（3）宗教寺庙、公园、名胜古迹自用的房产。

（4）个人所有非营业用的房产。

（5）经财政部批准免税的其他房产。

纳税人纳税确有困难的，可由省、自治区、直辖市人民政府确定，定期减征或者免征房产税。

六、房产税的计算

（一）计税依据

房产税的计税依据，有从价计征和从租计征两种。按照房产计税价值计算缴纳的，称为从价计征；按照房屋租金收入计算缴纳的，称为从租计征。

1. 从价计征

《房产税暂行条例》规定，房产税从价计征的，依照房屋原值一次减除10%～30%后的余值计算缴纳。各地扣除比例由当地省、自治区、直辖市人民政府确定。

（1）房产原值是指纳税人按照企业会计准则、制度的规定，在企业账簿“固定资产”账户中记载的房屋原值。

（2）房屋原值应包括与房屋不可分割的各种附属设备或一般不单独计算的配套设备。

(3) 纳税人对原有房屋进行改建、扩建的,要相应增加房屋的原值。

2. 从租计征

《房产税暂行条例》中规定,房屋出租的,以房屋的租金收入为房产税的计税依据。所谓房产的租金收入,是房屋所有人出租房屋使用权所得的报酬,包括货币收入和实物收入。

(二) 应纳税额的计算

1. 从价计征房产税

应纳房产税额=房产计税余值×适用税率

其中,房产计税余值=房产原值×(1-原值减除比例)

房产原值折算为应税房产原值的具体比例,由各省、自治区、直辖市和计划单列市财政和地方税务部门在规定的幅度内自行确定。

2. 从租计征房产税

应纳房产税额=房产租金收入×适用税率

【例 9-6】 某公司经营用房产原值为 10 000 万元,按照当地政府规定,依照房产原值一次减除 20%以后的余值计税,适用税率为 1.2%。计算该公司应纳房产税。

【解析】

房产计税余值=10 000×(1-20%)=8 000(万元)

应纳房产税额=8 000×1.2%=96(万元)

【例 9-7】 某企业将仓库出租给其他单位使用,取得租金收入 200 万元,适用税率为 12%。计算该企业应纳的房产税。

【解析】

应纳房产税额=200×12%=24(万元)

七、房产税的会计核算

为了核算和监督房产税的计算与缴纳,房产税纳税人应在"应交税费"账户下设置"应交房产税"明细账。该账户贷方反映企业应缴纳的房产税额;借方反映企业已经缴纳的房产税额;贷方余额反映企业应交而未交的房产税额。

企业按规定计算应缴纳的房产税额,应借记"税金及附加"账户,贷记"应交税费——应交房产税"账户。缴纳房产税时,应借记"应交税费——应交房产税"账户,贷记"银行存款”账户。

【例 9-8】 某公司“固定资产——房屋及建筑物”账户的年初余额为7 000 000元，国家规定允许减除30%后计税，对该公司应进行会计处理。

【解析】

(1) 当年计算出应缴纳的房产税：

$$应纳房产税额=7\,000\,000\times(1-30\%)\times1.2\%=58\,800(元)$$

(2) 计提房产税：

借：税金及附加　　58 800

　贷：应交税费——应交房产税　　58 800

(3) 缴纳房产税：

借：应交税费——应交房产税　　58 800

　贷：银行存款　　5 800

八、房产税的税收管理

(一) 纳税义务发生时间

(1) 纳税人将原有的房产用于生产经营，从生产经营之月起缴纳房产税。

(2) 纳税人自行新建房屋用于生产经营，从建成之次月起缴纳房产税。

(3) 纳税人委托施工企业建设的房屋，从办理验收手续之次月起缴纳房产税。

(4) 纳税人购置新建商品房，自房屋交付使用之次月起缴纳房产税。

(5) 纳税人购置存量房，自办理房屋权属转移、变更登记手续，房地产权属登记机关签发房屋权属证书次月起，缴纳房产税。

(6) 纳税人出租、出借房产，自交付出租、出借房产之次月起，缴纳房产税。

(7) 房地产开发企业自用、出租、出借本企业建造的商品房，自房屋使用或交付之次月起，缴纳房产税。

(二) 纳税期限

房产税实行按年计算、分期缴纳的征收方法，具体纳税期限由省、自治区、直辖市人民政府确定。

(三) 纳税地点

房产税在房产所在地缴纳。房产不在同一地方的纳税人，应按房产的坐落地点分别向房产所在地的税务机关纳税。

第四节　车船税的核算

一、车船税概述

车船税是指国家对行驶于境内公共道路的车辆和航行于境内河流、湖泊或者领海的船舶，依法征收的一种税。我国现行的车船税法律规范是国务院于 2006 年 12 月 29 日发布，并于 2007 年 1 月 1 日起实施的《中华人民共和国车船税暂行条例》(以下简称《车船税暂行条例》)。车船税的征收有利于配合有关部门加强对车辆、船舶的管理，保证交通安全和促进交通运输的发展。

二、车船税的纳税义务人

在中华人民共和国境内，车辆、船舶(以下简称“车船”)的所有人或者管理人为车船税的纳税人。外商投资企业和外国企业以及外籍人员适用车船税的规定。具体规定如下：

1) 拥有并且使用车船的单位和个人同属一人的，纳税义务人既是车船使用人，又是车船拥有人。

2) 如果发生车船租赁关系，拥有人与使用人不一致时。

(1) 应由租赁双方商定何方为纳税义务人。

(2) 租赁双方未商定的，车船使用人为纳税义务人。

(3) 无租使用的车船，车船使用人为纳税义务人。

三、车船税的征税范围

课税对象是税法规定的车辆和船舶。

征税范围包括行驶于我国境内公共道路的车辆和航行于我国境内河流、湖泊或者领海的船舶两大类。

四、车船税的税率

车船税采用定额税率。由于车辆与船舶的行驶情况不同，车船税的税额分别车辆与船舶确定单位税额。具体见表 9-1。

表 9-1 车船税税目税额表

税目		计税单位	年基准税额	备注
乘用车按发动机汽缸容量(排气量分档)	1.0 升(含)以下的	每辆	60～360 元	核定载客人数 9 人(含)以下
	1.0 升以上至 1.6 升(含)的		300～540 元	
	1.6 升以上至 2.0 升(含)的		360～660 元	
	2.0 升以上至 2.5 升(含)的		660～1 200 元	
	2.5 升以上至 3.0 升(含)的		1 200～2 400 元	
	3.0 升以上至 4.0 升(含)的		2 400～3 600 元	
	4.0 升以上的		3 600～5 400 元	
商用车	客车	每辆	480～1 440 元	核定载客人数 9 人以上，包括电车
	货车	整备质量每吨	16～120 元	1. 包括半挂牵引车、挂车、客货两用汽车、三轮汽车和低速载货汽车。 2. 挂车按照货车税额的 50%计算
其他车辆	专用作业车	整备质量每吨	16～120 元	不包括拖拉机
	轮式专用机械车	整备质量每吨	16～120 元	
摩托车		每辆	36～180 元	
船舶	机动船舶	净吨位每吨	3～6 元	拖船和非机动驳船分别按船舶税额的 50%计算
	游艇	艇身长度每米	600～2 000 元	

《车船税税目税额表》中的船舶，具体适用税额为：

(1) 净吨位小于或者等于 200 吨的，每吨 3 元。

(2) 净吨位 201～2 000 吨的，每吨 4 元。

(3) 净吨位 2 001～10 000 吨的，每吨 5 元。

(4) 净吨位 10 001 吨及其以上的，每吨 6 元。

注：拖船按照发动机功率每 1 千瓦折合净吨位 0.67 吨计征车船税。

《车船税税目税额表》中的游艇，具体适用税额为：

(1) 艇身长度不超过 10 米的游艇，每米 600 元。

(2) 艇身长度超过 10 米但不超过 18 米的游艇，每米 900 元。

(3) 艇身长度超过 18 米但不超过 30 米的游艇，每米 1 300 元。

(4) 艇身长度超过 30 米但，每米 2 000 元。

(5) 辅助动力帆艇，每米 600 元。

五、车船税的税收优惠

（1）为了节约能源，保护环境，减轻低收入者的负担，对非机动车船（不包括非机动驳船）免征车船税。

（2）为了扶植农业、渔业的发展，支持新农村建设，对拖拉机、捕捞和养殖渔船免征车船税。

（3）为了支持国防建设和满足警务保障的需要，对军队、武警专用的车船和警用车船免征车船税。

（4）根据有关国际公约和国际惯例的要求，体现外交对等原则，对依照我国有关法律和我国缔结或者参加的国际条约的规定，应当对外国驻华使馆、领事馆和国际组织驻华机构及其有关人员的车船免征车船税。

（5）为了支持公共交通事业的发展，由省级人民政府根据当地实际情况可以对城市、农村公共交通车船给予定期减免税照顾。

六、车船税的计算

（一）计税依据

车船税的计税依据，按车船的种类和性能，分别确定：

（1）载客汽车和摩托车以“辆数”为计税依据。

（2）载货汽车（包括客货两用汽车）、专用作业车和轮式专用机械车以“整备质量吨位数”为计税依据。

（3）船舶以“净吨位数”为计税依据。所谓净吨位，是指额定装运货物的船舱所占用的空间容积。

（4）游艇按照“艇身长度”为计税依据。

（二）应纳税额的计算

（1）载客汽车和摩托车的应纳税额＝车辆数×适用单位税额。

（2）载货汽车（包括客货两用汽车）、专用作业车和轮式专用机械车的应纳税额＝整备质量吨位数×适用单位税额。

（3）船舶的应纳税额＝净吨位数×适用单位税额。

（4）游艇的应纳税额＝艇身长度×适用单位税额。

购置的新车船，购置当年的应纳税额自纳税义务发生的当月起按月计算。计算公式为：

应纳税额＝（年应纳税额÷12）×应纳税月份数

【例 9-9】 某国内综合性运输集团，下设陆运部和海运部。集团主要从事海陆运输业务，同时兼营旅游业务和捕鱼业务。

集团陆运部某年年初拥有整备质量为 5 吨的载货汽车 20 辆，整备质量为 4 吨的挂车 10 辆，整备质量为 2.3 吨的客货两用车 1 辆。1 月购入排气量 2.5 升的纯电动汽车 3 辆、排气量 2.5 升的非插电式混合动力汽车 3 辆，当月均取得车船所有权。

集团海运部年初拥有非机动驳船 4 艘，每艘净吨位 3 000 吨；拖船 2 艘，每艘发动机功率 4 000 千瓦。拥有捕捞渔船 5 艘，每艘净吨位 190 吨，其他渔业机动船舶 5 艘，每艘净吨位 400 吨。9 月 10 日购置游艇 2 艘，每艘长 22.3 米，购置养殖渔船 1 艘，净吨位 2 000 吨。购买港口内部行驶用的船舶 2 艘，每艘净吨位3 000吨。当月相关新购船舶均得到车船管理部门核发的登记证书。

该集团所在地载货汽车车船税年税额为整备质量每吨 20 元。2.0 升到 2.5 升排气量乘用车的车船税年税额为每辆 800 元。当地机动船舶的车船税计税标准为：净吨位 200 吨以下（含 200 吨）的，每吨 3 元；净吨位 201 吨至 2 000 吨的，每吨 4 元；净吨位 2 001 吨至 10 000 吨的，每吨 5 元。艇身长度超过 18 米但不超过 30 米的游艇，每米 1 300 元。

要求：根据上述资料，计算该集团当年应缴纳车船税。

【解析】 有关计算如下：

陆运部的车船税情况：

（1）载货汽车应纳税额＝20×5×20＝2 000(元)。

（2）挂车按货车税额的 50%征税，应纳税额＝10×4×20×50%＝400(元)。

（3）客货两用车的应纳税额＝2.3×20×1＝46(元)。

（4）纯电动汽车免征车船税，非插电式混合动力汽车减半征收车船税。应纳税额＝3×800×50%＝1 200(元)。

海运部的车船税情况：

（1）拖船和非机动驳船分别按照机动船舶税额的 50%计算车船税。拖船按照发动机功率每 1 千瓦折合净吨位 0.67 吨计算车船税。应缴纳车船税＝3 000×4×5×50%＋4 000×0.67×2×5×50%＝43 400(元)。

（2）捕捞、养殖渔船免税，其他渔船渔业机动船舶应纳车船税＝5×400×4＝8 000(元)。

（3）购置的新车船，购置当年的应纳税额自纳税义务发生的当月起按月计算。游艇应纳车船税＝2×1 300×22.3×4÷12＝19 326.67(元)。

（4）港口内部行驶用的船舶当年免征车船税。

该集团当年应缴纳车船税＝2 000＋400＋46＋1 200＋43 400＋8 000＋19 326.676＝74 372.67(元)。

七、车船税的会计核算

为了核算车船税的计算与缴纳，车船税纳税人应在“应交税费”账户下设置“应交车船税”明细账户。该账户贷方反映企业应缴纳的车船税额；借方反映企业已经缴纳的车船税额；贷方余额反映企业应交而未交的车船税额。

企业按规定计算应缴纳的车船税额，借记“税金及附加”账户，贷记“应交税费——应交车船税”账户。缴纳车船税时，借记“应交税费——应交车船税”账户，贷记“银行存款”账户。

【例 9-10】 承[例 9-9]，该集团车船税业务处理如下：

(1) 计算车船税时：

借：税金及附加　74 372.67

　　贷：应交税费——应交车船税　74 372.67

(2) 缴纳车船税时：

借：应交税费——应交车船税　74 372.67

　　贷：银行存款　74 372.67

八、税收管理

(一) 纳税义务发生时间

车船税的纳税义务发生时间，为车船管理部门核发车船登记证书或者行驶证书所记载的当月。纳税人未按照规定到车船管理部门办理应税车船登记手续的，以车船购置发票开具时间的当月作为车船税的纳税义务发生时间。对未办理车船登记且无法提供车船购置发票的，由主管地方税务机关核定纳税义务发生时间。

车船税按年申报纳税。纳税年度自公历 1 月 1 日起至 12 月 31 日止。具体申报期限由省、自治区、直辖市人民政府确定。

(二) 纳税地点

车船税由地方税务机关负责征收。纳税地点，由省、自治区、直辖市人民政府根据当地实际情况确定。

跨省、自治区、直辖市使用的车船，纳税地点为车船的登记地。

第五节 车辆购置税的核算

一、车辆购置税概述

车辆购置税是对取得并自用应税车辆行为的单位和个人征收的一种税。我国现行的车辆购置税法律规范是 2018 年 12 月 29 日第十三届全国人民代表大会常务委员会第七次会议通过，于 2019 年 7 月 1 日起实施的《中华人民共和国车辆购置税法》（以下简称《车辆购置税法》）以及 2015 年 2 月 1 日起施行的《车辆购置税征收管理办法》。

二、车辆购置税的纳税义务人

在我国境内购买、进口、自产、受赠、获奖或者以其他方式取得并自用应税车辆的单位和个人，为车辆购置税的纳税人。

三、车辆购置税的征税范围

车辆购置税的征税范围是：汽车、摩托车、电车、挂车、农用运输车。

四、车辆购置税的税率

车辆购置税的税率为 10%。

车辆购置税实行从价定率的办法计算应纳税额。

应纳税额的计算公式为：

应纳税额＝计税价格×税率

五、车辆购置税的税收优惠

（1）外国驻华使馆、领事馆和国际组织驻华机构及其外交人员自用的车辆，免税。

（2）中国人民解放军和中国人民武装警察部队列入军队武器装备订货计划的车辆，免税。

（3）设有固定装置的非运输车辆，免税。

（4）有国务院规定予以减税或者免税的其他情形的，按照规定减税或者免税。

六、车辆购置税的计算

（一）计税依据

车辆购置税的计税价格根据不同情况，按照下列规定确定。

(1) 纳税人购买自用的应税车辆的计税价格，为纳税人购买应税车辆而支付给销售者的全部价款和价外费用，不包括增值税税款。

(2) 纳税人进口自用的应税车辆的计税价格的计算公式为：计税价格＝关税完税价格＋关税＋消费税。

(3) 纳税人自产、受赠、获奖或者以其他方式取得并自用的应税车辆的计税价格，由主管税务机关参照最低计税价格核定。国家税务总局参照应税车辆市场平均交易价格，规定不同类型应税车辆的最低计税价格。

(4) 纳税人购买自用或者进口自用应税车辆，申报的计税价格低于同类型应税车辆的最低计税价格又无正当理由的，按照最低计税价格征收车辆购置税。

(二) 应纳税额的计算

车辆购置税实行从价定率的办法计算应纳税额，应纳税额的计算公式为：

应纳税额＝计税价格×税率

纳税人以外汇结算应税车辆价款的，按照申报纳税之日中国人民银行公布的人民币基准汇价，折合人民币计算应纳税额。

七、车辆购置税的会计核算

根据《车辆购置税暂行条例》，财政部对车辆购置税的会计处理作出如下规定：

(1) 企业购置(包括购买、进口、自产、受赠、获奖或者以其他方式取得并自用)应税车辆，按规定缴纳的车辆购置税，借记“固定资产”等账户，贷记“银行存款”账户。

(2) 企业购置的减税、免税车辆改制后用途发生变化的，按照规定应补交的车辆购置税，借记“固定资产”账户，贷记“银行存款”账户。

【例 9－11】 某公司当期进口轿车一部，海关到岸价格为 100 000 美元。当日美元与人民币外汇牌价为 1∶6.83，进口关税税率为 50%，消费税税率 9%，增值税税率 13%。另外在国内购置一部轿车，含税价款 200 000 元。计算公司应缴纳的车辆购置税，并作会计处理。

【解析】

进口轿车计税价格＝(6.83×100 000＋6.83×100 000×50%)÷(1－9%)

＝(683 000＋341 500)÷(1－9%)＝1 125 824(元)

进口轿车应纳车辆购置税＝1 125 824×10%＝112 582.4(元)

国内购车计税价格＝200 000÷(1＋13%)＝176 991.15(元)

国内购车应纳车辆购置税=176 991.15×10%=17 699.15(元)

缴纳车辆购置税：

借：固定资产——轿车　　130 281.52

　　贷：银行存款　　130 281.52

八、车辆购置税的税收管理

（一）纳税义务发生时间

(1) 购买自用应税车辆的，应当自购买之日起 60 日内申报纳税。

(2) 进口自用应税车辆的，应当自进口之日起 60 日内申报纳税。

(3) 自产、受赠、获奖或者以其他方式取得并自用应税车辆的，应当自取得之日起 60 日内申报纳税。

(4) 免税、减税车辆因转让、改变用途等原因不再属于免税、减税范围的，应当在办理车辆过户手续前或者办理变更车辆登记手续前缴纳车辆购置税。

（二）纳税地点

(1) 需要办理车辆登记注册手续的纳税人，向车辆登记注册地的主管税务机关办理纳税申报。

(2) 不需要办理车辆登记注册手续的纳税人，向所在地征收车辆购置税的主要税务机关办理纳税申报。

车辆购置税实行一车一申报制度。

第六节　印花税的核算

一、印花税的概念

印花税是对经济活动和经济交往中书立、领受、使用应税凭证，进行证券交易征收的一种税。因其主要是采用在应税凭证上粘贴印花税票作为完税的标记，故名印花税。《中华人民共和国印花税法》自 2022 年 7 月 1 日起施行。

印花税的征收有利于加强对经济合同的管理和监督，提高纳税人的纳税意识，也有利于配合对其他应纳税种的监督管理。

二、印花税的纳税义务人

印花税的纳税义务人包括在中华人民共和国境内书立应税凭证、进行证券交易的单位和个人。

纳税人为境外单位或者个人，在境内有代理人的，以其境内代理人为扣缴义务人；在境内没有代理人的，由纳税人自行申报缴纳印花税，具体办法由国务院税务主管部门规定。

证券登记结算机构为证券交易印花税的扣缴义务人，应当向其机构所在地的主管税务机关申报解缴税款以及银行结算的利息。

三、印花税的税目及税率

印花税共有 17 个税目。印花税税率遵循税负从轻、共同负担的原则。

印花税的比例税率为 5 个档次，分别为 0.05‰、0.25‰、0.3‰、0.5‰、1‰。

印花税税目税率表如表 9-2 所示。

表 9-2　印花税税目税率表

税目		税率	备注
合同（指书面合同）	1. 借款合同	借款金额的 0.05‰	指银行业金融机构、经国务院银行业监管机构批准设立的其他金融机构与借款人（不包括同业拆借）的借款合同
	2. 融资租赁合同	租金的 0.05‰	
合同（指书面合同）	3. 买卖合同	价款的 0.3‰	指动产买卖合同（不包括个人书立的动产买卖合同）
	4. 承揽合同	报酬的 0.3‰	
	5. 建设工程合同	价款的 0.3‰	
	6. 运输合同	运输费用的 0.3‰	指货运合同和多式联运合同（不包括管道运输合同）
	7. 技术合同	价款、报酬或使用费的 0.3‰	不包括专利权、专有技术使用权转让书据
	8. 租赁合同	租金的 1‰	
	9. 保管合同	保管费的 1‰	
	10. 仓储合同	仓储费的 1‰	
	11. 财产保险合同	保险费的 1‰	不包括再保险合同

（续表）

税目		税率	备注
产权转移书据	12. 土地使用权出让书据	价款的0.5‰	转让包括买卖（出售）、继承、赠与、互换、分割
	13. 土地使用权、房屋等建筑物和构筑物所有权转让书据（不包括土地承包经营权和土地经营权转移）	价款的0.5‰	
	14. 股权转让书据（不包括应缴纳证券交易印花税）	价款的0.5‰	
	15. 商标专用权、著作权、专利权、专有技术使用权转让书据	价款的0.3‰	
16. 营业账簿		实收资本（股本）、资本公积合计金额的0.25‰	
17. 证券交易		成交金额的1‰	

四、印花税的税收优惠

下列凭证免征印花税：

（1）应税凭证的副本或者抄本；

（2）依照法律规定应当予以免税的外国驻华使馆、领事馆和国际组织驻华代表机构为获得馆舍书立的应税凭证；

（3）中国人民解放军、中国人民武装警察部队书立的应税凭证；

（4）农民、家庭农场、农民专业合作社、农村集体经济组织、村民委员会购买农业生产资料或者销售农产品书立的买卖合同和农业保险合同；

（5）无息或者贴息借款合同、国际金融组织向中国提供优惠贷款书立的借款合同；

（6）财产所有权人将财产赠与政府、学校、社会福利机构、慈善组织书立的产权转移书据；

（7）非营利性医疗卫生机构采购药品或者卫生材料书立的买卖合同；

（8）个人与电子商务经营者订立的电子订单。

根据国民经济和社会发展的需要，国务院对居民住房需求保障、企业改制重组、破产、支持小型微型企业发展等情形可以规定减征或者免征印花税，报全国人民代表大会常务委员会备案。

五、印花税的税收管理

（一）纳税义务发生时间

印花税的纳税义务发生时间为纳税人书立应税凭证或者完成证券交易的当日。证券交易印花税扣缴义务发生时间为证券交易完成的当日。

（二）纳税期限

印花税按季、按年或者按次计征。

实行按季、按年计征的，纳税人应当自季度、年度终了之日起 15 日内申报缴纳税款；实行按次计征的，纳税人应当自纳税义务发生之日起 15 日内申报缴纳税款。

证券交易印花税按周解缴。证券交易印花税扣缴义务人应当自每周终了之日起 5 日内申报解缴税款以及银行结算的利息。

（三）纳税地点

纳税人为单位的，应当向其机构所在地的主管税务机关申报缴纳印花税；纳税人为个人的，应当向应税凭证书立地或者纳税人居住地的主管税务机关申报缴纳印花税。

不动产产权发生转移的，纳税人应当向不动产所在地的主管税务机关申报缴纳印花税。

（四）纳税方式

印花税可以采用粘贴印花税票或者由税务机关依法开具其他完税凭证的方式缴纳。

印花税票粘贴在应税凭证上的，由纳税人在每枚税票的骑缝处盖戳注销或者画销。印花税票由国务院税务主管部门监制。

六、印花税的计算

（一）计税依据

（1）应税合同的计税依据，为合同所列的金额，不包括列明的增值税税款；

（2）应税产权转移书据的计税依据，为产权转移书据所列的金额，不包括列明的增值税税款；

（3）应税营业账簿的计税依据，为账簿记载的实收资本（股本）、资本公积合计金额；

（4）证券交易的计税依据，为成交金额。

应税合同、产权转移书据未列明金额的，印花税的计税依据按照实际结算的金额确定。计税依据按照前款规定仍不能确定的，按照书立合同、产权转移书据时的市场价格确定；依法应当执行政府定价或者政府指导价的，按照国家有关规定确定。

证券交易无转让价格的，按照办理过户登记手续时该证券前一个交易日收盘价计算确定计税依据；无收盘价的，按照证券面值计算确定计税依据。

（二）应纳税额的计算

应纳税额的计算公式为：

$$应纳税额 = 计税金额 \times 适用税率$$

同一应税凭证载有两个以上税目事项并分别列明金额的，按照各自适用的税目税率分别计算应纳税额；未分别列明金额的，从高适用税率。

同一应税凭证由两方以上当事人书立的，按照各自涉及的金额分别计算应纳税额。

已缴纳印花税的营业账簿，以后年度记载的实收资本（股本）、资本公积合计金额比已缴纳印花税的实收资本（股本）、资本公积合计金额增加的，按照增加部分计算应纳税额。

【例9-12】 某公司某年3月1日开业，当年发生有关业务如下：与其他企业签订转移专有技术使用权书据一份，所载金额为100万元；订立产品买卖合同一份，所载金额为200万元，另支付运输公司运输费用5万元，其中包括搬运费0.3万元、装卸费1.7万元，双方签订运输合同；订立借款合同一份，所载金额为400万元；公司记载资金的账簿，“实收资本”“资本公积”为800万元。试计算该公司当年应缴纳的印花税额。

【解析】

(1) 订立产权转移书据应纳印花税额＝1 000 000×0.3÷1 000＝300(元)

(2) 订立买卖合同应纳印花税额＝2 000 000×0.3÷1 000＝600(元)

(3) 订立运输合同应纳印花税额＝50 000－3 000－17 000×0.3‰＝9(元)

(4) 订立借款合同应纳印花税额＝4 000 000×0.05÷1 000＝200(元)

(5) 记载资金的账簿应纳印花税额＝8 000 000×0.25÷1 000＝2 000(元)

(6) 当年该公司应纳印花税额＝300＋600＋9＋200＋2 000＝3 109(元)

七、印花税的会计核算

企业缴纳的印花税是由纳税人根据规定自行计算的，以购买一次贴花税票的办法来缴纳税款，因此不需要预计应缴纳税金数额，与税务部门不发生结算业务，不必通过“应交税费”账户核算。企业在购买印花税税票时，直接借记“税金及附加”账户，贷记“银行存款”或“库存现金”账户。

购买印花税票时：

借：税金及附加　　　　×××

　　贷：银行存款　　　　×××

第七节　耕地占用税的核算

一、耕地占用税概述

耕地占用税是指国家对占用耕地建房或者从事其他非农业建设的单位和个人,依其占用耕地的面积征收的一种税。我国现行的耕地占用税法律规范是 2018 年 12 月 29 日第十三届全国人民代表大会常务委员会第七次会议通过的《中华人民共和国耕地占用税法》(以下简称《耕地占用税法》),本法于 2019 年 9 月 1 日起施行。征收耕地占用税是为了合理利用土地资源,加强土地管理,保护农用耕地。

二、耕地占用税纳税人

占用耕地建房或者从事非农业建设的单位或者个人为耕地占用税的纳税人,应当按规定缴纳耕地占用税。

上述所称单位,包括国有企业、集体企业、私营企业、股份制企业、外商投资企业、外国企业以及其他企业和事业单位、社会团体、国家机关、部队以及其他单位;所称个人,包括个体工商户以及其他个人。

三、耕地占用税的征税范围

耕地占用税的征税对象,是指建房或者从事其他非农业生产建设所占用的耕地。所谓耕地,是指用于种植农作物的土地,占用前 3 年内曾用于农作物的土地,也视同耕地。具体包括:

(1) 种植粮食作物、经济作物和油料作物的土地,包括粮田、棉田、烟田、蔗田等。

(2) 菜地,包括种植各种蔬菜的土地。

(3) 园地,包括苗圃、花圃、菜园、果园和其他种植经济林木的土地。

(4) 鱼塘。

(5) 其他农用土地,指已经开发从事种植、养殖的滩涂、草场、水面和林地等。

四、耕地占用税的税率

耕地占用税以县为单位,根据人均耕地面积确定单位税额。

(1) 人均耕地在 1 亩以下(含 1 亩)的地区(以县、自治县、不设区的市、市辖区为单位,下同),每平方米为 10～50 元。

(2) 人均耕地在 1～2 亩(含 2 亩)的地区,每平方米为 8～40 元。

(3) 人均耕地在 2～3 亩(含 3 亩)的地区,每平方米为 6～30 元。

(4) 人均耕地在 3 亩以上的地区,每平方米为 5～25 元。

经济特区、经济技术开发区和经济发达、人均耕地特别少的地区,适用税额可以适当提高,但是最高不得超过上述规定税额的 50%。各地适用税额,由省、自治区、直辖市人民政府在上述规定税额范围内,根据本地区情况具体核定。报同级人民代表大会常务委员会决定,并报全国人民代表大会常务委员会和国务院备案。

各省、自治区、直辖市耕地占用税平均税额表见表 9-3。

表 9-3　　各省、自治区、直辖市耕地占用税平均税额表

省、自治区、直辖市	平均税额(元/平方米)
上海	45
北京	40
天津	35
江苏、浙江、福建、广东	30
辽宁、湖北、湖南	25
河北、安徽、江西、山东、河南、重庆、四川	22.5
广西、海南、贵州、云南、陕西	20
山西、吉林、黑龙江	17.5
内蒙古、西藏、甘肃、青海、宁夏、新疆	12.5

五、耕地占用税的税收优惠

有以下情况之一可以享受耕地占用税收免征优惠:

(1) 军事设施占用耕地。

(2) 学校、幼儿园、养老院、医院占用耕地。

(3) 铁路线路、公路线路、飞机场跑道、停机坪、港口、航道占用耕地,减按每平方米 2 元的税额征收耕地占用税。

(4) 农村居民在规定标准范围内占用耕地建造住宅,按规定税额减半征收。

六、耕地占用税的计算

耕地占用税的计税依据是企业实际占用的耕地面积，其计算公式为：

应纳税额＝实际占用耕地面积×适用税率

【例 9－13】 某公司因发展需要现征用耕地 40 000 平方米，其中 10 000 平方米用于免税项目的建设，该地区适用税额为 25 元/平方米。计算该企业应缴纳的耕地占用税。

【解析】

实际占用的应税耕地面积＝40 000－10 000＝30 000(平方米)

应纳税额＝30 000×25＝750 000(元)

七、耕地占用税的会计核算

对于耕地占用税，由于是按照实际占用耕地面积计算，并一次性缴纳，因此可以不通过“应交税费”账户进行核算，而直接计入有关项目的成本费用之中。

【例 9－14】 某民用机场征用耕地 4 000 万平方米，其中，修理飞机跑道、停机场等设施占用耕地为 3 800 万平方米；修建宿舍楼用地 4 万平方米；修建俱乐部用地 150 万平方米；修建饮食服务部用地 30 万平方米；修建影剧院用地 16 万平方米。当地适用税额为 30 元，且实行耕地占用前征税。计算该民用机场征用耕地应缴纳的耕地占用税并进行会计处理。

【解析】

(1) 耕地占用税的计税依据是实际占用的耕地面积：

应预交税款＝4 000×30＝120 000(万元)

借：在建工程　　1 200 000 000

　　贷：银行存款　　1 200 000 000

(2) 修建飞机跑道、停机场等设施占用耕地 3 800 万平方米属减税范围，竣工后汇算清缴：

应退还税款＝38 000 000×28＝1 064 000 000(元)

收到退还的税款：

借：银行存款　　1 064 000 000

　　贷：在建工程　　10 640 000 000

实际缴纳的耕地占用税＝1 200 000 000－1 064 000 000＝136 000 000(元)

八、耕地占用税的税收管理

耕地占用税是在各级人民政府批准需用地的单位和个人征(占)用地之后,土地管理部门发放土地使用(占用)通知书之前,经土地管理部门批准占用耕地之日起30日内在土地的主管财政机关缴纳耕地占用税。

第八节 契税的核算

一、契税概述

契税是对以所有权发生转移变动的不动产为征税对象,向产权承受人征收的一种税。我国现行的契税法律规范是国务院在1997年7月7日重新修订颁布,并于同年10月1日起实施的《中华人民共和国契税暂行条例》(以下简称《契税暂行条例》)。征收契税有利于通过法律形式确定房产的产权关系,也有利于增加地方财政收入。

二、契税的纳税人

契税的纳税人,是指在我国境内转移土地、房屋权属承受的单位和个人。土地、房屋权属是指土地使用权和房屋所有权。单位是指企业单位、事业单位、国家机关、军事单位和社会团体以及其他组织。个人是指个体经营者和其他个人,包括中国公民和外籍人员。

三、契税的征税范围

(一) 国有土地使用权出让

国有土地使用权出让指土地使用者向国家交付土地使用权出让费用,国家将国有土地使用权在一定年限内让与土地使用者的行为。

(二) 土地使用权的转让

土地使用权的转让指土地使用者以出售、赠予、交换或者其他方式将土地使用权转移给其他单位和个人的行为。土地使用权的转让,不包括农村集体土地承包经营权的转移。

(三) 房屋买卖

房屋买卖指房屋所有者将其房屋出售,由承受者交付货币、实物、无形资产或者其他经济利益的行为。

（四）房屋赠予

房屋赠予指房屋所有者将其房屋无偿转让给受赠者的行为。

（五）房屋交换。

房屋交换指房屋所有者之间相互交换房屋的行为。

有些特殊方式转移土地、房屋产权的，也视同土地使用权转让、房屋买卖或者房屋赠予：一是以土地、房屋权属作价投资、入股；二是以土地、房屋权属抵债；三是以获奖方式承受土地、房屋权属；四是以预购方式或者预付集资建房款方式承受土地、房屋权属。

四、契税的税率

契税的税率为3%～5%，在这个范围中，具体的适用税率，由省、自治区、直辖市人民政府在规定的幅度内按照本地区的实际情况确定，并报财政部和国家税务总局备案。

五、契税的税收优惠

(1) 国家机关、事业单位、社会团体、军事单位承受土地、房屋用于办公、教学、医疗、科研和军事设施的，免征契税。

(2) 城镇职工按规定第一次购买公用住房，并在国家规定标准面积以内购买的公有住房，经县以上人民政府批准，免征契税。

(3) 因不可抗力灭失住房而重新购买住房的，酌情减免。

(4) 土地、房屋被县级以上人民政府征用、占用后，重新承受土地、房屋权属的，由省级人民政府确定是否减免。

(5) 承受荒山、荒沟、荒丘、荒滩土地使用权，并用于农、林、牧、渔业生产的，免征契税。

(6) 经外交部确认，依照我国有关法律规定以及我国缔结或者参加的双边和多边条约或协定，应当予以免税的外国驻华大使馆、领事馆、联合国驻华机构及其外交代表、领事官员和其他外交人员承受土地、房屋权属。

税法规定，凡经批准减征、免征契税的纳税人，改变有关土地、房屋的用途，不再属于减免税的范围，应当补交已减免的税款。对符合减免税规定的纳税人，应在签订转移产权合同后10日内向土地、房屋所在地的征收机关办理减免税手续。

六、契税的计算

契税应纳税额的计算公式为：

应纳税额＝房屋价格（成交价、市场价、差价）×适用税率

（1）房屋买卖时，契税的纳税人为房屋权属的承受人。

（2）土地使用权、房屋交换，交换价格相等时，免征契税；交换价格不等时，由多交货币、实物、无形资产或者其他经济利益的一方缴纳契税。

【例 9-15】 居民甲将一栋私有房屋出售给居民乙，房屋成交价格为 40 万元；甲另将一处四居室住房与居民丙交换成两处两居室住房，并支付换房差价款 10 万元。计算甲、乙两人应纳的契税（当地适用税率为 5%）。

【解析】

（1）乙应纳的契税为：

$$400\,000\times5\%=20\,000(\text{元})$$

（2）甲应纳的契税为：

$$100\,000\times5\%=5\,000(\text{元})$$

七、契税的会计核算

为了核算契税的应交及已交等情况，企业应设置“应交税费——应交契税”账户，贷方登记应缴纳的契税；借方登记实际缴纳的契税；期末贷方余额为应交未交的契税。单位取得土地使用权、房屋按规定缴纳的契税，应计入所取得土地使用权和房屋的成本。借记“固定资产”“在建工程”“无形资产”等账户，贷记“应交税费——应交契税”账户。缴纳契税时，应借记“应交税费——应交契税”账户，贷记“银行存款”账户。

【例 9-16】 某公司 20×1 年 1 月从当地政府手中取得某块土地使用权，支付土地使用权出让费 2 000 000 元，省政府规定契税的税率为 3%。计算该企业应当缴纳的契税，并进行会计处理。

【解析】

（1）契税应纳税额的计算：

$$\text{应纳税额}=2\,000\,000\times3\%=60\,000(\text{元})$$

借：无形资产——土地使用权　　60 000

　　贷：应交税费——应交契税　　60 000

（2）企业在实际缴纳契税：

借：应交税费——应交契税　　60 000

　　贷：银行存款　　60 000

八、契税的税收管理

（一）纳税义务发生时间

契税的纳税义务发生时间是纳税人签订土地、房屋产权转移合同的当天或者纳税人取得其他具有土地、房屋权属转移合同性质凭证的当天。

（二）纳税期限

纳税人应当自纳税义务发生之日起10日内，向土地、房屋所在地的契税征收机关办理纳税申报，并在契税征收机关核定的期限内缴纳税款。契税征收机关为土地房屋所在地的财政机关或者地方税务机关，具体征收机关由省、自治区、直辖市人民政府确定。

关键术语

城市维护建设税　城镇土地使用税　房产税　车辆购置税　车船税　印花税　耕地占用税　契税

思维拓展

1. 如何核算城市维护建设税？
2. 城镇土地使用税制度的基本内容包括哪些？
3. 如何核算城镇土地使用税？
4. 房产税制度的基本内容包括哪些？
5. 如何核算房产税？
6. 车辆购置税制度的基本内容包括哪些？
7. 如何核算车辆购置税？
8. 车船税制度的基本内容包括哪些？
9. 如何核算车船税？
10. 印花税制度的基本内容包括哪些？
11. 如何核算印花税？
12. 耕地占用税制度的基本内容包括哪些？
13. 如何核算耕地占用税？
14. 城市维护建设税的基本内容包括哪些？

知识点应用及实践能力训练

单项选择题

1. 按照《城镇土地使用税暂行条例》的有关规定，下列表述中不正确的是（　　）。

A. 城镇土地使用税由拥有土地所有权的单位或个人缴纳

B. 土地使用权未确定或权属纠纷非解决的，由双方共同纳税

C. 土地使用权共有的，由共有各方分别纳税

D. 对外商投资企业和外国企业征收城镇土地使用税

2. 某公司 20×6 年实际占用土地面积共用 3 万平方米，其中 5 000 平方米为厂区内的绿化区，城镇土地使用税率为 5 元/平方米。该公司 20×6 年应缴纳城镇土地使用税（　　）元。

A. 150 000　　B. 157 500

C. 156 500　　D. 125 000

3. 下列各个项目中，可以作为城市维护建设税计税依据的是（　　）。

A. 补交的消费税税款　　B. 因漏交增值税而缴纳的滞纳金

C. 因漏交消费税而缴纳的罚款　　D. 进口货物缴纳的增值税税款

4. 下列行为中，不属于车辆购置税应税行为的有（　　）。

A. 进口使用应税车辆的行为　　B. 购买使用应税车辆的行为

C. 自产自用应税车辆的行为　　D. 销售应税车辆的行为

5. 以下行为中，按《契税暂行条例》规定应缴纳契税的有（　　）。

A. 甲乙双方以相等价格交换房屋

B. 个人承受荒沟土地使用权，用于牧业生产

C. 以土地房屋权属抵债

D. 城镇职工按国家规定标准面积第一次购买公有住房

6. 下列与应税合同有关的纳税人为（　　）。

A. 合同担保人　　B. 合同鉴定人

C. 合同证人　　D. 合同使用人

7. 下列行为享受免征契税的是（　　）。

A. 某医院购买土地和房屋扩建职工宿舍

B. 某大学购买价值 600 万元的房产作校办工厂的经营性用房

C. 李先生接受其叔父赠与的价值 52 万元的房产

D. 承受省人民政府划转国有土地权属

8. 缴纳车船税的单位,计提当年应缴纳车船税时,账务处理为(　　)。

A. 借:制造费用
　　贷:应交税费——应交车船税

B. 借:管理费用
　　贷:应交税费——应交车船税

C. 借:固定资产
　　贷:应交税费——应交车船税

D. 借:税金及附加
　　贷:应交税费——应交车船税

9. 某建筑公司与甲企业签订一份建筑承包合同,合同金额 12 000 万元(含相关费用 500 万元)。施工期间,该建筑公司又将其中价值 2 800 万元的安装工程转包给乙企业,并签订转包合同。该建筑公司应缴纳印花税(　　)万元。

A. 2.85　　B. 3.60　　C. 4.44　　D. 4.29

10. 某小型运输公司拥有并使用以下车辆:企业职工上下班载客汽车 2 辆,整备质量 5 吨载货卡车 10 辆,整备质量为 4 吨的汽车挂车 5 辆,客货两用汽车 1 辆整备质量 3 吨,当地政府规定的载客汽车车船税额是 200 元/辆,载货汽车单位税额为 50 元/吨。该企业当年应缴纳的车船税(　　)元。

A. 4 000　　B. 4 050

C. 3 600　　D. 3 800

多项选择题

1. 下列情况符合城市建设维护税计征规定的有(　　)。

A. 对出口产品退还增值税、消费税的,也一并退还已纳城市建设维护税

B. 纳税人享受增值税、消费税的免征优惠时,也同时免征城市建设维护税

C. 纳税人违反有关规定加收的滞纳金和罚款,也作为城市建设维护税的计税依据

D. 海关对进口产品代征的增值税、消费税,不征收城市建设维护税

2. 下列属于城市维护建设税纳税人的有(　　)。

A. 缴纳的增值税的外商投资企业　　B. 缴纳的消费税税的外国企业

C. 被海关代征增值税、消费税的进口货物　　D. 缴纳增值税的运输企业

3. 下列对车船税计税依据的理解,符合规定的有(　　)。

A. 乘人汽车,以“辆”为计税依据　　B. 载货汽车,以“整备质量”为计税依据

C. 机动船,以“艘”为计税依据　　D. 机动船,以“净吨位”为计税依据

4. 下列各项中,属于车辆购置税应税行为的有(　　)。

A. 购买使用行为　　B. 进口使用行为

C. 受赠使用行为　　D. 获奖使用行为

5. 城镇土地使用税的纳税人包括(　　)。

A. 拥有土地使用权的单位和个人　　B. 土地的实际使用人

C. 土地的代管人　　D. 土地使用权共有的各方

6. 印花税的征收范围包括(　　)。

A. 权力、许可证照　　B. 营业账簿

C. 签订经济合同　　D. 产权转移书据

7. 根据印花税暂行条例及其实施细则的规定,以下属于印花税纳税人的有(　　)。

A. 合同的当事人　　B. 当事人的代理人

C. 立账簿人　　D. 权利、许可证照的领受人

8. 依据契税的相关规定,下列处理不正确的有(　　)。

A. 因享受国家扶持政策而减免土地出让金的,可以同时减免契税

B. 契税的纳税人不包括在境内转让房产的外国人

C. 契税的纳税义务发生时间是纳税人签订土地、房屋权属转移合同的当天,或者纳税人取得其他具有土地、房屋权属转移合同性质凭证的当天

D. 纳税人应当自纳税义务发生之日起10日内,向土地、房屋所在地的契税征收机关办理纳税申报,并在契税征收机关核定的期限内缴纳

9. 房产税的计税依据可以是(　　)。

A. 融资租赁房屋的,以房产原值计税

B. 联营投资房产,共担投资风险的,以房产余值计税

C. 出租房产的,以租金计税

D. 租入房产的,以租金计税

10. 下列各项中,符合房产税纳税义务发生时间规定的有(　　)。

A. 将原有房产用于生产经营,从生产经营之月起

B. 自行新建房产用于生产经营,从建成之月起

C. 委托施工企业建设的房产,从办理验收手续之月起

D. 委托施工企业建设的房产,从办理验收手续次月起

判断题

1. 教育费附加是以各单位和个人实际缴纳的增值税和消费税的税额为计税依据向缴纳增值税和消费税的单位和个人征收的一种附加费。(　　)

2. 城镇土地使用税针对国内的所有单位和个人征收。(　　)

3. 城镇土地使用税采用分类、分级有幅度的定额税率计税,即采用幅度差别税额。(　　)

4. 国家机关、人民团体、军队自用的房产,征收房产税。(　　)

5. 房产税的征税范围仅限于城市、县城、建设镇和工矿区,而对坐落于此区域之外的农村房屋不征收房产税。(　　)

6. 契税实行3%～5%的幅度税率,各省、自治区、直辖市人民政府可以根据本地区实际情况决定开征与

否与使用税率。（　　）

7. 印花税根据不同征税项目，分别实行从价计征和从量计征两种征收方式。（　　）

8. 因减免“两税”而需退库的，城市维护建设税可同时退库。对出口产品退还增值税和消费税的，也可退还已纳的城市维护建设税。（　　）

9. 王某7月购置了一辆排气量为2.0升的乘用车，支付的全部价款（含增值税）为175 500元，王某应缴纳的车辆购置税为15 000元。（　　）

10. 农村居民占用耕地新建住宅，可以按照当地适用税额减半征收耕地占用率。（　　）

练　习　题

习　题　一

【目的】练习计算印花税税额。

【资料】甲企业与乙企业签订购销合同，甲企业向乙企业销售货物，总价值为500 000元。购销合同一式两份，双方各持一份，购销合同的适用税率为0.3‰。

【要求】试计算各方应缴纳的印花税额。

习　题　二

【目的】练习计算印花税额。

【资料】某企业年初新启用“实收资本”和“资本公积”账簿，期初余额分别为2 000 000元和400 000元，适用税率为0.25‰。

【要求】试计算企业应缴纳的印花税额。

习　题　三

【目的】练习计算印花税额。

【资料】某企业与其他企业订立专用技术使用权转移书据一件，所载金额1 000 000元，订立借款合同一份，所载金额为600 000元。企业的营业账簿中，“实收资本”账户所列资金为8 000 000元。

【要求】试计算企业应缴纳的印花税额。

习　题　四

【目的】练习印花税的计算及会计处理。

【资料】4月30日，芊芊纺织有限责任公司与美联商场签订购销合同一份，合同中约定中元商场购买芊芊有限公司200 000元。

【要求】计算芊芊纺织有限责任公司应该缴纳的印花税税额并进行会计处理。

习 题 五

【目的】练习计算车辆购置税额。

【资料】某租赁公司经批准从美国进口某种汽车两辆，到岸价格为3万美元，进口关税税率为30%，消费税税率为8%。该公司进行车辆购置税纳税申报，当日人民银行公布的基准价为1万美元折合人民币6.60元。

【要求】计算该公司应纳车辆购置税额。

习 题 六

【目的】练习计算城镇土地使用税。

【资料】某大城市两商场共同使用一块面积为200 000平方米的土地。其中，商场A用地面积为120 000平方米，商场B用地面积为80 000平方米。当地政府核定的单位税额为10元/平方米。

【要求】计算A、B商场应纳城镇土地使用税。

习 题 七

【目的】练习房产税的计算及会计处理。

【资料】某企业自有房屋12栋，其中10栋用于生产经营，房产原值10 000万元，按照当地政府规定，房产原值的减除比例为20%，适用税率为1.2%；另外2栋房屋租给某企业做经营使用，取得租金收入60万元，使用税率为12%。

【要求】计提应缴纳的房产税。

习 题 八

【目的】练习车船税的会计处理。

【资料】某企业拥有载货汽车8辆(整备质量2.3吨)，根据政府规定，核定年税额为整备质量每吨80元；拥有载客汽车：中型3辆、小型1辆和微型4辆，核定年纳税额分别为中型每辆480元、小型每辆420元和微型每辆360元。

【要求】对该企业缴纳的车船税作出会计处理。

习 题 九

【目的】练习计算车船税。

【资料】某航运公司拥有下列船舶：净吨位为 180 吨的 22 艘(单位税额 3 元)、净吨位为 600 吨的 14 艘(单位税额 4 元)、净吨位为 4 000 吨的 10 艘(单位税额 5 元)、净吨位为 12 000 吨的 2 艘(单位税额 6 元)。

【要求】计算公司全年应缴纳的车船税额。

习　题　十

【目的】练习计算耕地占用税。

【资料】某公司占用耕地 100 000 平方米建设住宅，其中 10 000 平方米作为学校和幼儿园用地。该地区的耕地占用税税率为 8 元/平方米。

【要求】计算该企业应缴纳的耕地占用税。

附　习题参考答案

第一章　税务会计概述

单项选择题

1. C　2. C　3. C　4. A　5. B　6. C　7. D　8. C　9. C　10. A

多项选择题

1. ABC　2. ABCD　3. ABC　4. ABCD　5. ABC　6. ABCD　7. CD　8. ABC　9. ABCD　10. ABD

判断题

1. 对　2. 错　3. 错　4. 错　5. 错　6. 对　7. 错　8. 对　9. 对　10. 对

第二章　增值税的核算

单项选择题

1. A

2. C　该项业务的增值税的销项税＝3 000×5÷(1＋13%)×13%＝1 725.66(元)

3. A　该企业7月计税销售额＝(793.26＋1.3)÷(1＋13%)＝703.15(万元)

4. C　该酒厂的增值税销项税额＝50 000×13%＋(23 200＋3 000)/(1＋13%)×13%＝9 514.15(元)

5. C　该企业可抵扣进项税＝100 000×9%＋1 200×9%＝9 108(元)

6. C　(10 940－500)÷(1－9%)×9%＋500×9%＝1 032.52＋45＝1 077.52(元)

7. C　应扣缴增值税＝200÷(1＋6%)×6%＝11.32(万元)

8. A　增值税的销项税＝2 000×0.03÷(1＋13%)×13%×10 000＝69 026.55(元)

9. D　应纳税额＝120 640÷(1＋3%)×2%＝2 342.52(元)

10. C　销项税额＝120 640÷(1＋13%)×13%＝13 878.94(元)

11. C　当期销项税额＝800÷(1＋13%)×13%＝92.04(万元),农产品进项税额转出＝2÷(1－9%)×9%＝0.2万元,当期应纳税额＝92.04－(300×13%－0.2)＝53.24(万元)

12. C　该企业上述应缴纳增值税＝82 400÷(1＋3%)×3%＋72 100÷(1＋3%)×2%＝2 400＋1 400＝3 800(元)

13. A　(62－15)×3%＝1.41(万元)

14. C　15. B　16. B

多项选择题

1. CD　2. CD　3. CD　4. AC　5. ABD　6. AC　7. CD　8. AC　9. AD　10. BCD

判断题

1. ×　2. √　3. √　4. ×　5. ×　6. ×　7. √　8. √　9. ×　10. √

练习题

习题一

1. 借:原材料	103 000	
应交税费——应交增值税(进项税额)	13 270	
贷:银行存款		116 270
2. 借:原材料	62 200	
贷:银行存款		62 200
3. 借:固定资产	404 000	
应交税费——待认证进项税额	52 360	
贷:银行存款		456 360
4. 借:原材料	182 000	
应交税费——应交增值税(进项税额)	18 000	
贷:银行存款		200 000
5. 借:原材料	200 000	
应交税费——应交增值税(进项税额)	26 000	
贷:实收资本		226 000

6. 发出材料时:

借:委托加工物资	20 000	
贷:原材料		20 000

加工完毕支付加工费增值税时:

借:委托加工物资	8 000	
应交税费——应交增值税(进项税额)	1 040	
贷:银行存款		0 040

收回零部件时：

借：周转材料　28 000

　贷：委托加工物资　28 000

7. 借：原材料　770 000

　应交税费——应交增值税(进项税额)　100 100

　贷：银行存款　870 100

8. 应转出的进项税额＝5 000×13%＋10 000×120 000÷200 000×13%＝1 430(元)

借：待处理财产损溢　16 430

　贷：原材料　5 000

　库存商品　10 000

　应交税费——应交增值税(进项税额转出)　1 430

9. 借：银行存款　22 600

　贷：应交税费——应交增值税(进项税额)　2 600

　原材料　20 000

10. 借：应收票据　226 000

　贷：主营业务收入　180 000

　其他业务收入　20 000

　应交税费——应交增值税(销项税额)　26 000

11. 借：应付职工薪酬　25 990

　贷：主营业务收入　23 000

　应交税费——应交增值税(销项税额)　2 990

借：主营业务成本　20 000

　贷：库存商品　20 000

12. 借：银行存款　105 700

　贷：主营业务收入　90 000

　其他应付款　4 000

　应交税费——应交增值税(销项税额)　11 700

13. 销售时：

借：应收账款　152 550

　贷：主营业务收入　135 000

　应交税费——应交增值税(销项税额)　17 550

收款时：

借：银行存款　149 850

　财务费用　2 700

　贷：应收账款　152 550

14. 借：银行存款　289 000

　库存商品　50 000

　贷：主营业务收入　300 000

　　应交税费——应交增值税（销项税额）　39 000

15. 借：固定资产　50 000 000

　应交税费——应交增值税（进项税额）　4 500 000

　贷：银行存款　54 500 000

16. 代扣代缴增值税＝583 000÷（1＋6％）×6％＝33 000（元）

购进应税服务时：

借：在建工程　550 000

　应交税费——应交增值税（进项税额）　33 000

　贷：银行存款　550 000

　　应交税费——代扣代交增值税　33 000

17. 借：在建工程　66 000

　贷：原材料　66 000

18. 10 日，发出商品，销售实现时：

借：应收账款　904 000

　贷：主营业务收入　800 000

　　应交税费——待转销项税额　104 000

借：主营业务成本　600 000

　贷：库存商品　600 000

25 日，根据合同约定的收款金额确认收款：

借：银行存款　226 000

　贷：应收账款　226 000

借：应交税费——待转销项税额　26 000

　贷：应交税费——应交增值税（销项税额）　26 000

以后 3 个月会计处理同上。

19. 月末，应按货物清单或相关合同协议上的价格暂估入账。

借：原材料	10 000	
贷：应付账款		10 000

下月初，用红字冲销原暂估入账金额，

借：原材料	10 000	
贷：应付账款		10 000

取得相关增值税扣税凭证并经认证后

借：原材料	10 000	
应交税费——应交增值税(进项税额)	1 300	
贷：银行存款		11 300
20. 借：银行存款	41 200	
贷：主营业务收入		40 000
应交税费——简易计税		1 200

习题二

购进原材料：

借：原材料	56 000	
贷：银行存款		56 000

销售实现：

借：银行存款	70 040	
贷：主营业务收入		68 000
应交税费——应交增值税		2 040

销售设备：

借：银行存款	9 270	
贷：主营业务收入		9 090
应交税费——应交增值税		180

上缴税款：

借：应交税费——应交增值税	2 220	
贷：银行存款		2 220

习题三

该企业当期销项税＝190×13%＝24.7(万元)

该企业当期进项税为13万元

该企业当期应纳税额减征额＝2＋0.26＝2.26(万元)

该企业当月应纳增值税＝24.7－13－2.26＝9.44(万元)

购入原材料时：

借：原材料　　1 000 000

　应交税费——应交增值税(进项税额)　　130 000

　贷：银行存款　　1 130 000

货物时：

借：银行存款　　2 147 000

　贷：主营业务收入　　1 900 000

　　应交税费——应交增值税(销项税额)　　247 000

购入税控系统：

借：固定资产　　22 600

　贷：银行存款　　22 600

按规定抵减的增值税应纳税额时：

借：应交税费——应交增值税(减免税款)　　22 600

　贷：管理费用　　22 600

月末转出未缴增值税：

借：应交税费——应交增值税(转出未交增值税)　　94 400

　贷：应交税费——未交增值税　　94 400

12 月实际上缴 11 月的增值税：

借：应交税费——未交增值税　　94 400

　贷：银行存款　　94 400

习题四

(1) 当期免抵退税不得免征和抵扣税额＝2 300 000×(13％－9％)＝92 000(元)

(2) 当期应纳税额＝1 800 000×13％－(455 000－92 000)－20 000＝－149 000(元)

(3) 出口货物“免、抵、退”税额＝2 300 000×9％＝207 000(万元)

(4) 按规定，如当期末留抵税额≤当期免抵退税额时：

当期应退税额＝当期期末留抵税额

即该企业当期应退税额＝149 000(元)

(5) 当期免抵税额＝当期免抵退税额－当期应退税额

当期免抵税额＝207 000－149 000＝58 000(元)

购进原材料时：

借：原材料　　3 500 000

　应交税费——应交增值税(进项税额)　　455 000

　贷：银行存款　　3 955 000

内销货物时：

借：银行存款　　2 034 000

　　贷：主营业务收入　　1 800 000

　　　　应交税费——应交增值税(销项税额)　　234 000

出口货物时：

借：应收账款　　2 300 000

　　贷：主营业务收入　　2 300 000

当期免抵退税不得免征和抵扣税额计入销售成本时：

借：主营业务成本　　92 000

　　贷：应交税费——应交增值税(进项税额转出)　　92 000

计算当期免抵税额时：

借：应交税费——应交增值税(出口抵减内销产品应纳税额)　　58 000

　　贷：应交税费——应交增值税(出口退税)　　58 000

按规定计算应予以退回的税款：

借：应收出口退税款　　149 000

　　贷：应交税费——应交增值税(出口退税)　　149 000

实际收到退税额时：

借：银行存款　　149 000

　　贷：应收出口退税款　　149 000

习题五

应退税额 = 1 000 000 × 9% = 90 000(元)

不予退税额 = 1 000 000 × (13% − 9%) = 40 000(元)

国内收购货物时：

借：库存商品　　1 000 000

　　应交税费——应交增值税(进项税额)　　130 000

　　贷：银行存款　　1 130 000

全部出口销售时：

借：应收账款　　1 300 000

　　贷：主营业务收入　　1 300 000

结转出口货物成本：

借：主营业务成本　　1 000 000

　　贷：库存商品　　1 000 000

计算不予退税的金额：

借：主营业务成本　40 000

　　贷：应交税费——应交增值税(进项税额转出)　40 000

企业按照国家规定的退税率计算出口货物应退税额时：

借：应收出口退税款　90 000

　　贷：应交税费——应交增值税(出口退税)　90 000

实际收到退税额时：

借：银行存款　90 000

　　贷：应收出口退税款　90 000

第三章　消费税的核算

单项选择题

1. A　2. B　3. D　4. A　5. D　6. A　7. C　8. B　9. B

10. C　解析：应纳消费税＝10×2 000÷(1＋13%)×(13%＋5%)＝3 185.84(元)

多项选择题

1. AB　2. ABCD　3. AC　4. ABD　5. AB　6. ABC　7. ABC　8. BC　9. ABCD　10. ABCD

判断题

1. ×　2. √　3. √　4. ×　5. √　6. √　7. √　8. √　9. ×　10. √

练习题

习题一

汽油的课税数量＝100×1 388＝1 388 000(升)

柴油的课税数量＝2 000×1 176＝2 352 000(升)

应纳消费税额＝1 388 000×1.52＋2 352 000×1.2＝4 932 160(元)

习题二

当月准予扣除的外购应税消费品买价＝50 000＋200 000－66 000＝184 000(元)

当月准予扣除的外购应税消费品已纳税额＝184 000×30%＝55 200(元)

该卷烟厂6月应纳消费税额＝280 000×56%＋20×150－55 200＝104 600(元)

习题三

组成计税价格＝(成本＋利润＋定额税)÷(1－消费税税率)＝

[150×2 000×(1＋10%)＋1×2 000×6×0.5]÷(1－20%)＝420 000(元)

应交消费税＝42 000×20%＋1×2 000×6×0.5＝90 000(元)

习题四

期末计提应交消费税数：

应交消费税额＝130 000×15%＝19 500(元)

借：税金及附加　　19 500

　　贷：应交税费——应交消费税　　19 500

实际缴纳消费税：

借：应交税费——应交消费税　　19 500

　　贷：银行存款　　19 500

习题五

应交消费税额＝500×250×100×56%＋500×150－(8 000 000＋4 000 000－5 000 000)×30%＝7 075 000－2 100 000＝4 975 000(元)

借：税金及附加　　7 075 000

　　贷：应交税费——应交消费税　　7 075 000

实际缴纳消费税：

借：应交税费——应交消费税　　4 975 000

　　贷：银行存款　　4 975 000

习题六

汽油应纳税额＝60×1 388×1.52＝126 585.6(元)

柴油应纳税额＝70×1 176×1.2＝98 784(元)

计提消费税：

借：税金及附加　　225 369.60

　　贷：应交税费——应交消费税　　225 369.60

上交税款：

借：应交税费——应交消费税　　225 369.60

　　贷：银行存款　　225 369.60

习题七

组成计税价格＝(材料成本＋加工费)÷(1－消费税税率)

＝(100 000＋30 000＋10 000)÷(1－15%)＝164 705.88(元)

应纳消费税额＝164 705.88×15%＝24 705.88(元)

应纳增值税额＝(30 000＋10 000)×13%＝5 200(元)

习题八

(1) 发出原材料：

借：委托加工物资　　6 000 000

　　贷：原材料　　6 000 000

(2) 支付运杂费：

借：委托加工物资　10 000

　　应交税费——应交增值税(进项税额)　900

　　贷：银行存款　10 900

(3) 支付加工费与增值税、消费税：

借：委托加工物资　800 000

　　应交税费——应交增值税(进项税额)　15 600

　　贷：银行存款　815 600

(4) 收回委托加工物资：

借：库存商品　6 810 000

　　贷：委托加工物资　6 810 000

习题九

(1) 发出原材料：

借：委托加工物资　6 000 000

　　贷：原材料　6 000 000

(2) 支付运杂费：

借：委托加工物资　10 000

　　应交税费——应交增值税(进项税额)　900

　　贷：银行存款　10 900

(3) 支付加工费与增值税：

借：委托加工物资　120 000

　　应交税费——应交增值税(进项税额)　15 600

　　贷：银行存款　135 600

(4) 由受托方代收代缴消费税：

借：应交税费——应交消费税　680 000

　　贷：银行存款　680 000

(5) 收回委托方加工物资：

借：库存商品　6 130 000

　　贷：委托加工物资　6 130 000

习题十

应纳消费税额＝2×240＝480(元)

第四章　关税的核算

单项选择题

1. C　2. B　3. B　4. C　5. C

6. A　解析：应缴纳的关税＝(100＋10)×1.003×20%＝22.07(万元)

多项选择题

1. ABCD　2. BC　3. ABCD　4. AC　5. ABD　6. ABD

判断题

1. ×　2. ×　3. ×　4. ×　5. ×　6. ×　7. ×

练习题

习题一

应纳关税额＝1 000 000×15%＝150 000(元)

习题二

关税完税价格＝800 000＋30 000＋10 000＝840 000(元)

应纳关税额＝840 000×10%＝84 000(元)

习题三

运费＝5 000×40×7.8＝1 560 000(元)

关税完税价格＝(325 000×7.8＋1 560 000)÷(1－3%)＝4 107 321.97(元)

应纳关税额＝4 107 321.97×20%＝821 464.39(元)

习题四

关税完税价格＝(4 000－400－40)×7.85÷(1＋20%)＝23 288.33(元)

应纳关税额＝23 288.33×20%＝4 567.67(元)

习题五

1) 计算应纳关税和增值税额：

应纳关税额＝800 000×7.8×30%＝1 872 000(元)

材料采购成本＝800 000×7.8＋1 872 000＝8 112 000(元)

应纳增值税额＝8 112 000×13%＝1 054 560(元)

2) 进行会计处理：

(1) 购进商品并计算应纳关税：

借：材料采购	8 112 000	
贷：应付账款		6 240 000
应交税费——应交关税		1 872 000

(2) 实际缴纳税款：

借：应交税费——应交关税　　1 872 000

　　——应交增值税(进项税额)　　1 054 560

　贷：银行存款　　2 926 560

(3) 商品验收入库：

借：库存商品　　8 112 000

　贷：材料采购　　8 112 000

习题六

关税完税价格＝9 970 000/(1－3％)＝10 000 000(元)

应纳关税额＝10 000 000×10％＝1 000 000(元)

习题七

应纳关税额＝400 000×6％＝24 000(元)

习题八

1) 该工业企业有关的计算及会计处理。

进口商品应负担关税额＝100 000×7.8×20％＝156 000(元)

物资采购成本＝100 000×7.8×(1＋5％)＋156 000＝975 000(元)

应纳增值税额＝(100 000×7.8＋156 000)×13％＝121 680(元)

2) 上述业务工业企业会计处理。

(1) 预付进口货款：

借：预付账款　　1 200 000

　贷：银行存款　　1 200 000

(2) 受到进出口公司转来有关单据及商品：

借：原材料　　975 000

　应交税费——应交增值税(进项税额)　　121 680

　贷：预付账款　　1 096 680

(3) 如果与进出口公司结算款项，该企业预付货款 1 200 000 元，实际用了 1 096 680 元，应收回货款 103 320 元。

借：银行存款　　103 320

　贷：预付账款　　103 320

3) 进出口公司的会计处理。

(1) 受到委托单位划来的进口货款：

借：银行存款　　1 200 000

　贷：预收账款——工业企业　　1 200 000

(2) 对外支付进口商品：

借：预收账款　780 000

　贷：银行存款　780 000

(3) 计算支付进口关税、增值税：

借：预收账款——工业企业　156 000

　贷：应交税费——应交关税　156 000

借：应交税费——应交关税　156 000

　　　　——应交增值税(进项税额)　121 680

　贷：银行存款　277 680

(4) 将进口商品交付委托单位，并收取手续费：

借：预收账款——工业企业　39 000

　贷：主营业务收入(其他业务收入)(100 000×7.8×5%)　39 000

(5) 将增值税转出：

借：预收账款——工业企业　121 680

　贷：应交税费——应交增值税(销项税额)　121 680

习题九

(1) 确认收入：

关税完税价格＝300 000÷(1＋20%)＝250 000(元)

应纳关税额＝250 000×20%＝50 000(元)

借：应收账款　300 000

　贷：主营业务收入　300 000

(2) 缴纳关税：

借：税金及附加　50 000

　贷：银行存款　50 000

习题十

(1) 计算缴纳出口关税：

应纳关税额＝500 000×20%＝100 000(元)

借：应收账款　100 000

　贷：银行存款　100 000

(2) 确认应收的手续费：

借：应收账款　15 000

　贷：主营业务收入　15 000

(3) 收到委托单位交来的税款及手续费：

借：银行存款　　115 000

　　贷：应收账款　　115 000

习题十一

（1）确认固定资产入账价值时：

应纳进口关税额＝2 430 000×10%＝243 000(元)

应纳增值税额＝(2 430 000＋243 000)×13%＝347 490(元)

借：固定资产　　2 673 000

　　应交税费——应交增值税(进项)　　347 490

　　贷：应交税费——应交进口关税　　243 000

　　　　银行存款　　2 777 490

（2）实际缴纳关税时：

借：应交税费——应交进口关税　　243 000

　　贷：银行存款　　243 000

第五章　资源税的核算

单项选择题

1. A　2. B　3. B　4. A　5. A　6. D　7. C　8. D　9. C　10. A

多项选择题

1. CD　2. ABCD　3. AC　4. BCD　5. ACD　6. ABD　7. ABCD　8. AD　9. ABC

10. BD　应纳增值税＝(35＋45.2÷1.13)×13%－15×13%＝7.8(万元)

应纳资源税＝(35＋45.2÷1.13)×6%＝4.5(万元)

判断题

1. ×　2. ×　3. √　4. √　5. ×　6. ×　7. √　8. ×　9. ×　10. √

练习题

习题一

该油田对外销售原油应纳资源税额＝300 000×5 000×6%＝90 000 000(元)

习题二

对外销售原煤应纳资源税额＝40×3 000×5%＝6 000(万元)

该煤矿该月应纳资源税额＝6 000(万元)

习题三

该油田该月应纳税额为：

应纳资源税额＝(15＋1)×5 000×6%＝4 800(万元)

习题四

该企业当月应纳资源税额为：

应纳资源税额＝已销售固体盐数量×适用税额－固体盐所耗液体盐数量×适用税额

＝3 600 000×5%－2 000 000×2%＝140 000(元)

(1) 销售固体盐应纳资源税为：

3 600 000×5%＝180 000(元)

借：税金及附加　　180 000

　　贷：应交税费——应交资源税　　180 000

(2) 用外购液体盐加工固体盐应抵扣的资源税为：

2 000 000×2%＝40 000(元)

(3) 月末缴纳资源税：

180 000－40 000＝140 000(元)

借：应交税费——应交资源税　　140 000

　　贷：银行存款　　140 000

习题五

该矿山当月应纳资源税额为：

应纳资源税额＝已销矿石应纳税额＋用矿石原矿入选铜精矿应纳税额

＝[2 500×800＋500÷(1/20)×800]×10%＝1 000 000(元)

(1) 计算出本月应纳资源税额 1 000 000 元时：

借：税金及附加　　1 000 000

　　贷：应交税费——应交资源税　　1 000 000

(2) 月末缴纳资源税时：

借：应交税费——应交资源税　　1 000 000

　　贷：银行存款　　1 000 000

习题六

企业按规定分三次预缴税款，每次应缴纳 600 000 元[1 800 000×(1/3)]。

1) 每次预缴时。

借：应交税费——应交资源税　　600 000

　　贷：银行存款　　600 000

2) 月末结算时。

(1) 对外销售原油应纳税额 150 万元。

借：税金及附加　　1 500 000

　　贷：应交税费——应交资源税　　1 500 000

(2) 自用原油应纳税款 10 万元。

借：生产成本　　100 000

贷：应交税费——应交资源税　　100 000

3) 月末收到多缴退税款时。

借：银行存款　　200 000

贷：应交税费——应交资源税　　200 000

第六章　土地增值税的核算

单项选择题

1. A　2. C　3. A　4. C　5. D

6. B　扣除项目金额＝4 000×70%＋277.5＝3 077.5(万元)；土地增值额＝5 000－3 077.5＝1 922.5(万元)；增值额与扣除项目比率＝1 922.5÷3 077.5×100%≈62.47%；适用税率为 40%；扣除率为 5%；应纳土地增值税＝1 922.5×40%－3 077.5×5%＝615.13 (万元)。

7. B　评估价格＝4 000×60%＝2 400(万元)。

8. B　在土地增值税税收优惠条款中规定：纳税人建造普通标准住宅出售，增值额未超过扣除项目金额 20%的，免征土地增值税；增值额超过扣除项目金额 20%的，应就其全部增值额按规定计算缴纳土地增值税。

9. C　10. A

多项选择题

1. ACD　2. ABCD　3. BC

4. ABCD　转让旧房，可作为扣除项目金额扣除的有：房屋及建筑物的评估价格、取得土地使用权支付的地价款和按国家规定缴纳的有关费用及转让环节缴纳的税金。

5. ABCD　房地产开发成本包括土地的征用及拆迁补偿费、前期工程费、建筑安装工程费、建筑设施费、公共配套设施费、开发间接费用等。

6. ABD　纳税人新建普通标准住宅出售的，以纳税人转让收入减去规定的扣除项目后的余额为增值额，计算土地增值税。

7. AB　8. ABCD　9. ABD　10. AD

判断题

1. ×　2. ×　3. √　4. √　5. √　6. ×　7. ×　8. ×　9. √　10. ×

练习题

习题一

扣除项目金额＝1 600＋900＋180＋(1 600＋900)×5%＋275＋(1 600＋900)×20%＝3 580(万元)

增值额＝5 000－3 580＝1 420(万元)

增值率＝1 420÷3 580×100％＝39.66％

应纳土地增值税＝1 420×30％＝426(万元)

计提土地增值税时：

借：税金及附加	4 260 000	
贷：应交税费——应交土地增值税		4 260 000

实际缴纳时：

借：应交税费——应交土地增值税	4 260 000	
贷：银行存款		4 260 000

习题二

允许扣除项目金额＝650＋120＋8.5＋(650＋120)×5％＋154＋(650＋120)×20％

＝1 125(万元)

增值额＝2 800－1 125＝1 675(万元)

增值额占允许扣除项目的比率＝1 675÷1 125＝148.9％

所以，适用税率为 50％，扣除系数为 15％。

应纳土地增值税额＝1 675×50％－1 125×15％＝668.75(万元)

计提土地增值税时：

借：税金及附加	6 687 500	
贷：应交税费——应交土地增值税		6 687 500

实际缴纳时：

借：应交税费——应交土地增值税	6 687 500	
贷：银行存款		6 687 500

习题三

(1) 应扣除的土地使用权扣除额＝(4 000＋160)×1÷2＝2 080(万元)

(2) 应扣除的开发成本扣除额＝3 000×1÷2＝1 500(万元)

(3) 应扣除的开发费用扣除额＝(4 160＋3 000)×10％×1÷2＝358(万元)

(4) 应扣除的相关税金＝360.75(万元)

(5) 应扣除的费用总额＝2 080＋1 500＋358＋360.75＝4 298.75(万元)

增值额＝6 500－4 298.75＝2 201.25(万元)

增值率＝2 201.25÷4 298.75×100％＝2 201.25÷4 298.75×100％＝51.21％

适用 40％的税率，5％的速算扣除系数。

应纳土地增值税额＝2 201.25×40％－4 298.75×5％＝665.56(万元)

习题四

转让土地使用权扣除项目金额＝420＋6＋2.95＝428.95(万元)

土地增值额＝560－428.95＝131.05(万元)

增值额与扣除项目金额之比＝131.05÷428.95＝30.55％，适用30％的税率

应纳土地增值税额＝131.05×30％＝39.315(万元)

习题五

土地增值额＝5 000－(3 700＋277.5)＝1 022.5(万元)

增值率＝1 022.5÷(3 700＋277.5)＝25.71％，适用30％的税率

土地增值税额＝1 022.5×30％＝306.75(万元)

第七章　企业所得税的核算

单项选择题

1. D　2. A　3. C　4. A　5. B　6. D　7. B　8. A　9. B　10. D

多项选择题

1. ABCD　2. ABCD　3. ABCD　4. AD　5. ACD　6. ABD　7. AB　8. AC　9. ABC　10. ABCD

判断题

1. ×　2. ×　3. √　4. √　5. √　6. √　7. ×　8. ×　9. ×　10. ×

练习题

习题一

某公司该项固定资产在20×8年12月31日的账面价值、计税基础及暂时性差异的金额分别为：

该项固定资产在20×8年12月31日的账面价值＝500－500÷10×2－20＝380(万元)

该项固定资产在20×8年12月31日的计税基础＝500－500÷10×2＝400(万元)

该项固定资产的账面价值380万元与其计税基础400万元之间产生的20万元的暂时性差异，在未来期间会减少企业的应纳税所得额和应交所得税。

习题二

该公司该项无形资产在20×8年12月31日的账面价值、计税基础及暂时性差异的金额分别为：

当期发生的研究开发支出中，按照会计规定应予费用化的金额为1 600万元(800＋800)，形成无形资产成本的为2 400万元，即期末无形资产的账面价值为2 400万元。

当期发生的4 000万元研究开发支出中，按照税法规定可在税前扣除的金额为2 400万元(1 600×150％)。在未来期间就所形成的无形资产可税前扣除的金额为3 600万元(2 400×150％)，即该项无形资产的计税基础为3 600万元。

暂时性差异＝2 400－3 600＝－1 200(万元)

该项无形资产的账面价值 2 400 万元与其计税基础 3 600 之间的差额 1 200 万元，将于未来期间减少企业的应纳税所得额，并减少未来期间应交所得税。

习题三

该公司应收账款在 20×8 年 12 月 31 日的账面价值、计税基础及暂时性差异的金额分别为：

该项应收账款在 20×8 年 12 月 31 日的账面价值＝(5 000－500)＝4 500(万元)

计税基础＝5 000－(5 000×5‰)＝4 975(万元)

暂时性差异＝4 500－4 975＝－475(万元)

该暂时性差异在应收账款发生实质性损失时，会减少未来期间的应纳税所得额和应交所得税。

习题四

该公司在 20×8 年 12 月 31 日预收账款的账面价值、计税基础及暂时性差异的金额分别为：

该预收账款在 20×8 年 12 月 31 日的账面价值＝300(万元)

该预收账款在 20×8 年 12 月 31 日的计税基础＝账面价值 300 万元－未来期间计算应纳税所得额时按照税法规定可予抵扣的金额 300 万元＝0

暂时性差异的金额＝300－0＝300(万元)

该项负债的账面价值 300 万元与其计税基础 0 之间产生的 300 万元暂时性差异，会减少企业于未来期间的应纳税所得额，使企业未来期间以应交所得税的方式流出的经济利益减少。

习题五

该公司在 20×8 年 12 月 31 日有关负债的账面价值、计税基础及暂时性差异的金额分别为：

20×8 年 12 月 31 日该项负债的账面价值＝50 万元

20×8 年 12 月 31 日该项负债的计税基础＝账面价值 50 万元－未来期间计算应纳税所得额时按照税法规定可予抵扣的金额 0＝50 万元

该项负债的账面价值 50 万元与其计税基础 50 万元相同，不形成暂时性差异。

习题六

公益捐赠的扣除限额＝利润总额×12％＝100×12％＝12(万元)，实际发生的公益救济性捐赠为 15 万元，税前准予扣除的公益性捐赠 12 万元，纳税调整额 3 万元(15－12)。

应纳税额＝(100＋3)×25％＝25.75(万元)

习题七

(50＋6.5)×25％＋(65－50)×25％＝17.875(万元)

习题八

福利费扣除限额为 2 000×14％＝280(万元)，实际发生 300 万元，准予扣除 280 万元；

工会经费扣除限额＝2 000×2％＝40(万元)，实际发生 40 万元，可以据实扣除；

职工教育经费扣除限额＝2 000×8％＝160(万元)，实际发生175万元，准予扣除160万元；

应调增应纳税所得额＝(300－280)＋(175－160)＝35(万元)

习题九

会计利润＝3 500＋500－2 850－120－200＝830(万元)

公益性捐赠的扣除限额＝830×12％＝99.6(万元)

习题十

该公司20×8年度的应纳税所得额、应交所得税、递延所得税和利润表中的所得税费用分别为：

(1) 20×8年度应交所得税的计算：

应纳税所得额＝26 000 000＋1 200 000＋3 000 000－5 000 000＋1 000 000＋800 000

＝27 000 000(元)

应交所得税＝27 000 000×25％＝6 750 000(元)

(2) 20×8年度递延所得税的计算：

递延所得税资产＝2 000 000×25％＝500 000(元)

递延所得税负债＝5 000 000×25％＝1 250 000(元)

递延所得税＝1 250 000－500 000＝750 000(元)

(3) 利润表中应确认的所得税费用的计算：

所得税费用＝6 750 000＋750 000＝7 500 000(元)

借：所得税费用	7 500 000	
递延所得税资产	500 000	
贷：应交税费——应交所得税		6 750 000
递延所得税负债		1 250 000

习题十一

某公司20×9年度的应交所得税、递延所得税和利润表中的所得税费用分别为：

1) 当期所得税＝当期应交所得税＝9 000 000(元)

2) 递延所得税。

(1) 期末递延所得税负债(3 500 000×25％)	875 000元
期初递延所得税负债	1 250 000元
递延所得税负债减少	375 000元
(2) 期末递延所得税资产(8 020 000×25％)	2 005 000元
期初递延所得税资产	500 000元
递延所得税资产增加	1 505 000元

递延所得税=－375 000－1 505 000=－1 880 000(元)(收益)

3）所得税费用。

所得税费用=9 000 000－1 880 000=7 120 000(元)

借：所得税费用　　7 120 000

　递延所得税资产　　1 505 000

　递延所得税负债　　375 000

　贷：应交税费——应交所得税　　9 000 000

第八章　个人所得税的核算

单项选择题

1. A　2. B　3. D　4. D　5. D　6. B　7. C　8. B　9. D　10. D

多项选择题

1. ABD　2. ABCD　3. ABCD　4. AD　5. ABCD　6. ABD　7. ABD　8. BD　9. AD　10. AD

判断题

1. √　2. √　3. ×　4. √　5. √　6. ×　7. ×　8. ×　9. √　10. ×

练习题

习题一

应纳税所得额=168 000－36 000－5 000×12=72 000(元)

应纳税额=72 000×10%－2 520=4 680(元)

习题二

(1) 工资、薪金收入应纳税额为：

年应纳税所得额=(9 500－3 000－5 000)×12=18 000(元)

年应纳税额=18 000×3%=540(元)

(2) 特许权使用费应纳税额为：

应纳税所得额=120 000×(1－20%)=96 000(元)

应纳税额=96 000×10%－2 520=7 080(元)

(3) 稿酬所得应纳税额为：

向晚报投稿取得稿酬收入600元，不超过800元，不征税。

应纳税所得额=(1 800－800)×(1－30%)=700(元)

应纳税额=700×3%=21(元)

(4) 审稿所得应纳税额为：

应纳税所得额＝15 000×(1－20%)＝12 000(元)

应纳税额＝12 000×3%＝360(元)

(5) 兼职所得应纳税额为：

捐赠扣除限额＝(3 000－800)×30%＝660(元)

应纳税所得额＝(3 000－800－500)＝1 700(元)

应纳税额＝1 700×3%＝51(元)

(6) 梁教授全年应纳税额＝10 680＋7 080＋21＋360＋51＝18 192(元)。

习题三

该公司应代扣代缴的个人所得税＝(800 000－550 000－20 000－8 000)×20%＝44 400(元)

借：固定资产　　800 000

　　贷：应交税费——应交代扣个人所得税　　44 400

　　　　银行存款　　755 600

习题四

劳务收入应纳税额＝450 000×(1－20%)×25%－31 920＝58 080(元)

习题五

应纳税额＝150 000×(1－20%)×10%－2 520＝9 480(元)

习题六

(1) 每月预缴所得税时：

借：应交税费——应交个人所得税　　50 000

　　贷：银行存款　　50 000

(2) 年终汇算时：

借：留存收益　　800 000

　　贷：应交税费——应交个人所得税　　800 000

(3) 补缴税款时：

借：应交税费——应交个人所得税　　200 000

　　贷：银行存款　　200 000

第九章　其他税种的核算

单项选择题

1. B　2. A　3. A　4. D　5. C　6. D　7. D　8. B

9. C　应缴纳印花税＝(12 000＋2 800)×0.3‰＝4.44(万元)。

10. B　客货两用汽车按照载货汽车计税单位和税额标准计征车船税；应缴纳的车船税额＝2×

200+5×10×50+4×5×50+3×50=4 050(元)。

多项选择题

1. BD 2. ABD 3. ABD 4. ABCD 5. ABCD 6. ABCD 7. ACD 8. AB 9. BC 10. AD

判断题

1. √ 2. × 3. √ 4. × 5. √ 6. × 7. × 8. × 9. × 10. √

练习题

习题一

应纳印花税额=500 000×0.3‰=150(元)

习题二

应纳印花税额=(2 000 000+400 000)×0.25‰=600(元)

习题三

(1) 订立产权转移书据应纳税额=1 000 000×0.5‰=500(元)

(2) 订立借款合同应纳税额=600 000×0.05‰=30(元)

(3) 营业账簿中"实收资本"所载资金应纳税额=8 000 000×0.25‰=2 000(元)

(4) 该企业应纳印花税额合计=500+30+2 000=2 530(元)

习题四

(1) 计算应纳印花税额：

应纳印花税额=200 000×0.3‰=600(元)

(2) 编制的会计分录：

借：税金及附加 600

　　贷：银行存款 600

习题五

(1) 应纳税额的计算：

关税完税价格=30 000×6.6=198 000(元)

关税=198 000×30%=59 400(元)

消费税=(198 000+59 400)÷(1−9%)×9%=25 457.14(元)

计税价格=198 000+59 400+25 457.14=282 857.14(元)

应纳税额=282 857.14×10%=28 285.714(元)

(2) 业务的会计处理：

借：固定资产 28 285.714

　　贷：银行存款 28 285.714

习题六

根据规定，土地使用权由几方共有的，由共有各方按照各自实际使用的土地面积占总面积的比例，分别计算缴纳土地使用税。

（1）商场A用地面积是两商场总占用土地面积的60%（120 000÷200 000），故应负担城镇土地使用税总额的60%。

商场A应纳税额＝200 000×10×60%＝1 200 000（元）

（2）商场B用地面积是两商场总占地面积的40%（80 000/200 000），故应负担城镇土地使用税总额的40%。

商场B应纳税额＝200 000×10×40%＝800 000（元）

习题七

自用房产应纳税额＝10 000×（1－20%）×1.2%＝96（万元）

出租房产应纳税额＝60×12%＝7.2（万元）

全年应纳房产税额＝96＋7.2＝103.2（万元）

习题八

（1）计算每月应交车船税：

全年应交车船税额＝8×2.3×60＋3×480＋420＋4×360＝4 404（元）

每月应交车船税额＝4 404÷12＝367（元）

（2）年末实际缴纳税款：

借：应交税费——应交车船税　　4 404

　　贷：银行存款　　4 404

（3）每月编制会计分录：

借：税金及附加　　367

　　贷：应交税费——应交车船税　　367

如果应纳车船税额不大，也可以一次计入实际发生月份。

习题九

应纳车船税额＝22×180×3＋14×600×4＋10×4 000×5＋2×12 000×6

＝389 480（元）

习题十

应纳税额＝（100 000－10 000）×8＝720 000（元）

主要参考文献

[1] 中国注册会计师协会.注册会计师全国统一考试辅导教材·税法[M].北京:中国财政经济出版社,2021.

[2] 中国注册会计师协会.注册会计师全国统一考试辅导教材·会计[M].北京:中国财政经济出版社,2021.

[3] 盖地.税务会计与税务筹划[M].11 版.北京:中国人民大学出版社,2018.

[4] 安仲文,蒙丽珍.纳税会计实务[M].4 版.大连:东北财经大学出版社,2017.

[5] 梁俊娇.纳税会计[M].8 版.北京:中国人民大学出版社,2016.

[6] 李海波.新编税务会计[M].5 版.上海:立信会计出版社,2014.

[7] 左锐,王丽萍,徐玮.税务会计[M].上海:立信会计出版社,2009.

[8] 左锐.纳税会计[M].西安:西北大学出版社,2017.

[9] 中华人民共和国财政部令第 65 号.2011.中华人民共和国增值税暂行条例实施细则.

[10] 中华人民共和国国务院令第 691 号.2017.中华人民共和国增值税暂行条例.

[11] 中华人民共和国主席令第 9 号.2018.中华人民共和国个人所得税法.

[12] 中华人民共和国国务院令第 707 号.2018.中华人民共和国个人所得税法实施条例.

[13] 中华人民共和国主席令第 63 号.2007.中华人民共和国企业所得税法.

[14] 中华人民共和国国务院令第 512 号.2007.中华人民共和国企业所得税法实施条例.

[15] 财政部、财会〔2016〕22 号文件.财政部关于印发《增值税会计处理规定》的通知.

[16] 财政部、国家税务总局(财税〔2016〕36 号).关于全面推开营业税改征增值税试点的通知.

[17] 中华人民共和国主席令第 18 号.2019.中华人民共和国耕地占用税法.

[18] 中华人民共和国主席令第 19 号.2019.中华人民共和国车辆购置税法.

[19] 中华人民共和国主席令第 33 号.2019.中华人民共和国资源税法.

[20] 中华人民共和国主席令第 89 号.2021.中华人民共和国印花税法.

[21] 财政部、国家税务总局(财税〔2021〕11 号).关于明确增值税小规模纳税人免征增值税政策的公告.

教学课件索取单

敬爱的老师：

感谢您使用我们出版社的教材。为了方便您的教学，本书配有相关的教学课件。如果您需要，请您填写下面表格中的相关信息，并以电子邮件的形式发到我社，我们在核对您的信息后，会免费向您提供教学课件。

我社网站上提供电子版的课件索取单以及所有课件清单。

我们的联系方式：

地址：上海市中山西路 2230 号　　邮编：200235

立信会计出版社　　电话：(021)64411217

电子邮件：zql1307@163.com　　网站：www.lixinaph.com

<table>
<tr><td>教材名称</td><td colspan="4"></td><td>作者姓名</td><td></td></tr>
<tr><td>教师姓名</td><td></td><td>性别</td><td></td><td>身份证号</td><td colspan="2"></td></tr>
<tr><td>学　　校</td><td></td><td>院系</td><td colspan="2"></td><td>教 研 室</td><td></td></tr>
<tr><td>学校地址</td><td colspan="4"></td><td>邮　　编</td><td></td></tr>
<tr><td>职　　务</td><td></td><td>职称</td><td colspan="2"></td><td>办公电话</td><td></td></tr>
<tr><td>E-mail</td><td></td><td>手机</td><td colspan="2"></td><td>宅　　电</td><td></td></tr>
<tr><td>通信地址</td><td colspan="4"></td><td>邮　　编</td><td></td></tr>
<tr><td>教材用量</td><td>册</td><td colspan="3">委托订购单位</td><td colspan="2"></td></tr>
</table>

您对本教材的意见和建议是：